Franz S. Berger • Kämpfer, Ketzer, Heilige

Franz S. Berger

Kämpfer
Ketzer
Heilige

Die Dominikaner

BUCHVERLAG

Umschlagbild:
Hinrichtung Savonarolas und seiner Gefährten auf der Piazza della Signoria
in Florenz, 1498. Anonymes zeitgenössisches Gemälde
© Archiv für Kunst und Geschichte, Berlin

Die Abbildungen im Text stammen aus dem Bildarchiv der Österreichi-
schen Nationalbibliothek, Wien

Deutsche Bibliothek - CIP-Einheitsaufnahme
Kämpfer, Ketzer, Heilige: Die Dominikaner / Franz Severin Berger.
- 1. Aufl. - St. Pölten ; Wien ; Linz : NP-Buchverl., 2000
ISBN 3-85326-094-2

Graphische Gestaltung:
Kurt Hamtil, Wien

Gesamtherstellung:
Niederösterreichisches Pressehaus
Druck- und Verlagsgesellschaft mbH
A-3100 St. Pölten, Gutenbergstraße 12

ISBN 3-85326-094-2

DIE HUNDE DES HERRN

Die Dominikaner, wie man sie landläufig nennt, heißen gar nicht so. Die richtige Bezeichnung des Ordens lautet *ordo (fratrum) praedicatorum* – der Orden der Predigerbrüder. Wenn das Wort fratrum heute in Klammer gesetzt wird, dann deshalb, weil es weltweit auch an die vierzigtausend Dominikanerinnen gibt, seien es Klausurschwestern oder apostolisch tätige Schwestern in Kongregationen. Mit den Angehörigen der Laiengemeinschaften steigt die Zahl der Frauen in der Dominikanerfamilie über die Millionengrenze.

In den Lexika finden sich über die Gründung des Ordens unterschiedliche Jahreszahlen – 1215 bzw. 1216.

Tatsächlich wurde der Orden der Predigerbrüder, einer Gruppe von Männern um den kastilischen Landadeligen und reformierten Augustiner-Chorherrn von Osma, Domenico (Dominikus) Guzman, im Juni oder Juli 1215 von Fulko, dem Bischof von Toulouse, per Dekret gegründet. Es war die Zeit des blutigen Katharer-Kreuzzuges, und Toulouse stand gerade unter der Herrschaft eines der übelsten Schlächter der Kreuzzugsgeschichte, des Grafen Simon von Montfort. Eine Ordensgründung stand dem Bischof zu. Fulko, der selbst eine schillernde Persönlichkeit als ehemaliger Troubadour und Vater einer vielköpfigen Familie war, überließ den Predigern auch aus seinen Pfarren einen kleinen Anteil am Zehnten und definierte ihre Aufgabe ganz klar als Glaubensverkünder. Diese entschlossene Gruppe von Predigern gegen die Katharer, Albigenser und Waldenser kam ihm zupass, denn er war politisch und persönlich mit so vielen Angelegenheiten beschäftigt, dass er die Unterstützung in der Glaubenspredigt, die damals ausschließlich den Bischöfen zustand, nur zu gerne annahm.

Noch im Herbst desselben Jahres versuchte Dominikus beim 4. Laterankonzil in Rom bei Papst Innozenz III. eine neue Ordensregel für wandernde und predigende Brüder zu bekommen. Dies blieb ihm vorerst verwehrt. Daher nahm Dominikus die bekannte und erlaubte sogenannte Zweite Augustinerregel an, weil er damit provisorisch umgehen konnte. Seine Geduld machte sich bezahlt. Denn nach dem Tod Innozenz' III. folgte auf den Stuhl Petri Honorius III. Der war Dominikus sehr zugetan und erteilte am 22. Dezember 1216 dem Orden das Privileg *„Religiosam vitam"*. Dies wird oft fälschlicherweise als Gründungsdatum angegeben, obwohl es nur eine Bestätigung der vorhergegangenen Ordensgründung war und noch immer keine neue Ordensregel erlaubte. Erst am 21. Jänner 1217 gab der Papst Dominikus und den Brüdern den Titel Prediger und den Auftrag zur Verkündigung: „Bemüht euch, mehr und mehr im Herrn gestärkt, das Wort Gottes zu verkünden ..."

Nach den „Minderbrüdern" des Franz von Assisi (1210) war damit der zweite Bettelorden gegründet, der sich dem sogenannten apostolischen Leben in Armut und Gehorsam verpflichtet hatte. Die Dominikaner waren aber, anders als die Franziskaner, denen vorerst nur die Bußpredigt erlaubt war, zur Glaubenspredigt gegründet und berechtigt worden. Der eigentliche Anstoß dazu war bereits 1206 erfolgt. Bischof Diego von Osma und sein Freund und Begleiter, der Subprior Dominikus, waren von Innozenz III. nach Südfrankreich entsandt worden, um die päpstlichen Legaten im Glaubenskampf gegen die Ketzer zu unterstützen. Diese Ketzer, die Katharer, waren hochgebildete Menschen, die in freiwilliger Armut und Enthaltsamkeit lebten und damit die Menschen ihrer Zeit stark beeindruckten. Die katholischen Kleriker wiederum traten wie Fürsten auf, waren prächtig gekleidet, ritten edle Pferde und trugen reichen Goldschmuck. Diego durchschaute sofort, dass man eine Gegenpredigt so nicht durchführen konnte. Er und Dominikus übernahmen die Lebensführung der Katharer – Wanderpredigt zu Fuß, einfachste Kleidung, Betteln um Nahrung und Unterkunft. Als Diego 1207 starb, führte Dominikus sein Werk weiter. Und der Gedanke war geboren, dass die dringend notwendige Glaubenspredigt von wandernden Bettelmönchen, die aber zugleich gut ausgebildete Prediger sein sollten und sich mit der Intelligenz der Gegenseite messen konnten, geführt werden musste.

Die Mendikanten, die Bettelorden, waren bei der feudalen Weltkirche höchst unbeliebt, mussten viele Anfeindungen durchstehen und brauchten immer wieder Sendschreiben eines wohlwollenden Papstes, um in den Städten Fuß fassen zu können. Aber sie waren so innovativ, dass sie sich in Europa und später in der Neuen Welt mit geradezu verblüffender Geschwindigkeit ausbreiteten. Ihre Sitze und Zentren waren nicht mehr Klöster, die wie Güter auf dem Lande geführt wurden, sondern Stadthäuser inmitten der aufblühenden Kultur des 13. Jahrhunderts, die auf Handel, Geldwirtschaft und das Patriziertum setzte. Sie schufen eigene Lehrhäuser für das Studium, sie entsandten ihre fähigsten Brüder an die bedeutendsten Universitäten, sie errangen Lehrstühle, sie wurden binnen eines Jahrhunderts theologisch im wahrsten Sinne des Wortes federführend. In der Ordensführung hatten sie fast demokratische Regeln, indem sie ihre Prioren, Provinzialen, Ordensmeister und Generale in regelmäßigen Abständen wählten. Auch in der „Marketingarbeit" waren sie höchst fortschrittlich – sie teilten die bekannte Welt in Provinzen, sie gründeten Konvente, also Ordenshäuser, nach klaren logistischen Gesichtspunkten. Sie waren nicht nur vom Zeitgeist, sondern auch von Strategie und Taktik her von der konservativen Kirche nicht aufzuhalten.

Ab 1232 wurden sie nicht nur in der Predigtarbeit, sondern auch in der Ketzerverfolgung, der Inquisition, eingesetzt. Das brachte dem Orden seinen zweiten Ruf. Und seinen Spottnamen – *Domini canes*, die Hunde des Herrn. Ein scheinbar harmloses Wortspiel, wenn man darunter die treuen Wächter des katholischen Glaubens versteht. Aber in Wirklichkeit war es ein Schreckenswort. Die Predigerbrüder stellten einen Großteil der Inquisitoren, die Europa und die Neue Welt mit Scheiterhaufen, Massenhinrichtungen und schaurigen Folterprozessen überzogen. Torquemada, Bernard Guy, Heinrich Institoris und Jakob Sprenger, die Autoren des Hexenhammers, alle Dominikaner, sind wohl die herausragendsten und düstersten Gestalten dieser Zeiten, die schätzungsweise über zwei Millionen Menschen den Tod brachten. Diese „Hunde des Herrn" waren keine Wächter des Glaubens, sondern Blut- und Jagdhunde einer erbarmungslosen Kirche.

Der Ordenshabit der Dominikaner ist weiß und schwarz. Das ist geradezu symbolisch für ihre Rolle in der Geschichte des Mittelalters und der Renaissance. Sie waren berührende Gestalten wie Katharina von Siena, faszinierende Persönlichkeiten wie Albertus Magnus, Visionäre wie Tommaso Campanella, Fanatiker wie Girolamo Savonarola, Vordenker wie Meister Eckhart und Genies wie Giordano Bruno. Sie waren Heilige, Ketzer oder beides gleichzeitig. Sie waren Kämpfer für das Recht der Menschen wie Las Casas, Kirchenlehrer wie Thomas von Aquin und oft genug Opfer ihrer eigenen Kirche und Brüder. Giordano Bruno hat, anders als Galilei, bis heute keine Rehabilitierung durch den Stuhl Petri erfahren.

Der Orden der Predigerbrüder hat im Verlauf seiner Geschichte Bischöfe, Kardinäle und Päpste gestellt. Die heutige dominikanische Familie, eine moderne Ordensgemeinschaft, umfasst zu Beginn des Jahres 2000 laut Homepage www.op-sued.de 7.000 Brüder, 4.300 Nonnen, 36.000 Schwestern, 73.000 Laien. Weltweit gehören auch 3,5 Millionen Mitglieder der verschiedenen Bruderschaften offiziell zur dominikanischen Familie. Über vierzig Bischöfe arbeiten heute hauptsächlich in Missionsgebieten. In Wien ist der Erzbischof und Kardinal Christoph Schönborn ein Mann dieses Ordens. Die gravierende Rolle des Ordens der Predigerbrüder ist in allen seinen vielfältigen Facetten in der Geschichte und Kultur Europas unübersehbar. Als Wissenschaftler, Künstler, Missionare, Philosophen, als Kämpfer, als Ketzer und als Heilige.

Inhalt

Die Strasse nach Bologna

Einer der letzten Julitage A. D. 1221

Über dem ebenen Land liegt schon vor dem Mittag ein milch-
weißer Himmel voll unbarmherziger Hitze. Als die Gruppe der
wandernden Mönche in den Schatten eines mächtigen Baumes
am Straßenrand treten will, erhebt sich ärgerlich kreischend und
mit trägem Widerwillen eine Schar Vögel aus den Ästen.
Schwarze Raben, graubraune Bussarde. Elstern und andere ge-
fiederte Freibeuter. Denn hier gibt es für sie reiches Mahl. Weit
fliegen sie nicht weg. Verteilt im nahen Buschwerk, beobachten
sie scharfäugig, was die Männer vorhaben.

Der Gehängte, der am stärksten Ast aufgeknüpft ist, ist
staubbedeckt und schlaff wie die Blätter des Baumes. Seit vielen
Tagen ist die Sommerhitze von keinem gnädigen Windhauch,
einer kühlen Brise oder einem barmherzigen Regenschauer ge-
mildert worden. Der Tote im elenden Bauernkittel muss schon
einige Tage hier hängen. Nichts an ihm ist mehr kenntlich, die
Vögel haben alles zerhackt, was ihm einmal ein menschliches
Antlitz gegeben hat. Leichengeruch liegt schwer unter dem
Baum. Werden die Brüder ein Gebet für die arme Seele sprechen?

Gehängt wird rasch in den Marken des oberen Italien. Ein
nicht erbrachter Pachtzins, der Versuch, aus dem Frondienst zu
entlaufen, der Verdacht auf unerlaubten Glauben, der bloße An-
schein von Ketzerei, dies alles genügt, um ohne Verfahren am
nächsten Baum zu enden. Das Bild, das sich den Mönchen bietet, haben sie schon viele dutzende Male gesehen. Und im Beten
um die Vergebung der Sünden dieser Welt, um Erlösung aus
dem irdischen Jammertal haben sie viel Übung. Sie werden also

auch hier lateinische Formeln murmeln, vielleicht eine Litanei ansingen und dann, entgegen ihrem ersten Vorhaben, hier zu rasten, die Straße nach Süden weiterziehen. In zwei Tagen wollen sie, will ihr Ordensmeister in ihrer Mitte, in Bologna sein. Im Konvent, wo schon zweimal Generalkapitel gehalten wurde und wo noch so viel zu tun ist. Wo vor allem die Nachfolge zu regeln ist. Denn das weiß der alte Mann in der Mitte seiner Brüder – dass er nicht mehr lange die Geschicke der Prediger führen wird. Er ist schon seit Monaten todkrank. Seine Kräfte gehen jetzt zu Ende.

Die letzten Meilen auf dieser schlechten Straße haben ihn die Brüder bereits mehr getragen als gestützt. Aber er ließ sich nicht überreden, seinen Beutel von der Schulter zu nehmen oder gar die Schuhe anzuziehen, die er ebenfalls über der Schulter trägt. Nur vor dem Betreten einer Stadt zieht er sie an. Unterwegs auf Straßen und Wegen geht er barfuß, so scharf die Steinbrocken zwischen den tief gefurchten Radrinnen auch sein mögen. Als er nun vor dem Gehängten mit einem Schmerzenslaut in die Knie sinkt und sich auf den Boden fallen lässt, liegt er so barfüßig unter dem Baum, wie der Tote vom Ast baumelt. Die Mitbrüder, die ihn halten, stützen oder aufrichten wollten, treten teils erschrocken, teils ehrfurchtsvoll ein paar Schritte zurück. Sie kennen ihren Ordensmeister. Der würde es nicht dulden, im Gebet auch nur berührt zu werden. Und überdies ist in einigem Abstand der schreckliche Leichengeruch erträglicher.

„Ich bin es, der gesündigt hat, ich bin es, der sich vergangen hat", hören sie ihn rufen. Diese Worte Davids als Reuegebet, in der *venia*, der auf dem Boden hingestreckten und mit dem Gesicht zur Erde gewandten Haltung, das haben sie von Dominikus schon oft gehört. Auch dass er meist laut und unter Tränen betet, sind sie gewohnt. Sie haben so manche Nacht kein Auge zugemacht, weil die Gebete des Meisters bis zum Morgengrauen andauerten. Wer mit ihm die Zelle oder den Schlafraum teilt, der findet keine Ruhe vor der frommen Inbrunst des alten

Mannes. Und nun betet er nicht um Vergebung der Sünden des Gehängten, sondern um die seiner eigenen. Will er denn die des verstümmelten Leichnams auch auf sich nehmen? Bruder Paul von Venedig und Bruder Rudolf, die engsten Begleiter des Dominikus auf dieser Predigerreise, bedeuten den anderen, noch weiter zur Seite zu treten. Denn es ist nicht schicklich, den unter dem Gehängten Liegenden und am Schmerz der Welt Leidenden zu belauschen.

„Ich bin es, der gesündigt hat."

Wenn Dominikus betet, so gerät er nach wenigen Augenblicken in einen Zustand der Entrückung, der Trance. Dann ist Spaniens Himmel über sein Denken gespannt. Sonnendurchflutet, tiefblau und von eiligen weißen Wolkenbergen durchzogen. In der Hochebene von Altkastilien steht der massige vierkantige Festungsturm, der *torreon* von Caleruega. Wenig mehr als fünfzig Jahre vor Dominikus' Geburt herrschten hier noch die muslimischen Mauren. Aber die *reconquista*, die christliche Rückeroberung, hat sie ein Stück weiter verdrängt. Schritt für Schritt vertreiben die Spanier die fremde Hochkultur, und über Kastilien regiert wieder das christliche Schwert. Die Bauernkinder hüten die flinken schwarzen Schweine. Wenn die Ginsterbüsche blühen, würde Dominikus gerne zu ihnen laufen. Aber die Guzmans haben ein steinernes Haus in Caleruega. Sie sind von Adel. Und Dominikus darf daher nicht mit den krätzigen Bauernkindern spielen. Auch seine Brüder Antonius und Mames nicht. Die Eltern sind fromm.

„Ich bin es, der gesündigt hat."

Kalte Gerstensuppe und Stockschläge. Ein Bruder des Vaters ist Priester. Bei ihm lernt Dominikus Lesen und Schreiben. Mit großer Sorgfalt und Angst drücken die Kinderfinger den

Schreibgriffel in die Wachstafel. Malen Buchstaben, Worte, Sätze. Kopieren die Zeilen der kostbaren Pergamentrollen, auf denen das Evangelium geschrieben steht. Der kleinste Fehler führt zu harten Strafen, denn auch der Onkel ist ein frommer Mann. Der Hilfsdienst in der armseligen Dorfkirche beginnt im Morgengrauen und endet erst nach Mitternacht. An sonnigen Tagen ist ein Blick in den Himmel Dominikus' einziger Trost. Ein kurzer Blick, denn ein frommer Schüler hat zu Boden zu schauen.

„Ich bin es, der gesündigt hat."

Der Hunger in Palencia. Das Studium der sieben freien Künste, der *artes liberales*, an der Kathedralschule. Rhetorik und Astronomie, Arithmetik und Dialektik, Geometrie, Grammatik und Musik. Vorlesen und Nachsagen. Immer die gleichen Wiederholungen, immer dieselben Verschiebungen am Rechenbrett. Dreimal täglich die Messe hören. Die glutäugigen Blicke der Mädchen am Marktplatz. Die Abtötung des Fleisches. Die Hungersnot. Dominikus verkauft die kostbaren Pergamentrollen, das Evangelium aus Familienbesitz. Das Geld gibt er für die Hungernden. Ach, hätte er damals doch verstanden, dass der Hunger nicht gottgewollt ist, sondern von den Kornhändlern am Rechenbrett gemacht wird. Dass es nicht zu wenig Brot gibt, sondern zu wenig Geld für die Armen, um es sich zu kaufen. In diesem 12. Jahrhundert wird sich die Bevölkerung Europas verdoppeln, die Städte werden wachsen. Die alte Naturalwirtschaft wird sich immer mehr zur Geldwirtschaft verändern. Die Macht der Städte wird steigen, die Macht der Kaufleute und der Banken. Unmerklich, aber stetig bricht die Zeit an, in der die Mathematik, die Kenntnis der Zahlen, so bedeutend wie die Kenntnis der Heiligen Schrift wird. Und die einfachen Menschen zu verstehen beginnen, dass ihr Leben nicht nur in Gottes, sondern auch in des Krämers Hand liegt.

Dominikus hat das Studium der freien Künste nicht beendet. Die Familie war wegen des Verkaufs der Pergamente zornig. Er wechselt zum Studium der Theologie. Die Zucht wird noch härter.

„Ich bin es, der gesündigt hat."

Chorherr in Osma. Bischof Martin de Bazan hat ihn geholt. Das Domkapitel entspricht voll der Reform des Klerus, wie sie bereits 1059 von der Lateransynode gefordert wurde. Im Haus, das – für die damalige Zeit ungewöhnlich – mitten in der Stadt liegt, leben sogenannte Regulierte Chorherren nach der Augustinerregel. Diese *vita apostolica* gebietet Ehelosigkeit, Gehorsam und Gütergemeinschaft. So wie es aus der Bibel über die erste Apostelgemeinde herausgelesen werden kann. Somit soll das Leben der Geistlichkeit auch eine *vita evangelica* sein. Über das gottgefällige Leben in Stiften und Klöstern gibt es heftige Auseinandersetzungen und Polemiken. Zwischen den weißen und den schwarzen Mönchen, den Zisterziensern und Benediktinern. Denn die Augustinerregel wird in den Klöstern nicht einheitlich verstanden und auch nicht einheitlich befolgt. In Osma aber wird besonders streng nach der *regula secundum Augustinum* gelebt. Bischof Martin ist stolz darauf, hier das modernste, also reformierteste Kollegium von Kanonikern zu haben. Und deswegen hat er den jungen Dominikus, der ihm in Palencia in seinem besonderen Glaubenseifer aufgefallen war, nach Osma gebracht.

Sieben Jahre Liturgie und Kontemplation. Jahre des Ringens um wahren Glauben und tiefe Frömmigkeit. Nächtelanges Gebet unter heißen Tränen. Dominikus legt sich eine Eisenkette um den Leib. Die wird er auf nackter Haut unter dem Chorhemd sein Leben lang tragen. Denn er ist zart, feingliedrig und neigt zum Kränkeln. Dem feindlichen Körper, der die Kraft des Geistes schwächt, muss man mit Strenge begegnen.

15

Beten, Fasten, Meditation. Und die Zuneigung zu Diego von Acebes, dem Prior, in dessen Hände er das Gelübde gelegt hat. Als Diego Bischof wird, wird der eifrigste der Regulierten Kanoniker, wird Dominikus Subprior. Tief taucht er in den Himmel Spaniens ein, wenn er im Kapitelgarten die Augen zu seinem Herrn erhebt. Voller Heiliger und voller Engel ist dieser Himmel. Bis Diego Bruder Dominikus auf die Reise nach Norden mitnimmt. Die Mission ist weltlich. Sie sollen für den spanischen Prinzen Ferdinand in den nördlichen Marken Europas um die Hand eines adeligen Fräuleins werben. Über dem weißen Chorhemd trägt Diego den roten Bischofsmantel, sein Freund Dominikus die schwarze Cappa. Der Himmel über den nördlichen Marken – so hört man – ist kalt, wolkenverhangen, düster und voll Regen. Dominikus sinkt der Mut.

„Ich bin es, der gesündigt hat."

Das Trümmerfeld Rom. Paläste auf altem Schutt, Häuser aus Trümmern zerstörter Tempel gemauert. Eine Stadt voll Lärm, Schmutz und Hast. Es dauert drei Wochen, bis es Diego gelingt, für sich und seinen Weggefährten Dominikus eine Audienz beim Heiligen Vater gewährt zu bekommen. Denn undurchschaubar und unentwirrbar ist das Macht- und Intrigenspiel der römischen Kurie. Ohne gute Freunde oder Freunde von Freunden kann man nicht einmal in das Innere des Lateranpalastes gelangen. Schließlich gelingt es aber Diego doch, Innozenz III. ihre Bitte vorzutragen. Die Augen des Papstes sind geschlossen. Man weiß nie so richtig, ob er schläft, konzentriert zuhört oder betet. Das Adlergesicht des obersten Kirchenherrn und Bischofs von Rom zeigt selten eine innere Regung.

Zweimal waren sie als Gesandte des spanischen Königs im Norden. Die zweite Reise war vergeblich gewesen, denn die weißhäutige Prinzessin für den spanischen Prinzen war inzwischen gestorben und konnte nicht mehr dem Infanten zugeführt werden. Aber auf der Reise durch Thüringen hatten sie das Volk der Kumanen gesehen. Als Hilfstruppen des böhmischen Königs verwüsteten sie das Land und verübten schreckliche Gräuel unter der Bevölkerung. Nomaden aus Pannonien, aus den Tiefen Asiens waren sie, diese schrecklichen Krieger. Diesen, das hatten Diego und Dominikus sofort beschlossen, musste das Wort Gottes gebracht werden. Diesen schönen, blonden und blauäugigen Männern. Bei ihnen wollten sie missionieren und auch gerne den Märtyrertod auf sich nehmen.

Innozenz reagiert nur mit einer kleinen Handbewegung. Doch zu beider Überraschung hat er die Augen geöffnet. „Wir wünschen euch nicht in Deutschland", sagt er. „Zieht heim nach Kastilien in euer Bistum. Auf dem Weg dorthin werdet ihr viel schrecklichere Gefahren für unsere Mutter Kirche sehen. Auf euren Reisen auch wohl schon gesehen haben. Erprobt euch im Wort an den Ketzern Südfrankreichs statt an den Heiden." Innozenz ist ein kleiner Mann, doch die Stimme des Papstes ist rau und barsch.

Dominikus hat wieder die Begegnungen mit den südfranzösischen Häretikern vor Augen. Auf der ersten Reise nach Norden war es, dass er Menschen sah, die nicht das Haupt vor den Vertretern der Kirche beugten. Von Osma waren sie mit Gefolge nach Norden gezogen. Bei Jaca auf die Pilgerstraße gestoßen, die aus Frankreich nach Santiago de Compostela führt. Sie überquerten die Pyrenäen, den Col de Somport und kamen nach Toulouse. Schon auf der Landstraße war der eine oder andere Bauer, Händler oder Fahrensmann nicht ehrerbietig vor den Geistlichen in die Knie gesunken. Da hatte es auch trotzige Gesichter und höhnische Blicke gegeben. Und einmal waren ihnen von Dorfkindern Steine nachgeworfen worden, sodass die Pferde scheuten und die Bedeckungsmannschaft sogar die Klingen zog. Nur waren die Kinder zu schnell gewesen, und keiner der Übeltäter konnte ergriffen werden. In Toulouse lachten ihnen Bürger und auch einige Ritter unverschämt ins Gesicht.

„Pfaffenvolk!", riefen sie ihnen zu, keiner zog die Kappe oder Mütze vom Kopf, und auf Diegos Segenszeichen antworteten sie mit Gelächter. „Es sind Abtrünnige, Irrlehrer und Ketzer", hatte man ihnen erklärt, „und es gibt sie hier wie Schmeißfliegen. Versucht gar nicht, mit ihnen zu disputieren, sie nehmen eure

Dominikus predigt gegen die häretischen Albigenser

Milde und Güte nicht an." Für Dominikus sowie für alle Spanier war dies völlig unverständlich. Wer außer den Heiden, zu denen das Wort Gottes noch nicht gedrungen war, konnte überhaupt außerhalb der Kirche leben?

Nun, vor dem Heiligen Vater empfinden sie sowohl schmerzliche Zurückweisung ihrer Eitelkeit als auch die Huld einer großen Aufgabe. In Frankreich sollen sie für die Kirche predigen, nicht in Deutschland missionieren. Als der Papst sie zum Abschied segnet, hat er wieder die Augen geschlossen.

Der Himmel über Rom ist voll Staub und Rauch aus den vielen Brennöfen, die den alten Marmor zu Kalk machen. Kalk für den Mörtel, den man beim Hausbau braucht. Sie ziehen gehorsam nach Südfrankreich.

„Ich bin es, der gesündigt hat."

„Zieht eure Schuhe aus! Legt Gold und Silber ab. Wandert zu zweit und tragt Kleider aus grober Wolle. Bittet demütig um Nahrung und Unterkunft. Nur die vita apostolica, die Lebensweise der Apostel, wird unser Wort glaubhaft machen." Dominikus sieht die stolzen Herrenaugen in den feisten Gesichtern der päpstlichen Legaten noch deutlich vor sich. Und ihren tiefen Widerwillen gegen das, was Diego vorschlägt. Bei Montpellier waren sie auf Tross und Lager der Äbte gestoßen, die im Land der Katharer die Macht der römischen Kirche wieder herstellen sollten. Aber mit der Macht der Kirche, ihrem Prunk und ihrem Reichtum konnte man in den Städten Südfrankreichs niemanden mehr beeindrucken. Die Städte selbst waren reich geworden, und der Adel und die Bürger gewannen immer mehr Selbstbewusstsein und Freiheitswillen gegenüber König und Papst. Die Lehren der Reinen, der Katharer, Albigenser, Waldenser, fügten sich hier bestens ein. Denn sie führten zum Gegenteil dessen, was kirchliche und weltliche Macht zeigten. Sie verlangten heiligmäßiges Leben, Fasten und Reinigung, Demut und Armut.

Sie nennen sich die „guten Menschen", die diesem Glauben anhängen. Und viele leben als Vollkommene in besonderer Strenge nach ihren Lehren. In der Mitte des 12. Jahrhunderts sind diese Lehren aus dem Osten ins Land gedrungen. Ursprünglich waren es die Bogumilen in Bulgarien, deren Religion mit den frühchristlichen Gnostikern und den Manichäern verwandt war, die die katholische Lehre in Abrede stellten. Die kirchliche Armutsbewegung, die Aufnahme der apostolischen Wanderpredigt in evangelischer Armut, wie sie seit dem Ende des 11. Jahrhunderts im Abendland als Reformkurs begonnen hatte, war diesen Lehren unfreiwillig entgegengekommen. Die Kirche der Katharer, der Reinen in der Bedeutung der Reinheit der urchristlichen Gemeinden, betrachtete nun die sichtbare Welt als Werk des Satans. Nur die geistige Welt sei von Gott. Christus sei weder der Sohn Gottes noch ein Mensch gewesen, sondern ein Engel, ein Gesandter des Himmels. Für die Katharer war das Kreuz keine Erlösung, sie glaubten nicht an die Auferstehung des Fleisches, sondern an die Wiedergeburt der Seelen. Wer als Vollkommener auf Erden wandeln will, kann daher nur ehelos und streng vegetarisch leben. Die Katharer fürchten keine Hölle, denn sie kennen keine Sünden. Sie zahlen keinen Kirchenzins, haben auch Frauen als Priester und verachten die Sakramente. Nur die Geisttaufe als einziges Sakrament kennen sie. Dieses *consolamentum* wird durch Handauflegung gespendet.

Die neuen Lehren haben in den Oberschichten der Gesellschaft die größte Wirkung. Viele Adelige und reiche Bürger haben in ihrem Haus und Gefolge einen der bleichen, vom Fasten ausgezehrten Vollkommenen bei sich. Um in der Stunde des Todes durch Handauflegung die Geisttaufe empfangen zu können.

Aber auch die einfachen Menschen in den Dörfern haben die neuen Lehren angenommen. Nicht nur die Katharer, die nach der Stadt Albi, wo sie ein starkes Zentrum haben, Albi-

genser genannt werden, ziehen predigend übers Land. Auch die
Waldenser haben bei den ländlichen Menschen großen Erfolg.
Nach ihrem Gründer Petrus Waldes aus Lyon benannt, sind sie
Armenprediger und kümmern sich keinen Deut um das
Predigtverbot durch den Papst und die damit verbundene Ex-
kommunikation. Sie sind weniger Ketzer im Sinne der Irrlehre
als vielmehr eine „unerlaubte Kirche". Sie spenden die christli-
chen Sakramente und vertreten die Auffassung, dass jeder from-
me Laie Beichte hören kann und die Eucharistie spenden darf.
Katharer und Waldenser rütteln daher in ihren Lehren und
Methoden an den Grundfesten der katholischen Kirche.

Die nur halb oder fast ungebildeten Pfarrer und Mönche
können den scharfen Disputen, den Predigten der Gegenlehrer
nicht standhalten. Äbte und Bischöfe vermögen hier – und da
gerade wegen ihres prunkvollen Auftretens – schon gar nichts.

Die Ketzer sind stark genug geworden, um bereits 1167 in
Saint Felix ein Konzil gehalten zu haben und 1204 in einem
öffentlichen Disput zu Carcassonne gegen die katholische Kirche unbesiegt und unbestraft zu bleiben. Diese Stadt ist daher
seit jenem Zeitpunkt zum „Bollwerk der Häresie" deklariert
worden.

Nun sollen sie, die päpstlichen Legaten, von den Pferden
steigen? Als Bettler durchs Land ziehen?

„Wir müssen leben wie die Ketzer, aber lehren wie die
Kirche", fordert Diego. Die Zisterzienser empfinden dies als
Schmach. Als die stolzen Herren dann doch ihre Schuhriemen
lösen, steigt in Dominikus eine heiße Welle von frommer Freude auf. Von Genugtuung. Und ein hochmütiges Demutsgefühl.

„Ich bin es, der gesündigt hat."

Der Himmel über Beziers glüht rot. Dominikus will den
Blick senken, sich abwenden, sich zum Gebet hinstrecken, aber
er kann in dieser Nacht die Augen nicht mehr davon lösen.

Entsetzen hat sich in ihm festgekrallt. Aus frommem Werk ist blutige Metzelei geworden. Und es muss doch ein frommes Werk sein, wenn der Heilige Vater und der König von Frankreich nun zum Kreuzzug gegen die Irrlehrer aufgerufen haben. Denn die Geduld Roms war mit der Ermordung des päpstlichen Legaten Petrus von Castelnau durch einen Vertrauten des Grafen von Toulouse erschöpft worden. Dieser Raimund VI. galt schon lange als Anhänger und Beschützer der Katharer, trieb aber mit der Kirche ein Katz-und-Maus-Spiel. Zuletzt hatte er sich wieder bekehrt und unterworfen, um der Exkommunikation und der damit verbundenen Enteignung zu entgehen. Aber der Mord am Legaten wurde ihm angerechnet, und es war die auslösende Tat für einen Krieg, der zwanzig Jahre dauern sollte. Ein Kreuzzug wurde befohlen.

„Widmet euch der Vernichtung der Häresie mit allen Mitteln, die Gott euch eingibt. Seid gewissenhafter als bei den Heiden, denn sie sind gefährlicher. Jagt den Grafen und seine Komplizen aus den Zelten des Herrn. Nehmt ihnen das Land weg und gebt es guten Katholiken anstelle der ausgerotteten Ketzer."

Der Aufruf des Papstes an die Barone des nördlichen Frankreich war unmissverständlich. Während der Amtszeit Innozenz' III. war es bisher zu einem Kreuzzug in den Orient gekommen, in der historischen Reihenfolge der Kreuzzüge der vierte. 1203 und 1204 fanden dabei Stürme gegen Byzanz statt. Zuletzt folgte der Eroberung dieser Hauptstadt des östlichen Christentums die Plünderung und Brandschatzung. Somit ein Kreuzzug, der nicht die muslimischen Andersgläubigen, die Heiden, getroffen hatte, sondern die christlichen Brüder der Ostkirche. Doch dieser nächste Kreuzzug im Süden Frankreichs sollte nun einen Gegner treffen, gegen den sich noch mehr Wut richtete als gegen den Islam. Die Zustimmung zum Kreuzzug gegen die Katharer erfolgte von den Orden umgehend. Jetzt wollen sie ihre Rache haben für die lange Zeit der Unterlegenheit und

Ohnmacht. Der Abt von Citeaux regt den Heiligen Vater in Rom auch sofort an, die entsprechenden Vorgaben zur Kriegskampagne zu leisten. „Lasst in Frankreich und der ganzen Welt den Ablass verkünden. Wer das Kreuz nicht nimmt, soll nicht mehr das Recht haben, Wein zu trinken und am Tische zu essen. Und wenn er stirbt, anders begraben zu werden als ein Hund."

Der Papst macht den Abt von Citeaux daher auch gleich zum geistlichen Oberhaupt des Kreuzzugs. Mit den Worten: „Führt die Armeen gegen das bösartige Volk. Im Namen von Jesus Christus!"

Der zu gewinnende Ablass und vor allem die Hoffnung auf reiche Beute machen im Norden mobil. Unter den Kriegsknechten, die sich um die Barone sammeln, sind dementsprechend viele Kriminelle und anderes lichtscheues Gesindel. Denn einen Sündenablass nach vierzig Tagen Kriegsdienst darf man sich nicht entgehen lassen. Das ist für die Menschen des Mittelalters etwas ganz Reales, das sonst nur für viel Geld zu haben war. König Philipp August stellt sich nicht an die Spitze des Heeres. Er führt gerade Krieg gegen England und wird auch von Deutschland bedroht, daher kann er sich nicht selbst um den Süden seines Reiches kümmern. Er überlässt diesen Krieg seinen eifrigen Baronen. Schon ein Jahr nach dem päpstlichen Aufruf stand ein Heer, von Bischöfen, Äbten und Klerikern begleitet, vor den Toren einer Ketzerstadt.

Dominikus hätte dringend Rat gebraucht, ob er sich dem Kreuzzug anschließen sollte, ob er warnen oder mahnen könnte oder sich fern zu halten hat. Doch Dominikus war allein. Diego, in dessen Schatten und Schutz er gewandert war, disputiert und gepredigt hatte, war vor zwei Jahren gestorben.

Die Erstürmung Beziers am heutigen Tag hatte das wahre Gesicht des Kreuzzugs enthüllt. Den bunt zusammengewürfelten Kriegsknechten des weltlichen Feldherrn, einem kleinen Landgrafen namens Simon von Montfort, waren die geistlichen Ziele völlig gleichgültig. Und trotz des Versuchs einiger besonnener Bischöfe, sie im Zaum zu halten, hatten sie die Stadt nicht nur erstürmt, sondern auch wahllos die Einwohner abgeschlachtet. Da wurde nicht gefragt, ob Ketzer oder guter Katholik, ob Greis oder Kind, und es wurden auch nicht die Menschen geschont, die sich zum Altar der Kirche geflüchtet hatten. Dazu geplündert und geschändet, was und wer den Kreuzfahrern in die Hände fiel. Als aber die kirchlichen und adeligen Befehlshaber Einhalt geboten, weil sie die Beute für sich reklamierten, da zündeten die Kriegsknechte aus Wut darüber die Stadt an. Beziers war zum Schlachthaus in Schutt und Asche geworden.

Wie sollte das Feuer des Glaubens in des Dominikus Herzen bleiben, wenn das Feuer der brennenden Städte in seine Augen fiel? Und auch das Feuer der Scheiterhaufen für die gefangenen Ketzer. In Carcassonne, Minerve, Lavaur. Vor letzterer waren es vierhundert, die verbrannt wurden. Von denen die meisten lachend und froh in die Flammen sprangen, weil sie ihnen doch endlich die Erlösung brachten. Jahre voll Mord, Raub, Blut und Feuer. Zerstörung, Tod und Erlösungsfreude der Ketzer.

„Ich bin es, der gesündigt hat."

Die Sonne Italiens steht im Zenit. Der Schatten unter dem mächtigen Baum am Straßenrand ist ganz klein geworden. Der Mann, der zu Füßen des Gehängten auf dem nackten Boden liegt, ächzt. Der Haarkranz seiner Tonsur und sein Bart sind von Schweiß und Staub verklebt. Wären sie gesäubert, würde man sehen, dass im rotblonden Haar des alten Mannes nur wenige graue Strähnen sind. Der Liegende wird so an die fünfzig Jahre alt sein, er weiß es selbst nicht ganz genau. Mit fünfzig ist man aber zu dieser Zeit im hohen Greisenalter.

Die weiße Tunika und der schwarze Mantel des Mannes sind aus rauer Wolle, vom Wandern verschmutzt und von Flicken übersät. Ihr Träger lehnt es beharrlich ab, im sauberen und neuen Habit aufzutreten. Die letzten Lebensjahre haben ihn immer mehr zur Askese geführt. Die Weggefährten und Brüder um ihn, deren Ordensoberer er ist, fühlen sich von ihm oft überfordert.

Die nackten Füße sind schwielig und voller verkrusteter Wunden. Die Haut des Mannes ist vom Wetter gegerbt und sein Gesicht von tiefen Falten durchfurcht. Die Hände mit den langen, schlanken Fingern sehen feminin aus, aber jetzt haben sich die Finger in den Boden gekrallt, als suche der Mann Halt und fürchte, von hier weggerissen zu werden. Gelblich schimmert unter der gebräunten Haut die Blässe der tödlichen Krankheit.

Seine Begleiter – jüngere Brüder im selben Ordenskleid, wenn auch nicht ganz so zerlumpt wie ihr Meister – wollen den im Gebet Ringenden von diesem schrecklichen Ort wegholen, ihn aufheben, stützen und mit den letzten Tropfen aus einer fast leeren hölzernen Wasserflasche laben. Aber Bruder Paul von Venedig bedeutet ihnen nochmals streng, sich in gebührlichem Abstand zu halten. Sie haben wenig verstanden, was der Betende, von Klagerufen und Stöhnen immer wieder unterbrochen, in den Boden hineinredete. Scheinbar unzusammenhängende Fetzen in Kastilisch, Latein, dem Dialekt des französischen Südens und Italisch. Und immer wieder die Formel des Davidschen Psalms: „Ich bin es, der gesündigt hat."

Speichel tropft in Fäden aus Dominikus' Mund. In den letzten Minuten hat ein qualvolles Zucken den ganzen Körper erfasst. Aber jetzt scheint wieder Ruhe über den Leidenden gekommen zu sein.

„... die gesündigt hat."

Beichte hören in Prouilhe. Warme Ziegenmilch nach der Predigt für die Schwestern. Der fromme Frieden des Frauenklosters inmitten eines zerrissenen, blutenden Landes. Ein geschenktes Haus als Gegenbeispiel zu den ketzerischen Frauengemeinschaften. Mit rechtmäßigem Gebet und strenggläubiger katholischer Lehre. Und mit viel Handarbeit. Denn das Böse kommt aus dem Müßiggang. Blutige Finger von der Arbeit am Spinnrad. Und Tränen der Buße und der Reue der ehemaligen Katharermädchen. Blut und Tränen, wie sie Gott wohlgefällig sein sollen. Unter der Aufsicht der kleinen Männergemeinde von Predigern.

Die armselige Bauernkate im Nachbardorf Fanjeaux. Eine Strohschütte als Bett. Die kleine Kirche auf dem Hügel. Tagsüber Wanderung, Predigt und Seelsorge in einem feindlichen Land. Der andauernde Krieg hat viele Menschen entwurzelt. Im Kampf der Barone um Städte und Dörfer haben vor allem die Bauern die schwerste Last zu tragen. Wenn sie nicht selbst zum Kriegsdienst gepresst werden, dann zerstören marodierende Kreuzfahrer ihre Höfe und Dörfer. Immer unter dem „frommen" Vorwand, es könnten sich ja Ketzer bei ihnen verstecken. Und tatsächlich ziehen auch Gruppen von bewaffneten Katharern durchs Land. Legen Hinterhalte an Straßen und Wegen und rücken dem katholischen Mönchlein manchmal auf den Leib. „Ich bin des Märtyrertodes noch nicht würdig", hält ihnen Dominikus dann entgegen. Solch naive Gläubigkeit lässt die Wegelagerer meist schallend lachen. Aber es beeindruckt sie auch. Und sie lassen den bescheidenen Pfaffen in Frieden seines Weges ziehen.

Gebet in der Not, Gesang in der Gefahr. Betteln an den Haustüren. So vergeht Jahr um Jahr, und es gibt immer weniger Gefährten. Aber der Entschluss ist gereift. Dann die Chance in Toulouse. Petrus Seila schenkt ihnen sein Erbe, die Häuser in Toulouse, deren Schuldenlast Dominikus bei den Juden der Stadt mit den Einkünften des Frauenklosters getilgt hat. Bischof Fulko begrüßt die Niederlassung der Predigergruppe in seiner Stadt. Der umtriebige Toulouser Hirte, einst stolzer Troubadour, Familienvater und nun Zisterzienser, hat mit den kriegerischen Geschäften des Kreuzzuges gegen die noch uneroberten Ketzerstädte genug zu tun. Daher erteilt er Dominikus und seinen Gefährten das Privileg der Predigt und erkennt sie als Orden an.

Schachzüge in Rom. Vierhundert Bischöfe und achthundert Kleriker beim vierten Laterankonzil 1215. Das Konzil hat Angst vor einer Inflation von Ordensgründungen. Die Synode will nur approbierte und keine neuen Ordensregeln anerkennen. Einen bettelnden Predigerorden, der fernab von Klosterleben und Chorgebet das Wort Gottes lehrt, schon gar nicht. Wie könnte man ihn von den Wanderpredigern der Ketzer unterscheiden? Eine Ausnahme genügt. Und diesem Franz aus Assisi ist ohnehin nur das Recht auf Bußpredigt gegeben worden. Glaubenspredigt obliegt ausschließlich den Bischöfen, nicht den Bettelmönchen. Daher wählt Dominikus nach Beratung die ihm vertraute und bereits zugelassene Augustinerregel.

„Deshalb nennt nichts euer Eigen, sondern alles gehöre euch gemeinsam; durch euren Oberen werde jedem von euch Nahrung und Kleidung zugeteilt, nicht allen in gleicher Weise, sondern vielmehr jedem nach seinem Bedarf."

Nicht was sie gebietet, sondern was sie nicht verbietet, darin kommt sie den Zielen des Dominikus entgegen. Denn Prediger müssen für Studium und Reisen Dispens vom Chorgebet bekommen können. Sie dürfen nicht ausschließlich an ein Haus gebunden sein, sie müssen in die Welt hinausgehen. Und die Regel des Augustinus schiebt diesbezüglich keinen endgültigen Riegel vor.

Dann eilig zurück nach Toulouse, dort herrscht Aufruhr. Der Ketzergraf hat wieder die Macht an sich gerissen, es wird zur Belagerung durch ein Kreuzfahrerheer kommen. Wenn Dominikus den Konvent in Toulouse retten will, dann muss er ihn auflösen. Die Brüder weigern sich, verstehen ihn nicht. Aber jetzt entscheidet er autoritär. Er schickt sie zum Studium nach Paris oder mit anderen besonderen Aufgaben in die Welt hinaus. Nur die, die in Toulouse beheimatet sind, dürfen bleiben. Dominikus hat weniger Angst vor den Ketzern als vor den heranrückenden Kreuzfahrern. Denn er kennt diesen Simon von Montfort und dessen Unberechenbarkeit. Er hat dessen Tochter getauft und dessen Sohn getraut. Ja, fromm ist er, der Ritter von Montfort. Fromm und rechtgläubig, machtgeil, geldgierig und ohne Skrupel. Gnade Gott der Stadt und geht mit Christi Liebe in die Welt, Brüder!

Er selbst geht wieder nach Rom. Innozenz III. ist gestorben. Seine raue Stimme ist verklungen. Am Stuhl Petri sitzt nun der „gute Greis", Honorius III., ein milder Vater, gütig, einfach, fromm und wohlwollend. Außerdem hat Dominikus bereits Freunde in Rom. Der Kardinal Hugolino von Ostia ist sein wichtigster Gönner. Papst Honorius III. erteilt endlich die Bestätigung des Ordens, im Monat darauf bestätigt er auch den Predigerauftrag. *Fratres ordinis praedicatorum* sind sie nun, und der *ordo praedicatorum* sollte kirchlich anerkannt sein. Aber nach den Mühen der Berge geht Dominikus nun in die Mühen der Ebenen.

Reisen und predigen, reisen und verhandeln, reisen und niederlassen. Brüder um sich sammeln, aufmuntern, trösten, regeln, kommen und gehen, Verlust und Abschied. Begütigen, erklären, belehren. Gegen jede Versuchung und oft genug gegen die Interessen der Ordensbrüder um Besitzlosigkeit kämpfen, mit Kirchenfürsten um Rechte und Anerkennung streiten. Paris, Madrid, Mailand, Venedig, Rom. Und vor allem Bologna. Mit seiner Universität und über tausend Studenten der beste Nährboden für den langsam wachsenden Predigerorden. Neue Gesichter und Namen, Dispute, Briefe und endlose Straßen. Die Krankheit in den Gedärmen, Fasten und Nachtwachen im Gebet, grobes Gerstenbrot und schlechtes Brunnenwasser, immer häufigere und quälendere Koliken. Die ständige Sorge um die Brüder, den Orden, Regelungen und Satzungen, Organisation und die richtige Lehre. Askese und Visionen. In der Basilika zu Rom erlebt Dominikus noch einmal Spaniens Himmel. Petrus gibt ihm den Stab, Paulus das Buch. Strenger Auftrag der Apostelfürsten unter dem kastilischen Himmel der

Kindheit. Aber zuerst muss Dominikus in Rom noch ein Frauenkloster fertig bauen. Unter Tränen ziehen die Nonnen in San Sisto ein. Dieses neue, streng reglementierte Reformkloster wird sie von allem, was ihnen lieb ist, von ihren Familien trennen. Und es hat der allerstrengsten Güte bedurft, die Frauen in die Zellen und die Klausur des vom Papst finanzierten Neubaus nahe den Sümpfen überzuführen. An der Pforte von San Sisto übergibt Dominikus den Schwestern ihren neuen Habit, das weiße Kleid und den schwarzen Schleier. Die Überführung des alten Muttergottesbildes aus Santa Maria in Tempulo lässt er, um Aufsehen und Widerstand zu vermeiden, nachts vonstatten gehen. Bischof Fulko wird weitere Frauen für das Kloster aus Frankreich bringen.

Aber der Orden der Prediger braucht nochmals seine volle Aufmerksamkeit. Von Rom über Siena und Florenz wieder nach Bologna. Ein zweites Generalkapitel muss gehalten werden.

Schon beim ersten, entscheidenden Generalkapitel vor einem Jahr hat Dominikus am Pfingstmontag 1220 seinen Rücktritt angeboten. „Ich verdiene abgesetzt zu werden, denn ich bin zu nichts mehr nützlich und am Ende meiner Kräfte." Doch die dreißig Gesandten aus den Konventen haben dies abgelehnt. Und in langen Arbeitssitzungen die neuen Satzungen des Ordens durch Diskussion und Abstimmung beschlossen. In den Konventen sollen die Oberen von den Brüdern gewählt werden. Diese Prioren können jederzeit Dispens für das Studium, die Predigt und anderes fruchtbares Wirken erteilen. Dominikus ist besonders wichtig, dass das Studium mit glühendem Eifer betrieben wird. In den Konventen werden eigene Studentenmeister zur Überwachung des Studiums der jüngeren Brüder bestellt. Wo keine unmittelbare Nähe zu einer Universität gegeben ist, soll die Einrichtung von eigenen Schulen die Ausbildung der Prediger betreiben. Die Trennung von geistlicher Arbeit und weltlichen Geschäften soll rigoros sein. Die Verwaltung der Konvente soll ausschließlich durch Laienbrüder erfolgen, die Kleriker haben sich keinesfalls in wirtschaftliche Belange einzumischen.

Zu Pfingsten 1221 sind es nun schon über fünfzig Brüder aus fünfundzwanzig Konventen, die sich versammeln. Der Orden teilt die Welt für seine Arbeit in Provinzen ein. Spanien, Provence, Frankreich, Lombardei und die römische Provinz gibt es schon. Die Provinzen Ungarn, Deutschland, England sind schon beschlossen. Die erste Entsendung eines ganzen Konvents nach England steht bevor. Auch nach Dänemark und Polen sollen geeignete Brüder entsandt werden, um in den Städten Konvente zu bilden.

In Dominikus brennt eine alte Sehnsucht. Wie gerne würde er selbst hinausgehen. Dorthin, wo er zum ersten Mal den Eifer der Verkündigung wie heißes Fieber fühlte – zu den Kumanen. Aber das Fieber, das jetzt durch seine Eingeweide rast, lässt ihn nur mehr schwer und unter harten Kämpfen aus seinen Fängen. Über Stunden und manchmal Tage ist er nicht mehr fähig, den Vorsitz zu führen. Aber noch hat er nicht die Demut, in Frieden zu sterben. Noch einmal zwingt ihn der Ruf zum Kampf gegen die Irrlehre vom Strohlager hoch.

„Ich bin es, der gesündigt hat."

Fieberglut.
Qualvolle Hitze, die alles zu Asche verbrennt.
Aus dem Himmel fallen Bilder voll Schrecken. Und Verwirrung.
Menschenleiber, die sich unter der Folter winden.
Scheiterhaufen und Galgengerüste.
Ein Gänsekiel kratzt über Pergament.
Unleserliche Schriftzeichen.
Blut tropft von den Seiten des geschlossenen Buches.
In den Himmel ragende Dome von bizarrer Schönheit.
Das Kreuz auf den Segeln der Schiffe, deren Bug in die sinkende Sonne sticht.

Das Bild eines frommen Mönchs mit sanftem Gesicht, der inbrünstig betend zum Himmel blickt. Der Mann und sein schwarz-weißer Habit sind von makelloser Reinheit. Und um seinen Kopf glänzt eitel ein goldener Heiligenschein.
Wer ist der fremde Heilige?
Wo ist Spaniens Himmel?
Diegos freundliche Augen in einem breiten Bauerngesicht.
Die prüfenden Augen der Madonna von Santa Maria in Tempulo.
Die bitteren Tränen der Schwestern von San Sisto.
Der wolkenverhangene Himmel über den Marken.
Und der abgehauene Kopf des Kumanen im Sand.
Eine Welle wilden Schmerzes zwingt den Liegenden zum Krümmen. Die Hände lösen sich vom Halt am Boden und suchen neuen am Himmel. Doch die Augen finden nur weiße Glut und schwarz das zerhackte Gesicht des Gehängten.

„Ich bin es, der gesündigt hat, ich bin es, der sich vergangen hat. Gott sei mir Sünder gnädig."

Der sich aufbäumende Körper und der gellende Schrei des in der *venia* betenden alten Mannes reißt die Brüder aus dem geduldigen Warten. Sie heben den Kraftlosen vom Boden hoch, sie spüren das Fieber in seinem Körper und einer legt ihm ein rasch befeuchtetes Tuch um die Stirn. Nur weg von diesem schaurigen Ort, da sind sie sich einig. Ihren Prior, den Bruder Dominikus, den Ordensmeister, werden sie nun tragen müssen. Bis sie vielleicht einem Bauern auf einem Ochsenkarren begegnen. Nach Bologna sind es zu Fuß noch zwei Tage. Mit dem Kranken in ihrer Mitte mindestens drei. Im gleichförmigen Rhythmus eines gemeinsam angehobenen Gebetes machen sie sich wieder auf den Weg.

Zeittafel

Um 1170 Dominikus wird in Caleruega/Kastilien geboren

1179 Drittes Laterankonzil

Um 1186 Dominikus beginnt das Studium in Palencia

1196 Dominikus wird Kanoniker in Osma

1198 Wahl des Papstes Innozenz III. Im August dieses Jahres ruft Innozenz III. zu einem „Kreuzzug der Armen" auf, der aber kein Echo findet

1201 Dominikus wird Subprior des Domkapitels in Osma

1202 8. November: Das Heer des vierten Kreuzzuges segelt von Venedig ab

1203 Dominikus' erste Reise mit Bischof Diego nach dem Norden. Im Juli erster Sturm des Kreuzfahrerheeres auf Byzanz

April 1204 Zweiter Sturm der Kreuzfahrer auf Byzanz, Eroberung. Plünderung und verheerende Zerstörung der Stadt

Mai 1204 Balduin IX. von Flandern wird in der Hagia Sophia zum byzantinischen Kaiser gekrönt. Beginn des lateinischen Kaisertums von Byzanz (bis 1261). Ende des vierten Kreuzzuges

1205 Zweite Reise mit Diego nach dem Norden und danach nach Rom

1206 Diego und Dominikus sind von Innozenz III. nach Südfrankreich zur Unterstützung der päpstlichen Legaten entsandt. Beginn der Predigt in Armut bei den Katharern

1207 Gründung des Frauenklosters Prouilhe. Am 30. Dezember stirbt Diego in Osma

1208 14. Jänner: Ermordung eines päpstlichen Legaten durch einen Katharer. 10. März: Ausrufung des Kreuzzuges gegen die Ketzer durch Innozenz III.

Bis 1214 Dominikus predigt in Südfrankreich allein weiter

1215 Im April Gründung des Predigerordens durch Bischof Fulko in Toulouse. Im November Beginn des vierten Laterankonzils in Rom

1216 16. Juli: Tod Innozenz' III. 18. Juli: Wahl von Honorius III.

1217 21. Jänner: Bestätigung des Namens und der Sendung des Predigerordens durch Honorius III.

15. August: Aussendung der Predigerbrüder durch Dominikus. Im Dezember reist Dominikus nach Spanien

1219 Im Frühjahr reist Dominikus von Spanien über Toulouse nach Paris, im August reist er weiter nach Bologna. Im November erhält Dominikus an der Kurie in Viterbo den Auftrag zur Errichtung des Klosters San Sisto in Rom

1220 Zu Beginn des Jahres beginnt Dominikus mit der Errichtung von San Sisto. 17. Mai: Erstes Generalkapitel des Predigerordens in Bologna. Anschließend beginnt Dominikus mit der Mission in der Lombardei und der Mark Treviso

1221 Am 28. Februar erfolgt die Gründung des Nonnenklosters San Sisto in Rom. Am 30. Mai tritt das zweite Generalkapitel der Predigerbrüder in Bologna zusammen. Aussendung der Brüder zu den heidnischen Völkern. Im Juni und Juli predigt Dominikus in Venetien und in der Mark Treviso. In diesem Jahr gibt es zu dieser Zeit eine außergewöhnlich große Hitzewelle. Am 6. August stirbt Dominikus in Bologna

1222 Drittes Generalkapitel in Paris. Die Predigerbrüder wählen Jordanus von Sachsen zum Ordensmeister

1227 Honorius III. stirbt. Zum nächsten Papst wird Kardinal Hugolino gewählt, ein treuer Freund und Förderer des Dominikus. Hugolino nimmt den Namen Gregor IX. an

1232 Papst Gregor IX. überträgt die Aufgaben der Inquisition dem Dominikanerorden

1233 Beginn des Heiligsprechungsprozesses

1234 Am 3. Juli wird Dominikus heilig gesprochen

Schuhe aus Eselshaut

Im Konventshaus der Predigerbrüder „St. Jacques"
in der gleichnamigen Strasse zu Paris
A. D. 1245, in den letzten Tagen des November

Zur Stunde des ersten kanonischen Gebets, um sechs Uhr morgens, ist es noch nachtdunkel, aber die Stadt schon längst zu geschäftigem Leben erwacht. Vor allem die Studenten der Universität sind schon seit fast zwei Stunden auf den Beinen, denn es gilt die obligate Morgenmesse zu besuchen, eine Schale heiße Milch zu ergattern und durch die schlammigen Straßen den Weg zu den Vorlesungshäusern zu finden. Weil die *magistri*, die Professoren der Universität, eben zur besten Stunde des Tages lehren. Und dafür gilt sechs Uhr morgens. Die Assistenten der Magister, die Bakkalauren, dürfen ihre Vorlesungen erst zu einer minderen Zeit, um neun Uhr, halten.

Im Ordenshaus der Predigerbrüder, der Dominikaner oder „Les Jacobins", wie sie hier in Frankreich auch genannt werden, herrscht im Lehrsaal quälende Enge. Der Raum im ersten Stockwerk des spitzgiebeligen Hauses umfasst die gesamte Grundfläche des Gebäudes und ist doch viel zu klein. Hier könnten zwei Dutzend Menschen sich noch halbwegs bequem zum Studium versammeln, aber es sind fast doppelt so viele, die sich drängen. Auf den Bänken, die den quadratischen Raum rundum an die Wände gelehnt umgeben, ist kein Zoll Bewegungsfreiheit mehr, und die in der Mitte des Raumes auf klobigen Schemeln oder gar am Fußboden Hockenden, Kauernden und Lagernden lassen es aussichtslos erscheinen, dass irgendjemand diesen Raum noch betreten oder verlassen könnte. Und doch steht auf der nur mannsbreiten Wendelstiege vor der Tür des Lehrsaals noch eine Hand voll Studenten, die zumindest hofft, einige Worte des Magisters aus dem Inneren des Raumes aufschnappen zu können.

Seit Tagen liegt über Paris eine dunkelgraue Wolkendecke, die abwechselnd Regen oder Schnee auf die Stadt herabschickt. Die ungepflasterten Straßen sind jeden Tag ein Stück tiefer geworden, die Kleider derer, die aus den Häusern müssen, immer feuchter und schwerer. Kaum einer der Studenten im Konventshaus in der Rue St. Jacques lebt so bequem, dass er Mantel oder Habit über Nacht am Kaminfeuer trocknen könnte. Denn die Studentenquartiere, die Kammern der Ordensbrüder, sind völlig ungeheizt. Nur Privilegierte oder Kranke erhalten das eine oder andere Stündchen nahe dem Küchenherd gewährt, und nur die Begüterten unter den Lehrenden und Studierenden können es sich leisten, am großen offenen Kamin der Wirtsschenken der Studentenviertel heißen Wein zu schlürfen und die wohlige Wärme des Feuers zu genießen.

Auch der Lehrsaal im Haus der Dominikaner ist ungeheizt. Dort, wo in diesem ehemaligen Hospiz, im großen Wohnraum, der jetzt dem Unterricht dient, ein Kamin gewesen ist, hängt über der zugemauerten Stelle als einziger Luxus ein grober wollener Wandteppich, vor dem die *cathedra*, das Stehpult des Lehrers, steht. So ist er der einzige Raum, der vor der klammen Kälte, die aus den Steinmauern kriecht, ein wenig geschützt ist. Die hölzernen Läden vor den beiden Fenstern, die zur Straßenseite gerichtet sind, sind zugezogen. Man kann immer wieder die dagegenprasselnden Schauer des Schneeregens deutlich hören. Aber selbst wenn sie aufgestoßen wären, fiele um diese Tageszeit noch kein Licht in den Raum. Das wenige Licht stammt vom flackernden Talgleuchter, der am Pult des Vorlesenden steht. Mehr Licht braucht man auch nicht, denn studieren heißt für die jungen Männer in diesem Raum zuhören. Zuhören und memorieren. Lesen ist das Vorrecht der bereits höher Gebildeten, denn nur diese dürfen in den wenigen Bibliotheken die kostbaren Bücher und Pergamentrollen selbst zu Gesicht bekommen oder zur Hand nehmen. Das Schreiben auf Pergament oder dem noch kostbareren Papier ist schon aus Kostengründen nur den leuchtendsten Köpfen der Wissenschaft möglich. Oder die Arbeit von kunstfertigen Mönchen, die die heiligen Texte der Evangelien, die Weisheiten der Kirchenväter in schönsten Minuskeln kopieren. Studenten der *artes liberales*, die sich in Grammatik und Orthographie des Lateinischen zu üben haben, schreiben mit Griffeln auf Wachs- oder Schiefertafeln. Diejenigen, die aber schon zum Studium der Theologie zugelassen sind, haben jedoch Latein so ausreichend in Wort und Schrift zu beherrschen, dass sie keine Notizen zu machen brauchen. Und so gut wie alle der jungen Männer im überfüllten Lehrraum können die Texte der Evangelien in großen Passagen und Abschnitten fehlerfrei und auswendig zitieren. Wer an einer Universität Theologie studiert, hat schon vom Knabenalter an die Bibel immer wieder gehört und memoriert.

Die Studenten, die sich hier zu Füßen des Lehrers drängen, sind hauptsächlich Ordensmänner – Dominikaner, die im Konventshaus leben, Minderbrüder oder Franziskaner, wie der zweite Bettelorden allgemein genannt wird, einige Weltpriester und auch rein weltliche Studenten, die neben dem Medizinstudium auch noch über Philosophie hören wollen. Denn ein Philosophiestudium in einer eigenen Fakultät gibt es noch nicht in Paris. Paris lehrt die Freien Künste, Medizin, Kirchenrecht und Theologie. Aber es hat einen neuen Professor für Theologie, dessen Ruf, auch ein Naturwissenschaftler, Mathematiker und Philosoph zu sein, ihm schon seit Jahren vorauseilt. Es gilt als Besonderheit, als großes Erlebnis, als Tor zu einer neuen Welt des Denkens, diesen Mann zu hören. Und es zahlt sich aus, sich hier hineinzuquetschen, obwohl man nach einer Viertelstunde kaum mehr atmen kann. Die Nässe der Kleider, die schlammigen Schuhe, der Geruch ungewaschener Körper, der ranzige Duft des Talglichtes und das das ganze Haus durchdringende

Aroma von wässriger Kohlsuppe, wie sie die Dominikaner in der vorweihnachtlichen Fastenzeit als einzige Nahrung am Tag zu sich nehmen, diese Mischung an Gerüchen ist so durchdringend, dass man meint, daran zu ersticken. Doch andererseits wäre eine Lüftung des Raumes wegen der Kälte der Straße auch nicht zumutbar.

Der Magister hinter dem Stehpult wirkt auf den ersten Blick unscheinbar. Ein zierlicher, schlanker Mann im Ordenshabit der Dominikaner. Nur sein ergrautes Haar um die Tonsur deutet darauf hin, dass er in den Jahren vor der Würde des Seniors steht. Aber es heißt, dass er das fünfzigste Lebensjahr noch nicht überschritten hat. Das Gesicht des Mannes ist wettergegerbt von langen Wanderjahren, aber überraschend faltenlos. Am auffallendsten allerdings sind seine hellen, scharfen Augen. Auch in diesem schlechten Licht der flackernden Talgkerze stechen sie aus den Schatten der Augenhöhlen mit großer Kraft und Konzentration hervor. Seit er in Paris liest und besonders seit dem 15. September dieses Jahres, dem Tag nach dem Fest der Kreuzerhöhung, als er als Magister der Theologie seine erste Vorlesung gehalten hat, wissen die Studenten, dass kein Lesender, kein Dozierender, kein Kommentierender vor ihnen steht, sondern ein Schauender. Manche fürchten sich vor diesen Augen. Besonders jetzt im Winter kann es schon sein, dass unter den Hörern der eine oder andere Ordensmann, der die Nacht im Gebet verbracht hat, oder ein weltlicher Kommilitone, der die Nacht mit wissenschaftlichem Gespräch in einer Schenke überbrückt hat, unter dem wohligen Gefühl der zunehmend animalischen Wärme des Hörsaals und hinter dem Schutz einer ins Gesicht gezogenen Kapuze in akademischen Schlummer fällt. Wenn ihnen ein gnädiger Nachbar bei allzu lautem Schnaufen und Schnarchen einen hilfreichen Rippenstoß verpasst, sodass sie nicht akustisch auffallen, könnte es gelingen, die Hauptvorlesung durchzuschlafen, denn bei dieser Enge kann ohnehin keiner von Bank oder Schemel zu Boden sinken.

Wären da nicht die scharfen Augen des Albertus Teutonicus. Die konnten durch Dunkelheit und Kapuzenstoff scheinbar durchsehen, die konnten scheinbar auch durch die Stirnen seiner Studenten tief ins Gehirn sehen, die konnten vielleicht sogar Gedanken lesen. Es gibt viele in Paris, die diesem Mann magische Kräfte zuordnen. Jedenfalls pflegt er die Schläfer oder die Unaufmerksamen direkt anzureden. Merkwürdigerweise kennt er immer ihre Namen, obwohl die Betroffenen schwören würden, dass er sie noch nie zuvor gesehen hatte. Dieses provokante Verhalten, dieses direkte Zugreifen auf jeden Einzelnen seiner Hörer, hat ihn in Paris bekannt gemacht. Ohne dass er je die Stimme erheben oder heftig werden musste, gilt er als der strengste, aber auch der interessanteste und außergewöhnlichste Lehrer der Universität. Und außerdem ist er der erste deutsche Universitätsprofessor an der Pariser Universität, von der man sagt, dass sie die zweitbedeutendste der Welt sei, die wichtigste der Theologie und insgesamt nur von Bologna übertroffen werde.

In Deutschland gibt es noch keine Universitäten – wo hat der deutsche Magister der Theologie dann wohl studiert? Die meisten Studenten kennen den Lebensweg ihres Professors nur in wenigen Andeutungen, in einigen zugeflüsterten Vermutungen oder unüberprüften Behauptungen. Der Siegelring des Magisters – die einzige Würde, die er als Dominikanermönch in diesem Lehramt tragen darf –, der ihm anlässlich der Promotion zum Magister der Theologie im vergangenen Frühjahr verliehen wurde, trägt die eingravierten Buchstaben „S.FR.ALB'TI DE LAVGIG.ORD.PRED." – Siegel des Bruders Albert von Lauingen aus dem Predigerorden. Wer konnte überhaupt sagen, wo Lauingen lag?

Das Dorf Lauingen im oberen Donautal ist um 1200 nur deshalb ein Adelssitz, weil hier Güter und Besitzungen der Staufer zu verwalten sind. Die Grafen von Bollstatt sind Ministerialen, also Verwaltungsbeamte des Kaiserhauses. Die Familie, aus der Albert, der um diese Zeit geboren wird, stammt, ist also adelig, wenn auch nicht aus dem Schwertadel, so doch aus dem bedeutenden Stand der Gutsverwalter. Der erstgeborene Sohn trägt daher den Namen, der diese Würde ausdrückt: *adal berat* ist die alte Form dieses deutschen Namens und bedeutet „Der von Adel Glänzende". Von Gestalt und Sitten adelig, so wird auch dreiundzwanzig Jahre später Alberts Wesen notiert, ohne dass sein Name genannt wird. Im Protokoll der Aufnahme in den Predigerorden.

Die Kinderjahre am Gutshof verliefen im Rhythmus des bäuerlichen Jahreskreises. Albert und seine Geschwister erfuhren wenig über die wechselhafte Entwicklung des schwäbischen Kaisergeschlechts der Staufer, wenig über die Wirren und Auseinandersetzungen zwischen Papst, Königen, Gegenkönigen, den Kampf um die Krone. Nur einmal brachte ein am Herrenhof überwinternder Sänger, ein Troubadour aus Südfrankreich, in Liedern gefasste Geschichten von Helden und Rittern vergangener Zeiten mit. Die Kinder und das Gesinde lauschten den Balladen des Minstrels mit offenen Mündern und ohne viel davon zu verstehen. Alberts Vater komplimentierte den Gast auch bei nächstbester Wetterlage zur Weiterreise hinaus, denn der Mann aus dem Languedoc hatte zum Glauben Auffassungen, die einem rechtgläubigen und frommen schwäbischen kaiserlichen Dienstmann nicht behagen konnten. Viel später erst sollte sich Albert daran erinnern und begreifen, dass er damals zum ersten Mal einem Katharer, einem Ketzer, begegnet war. Es bedurfte keiner väterlichen Aufforderung, über den Fremden zu schweigen. Denn viel geredet wurde ohnehin nie, und besonders Albert war ein schweigsames Kind. Man hätte meinen können, dass er nicht sprechen gelernt hatte, dass er von seiner Umgebung kaum Notiz nahm, so in sich verschlossen, so teilnahmslos schien er zu sein. Aber das täuschte gewaltig. Mit größter Aufmerksamkeit, mit scharfer Beobachtungsgabe und, wie sich später in seinen Büchern herausstellte, mit akribischer Genauigkeit beobachtete er seine Umwelt. Vom ersten Keimen der Natur nach der Schneeschmelze über die Blüten des Frühlings, die Aussaat, das Wachsen und Werden und die Gewitter des Sommers, die herbstliche Ernte und die Jagden, bis hin zum Einzug des Winters mit Schnee und Frost und das nächtelange, geheimnisvoll klagende Heulen der Wölfe in den Wäldern. Die hellen, wachsamen Augen des blonden schwäbischen Knaben übersahen nichts und fanden alles merkwürdig – den Jagdflug der Falken, den Wildwechsel der Hirsche in den Wäldern, die Spuren der Elche und die Losung der Bären, die die Hunde zu wütendem Gekläff veranlassten. Wenn ihn der Vater oder einer von dessen Knechten mit auf die Jagd nahm, war er selig.

Inzwischen hatte das römisch-deutsche Reich und das damit verbundene Kaisertum ein über zehnjähriges Interregnum durchlaufen, eine regierungslose Zeit. Denn es gab nicht einen deutschen König, sondern gleichzeitig deren drei. Und der Konflikt der Staufer mit den Welfen, der seit Friedrich Barbarossa beendet schien, war wieder aufgeflammt. Kriegszüge und bürgerkriegsähnliche Zustände erschütterten weite Teile Deutschlands und Italiens. Als am Sonntag, dem 10. Juni 1190, Kaiser Rotbart, Friedrich I. Barbarossa, am Kreuzzug beim Überqueren des Flusses Kalykadnos, den die Chronisten Salef nennen, in Anatolien vor der Stadt Seleukia ertrank, ging die Herrschaft auf seinen Sohn Heinrich VI. über. Dieser gewann durch Erbschaft von seiner normannischen Frau, der Kaiserin Konstanze, das Königreich Sizilien dazu. Das römisch-deutsche Reich erreichte damit seine größte Ausdehnung.

Um das Geschlecht der Staufer zu sichern, gelang es ihm, dass sein Sohn Friedrich Roger im Alter von drei Jahren zu seinem Nachfolger gewählt wurde, er sollte später Friedrich II. werden. Überraschend starb Heinrich VI. im Jahr 1197 in Sizilien. Für das Kind Friedrich hätte ja Kaiserin Konstanze die Regentschaft übernehmen können, doch die deutschen Reichsfürsten dachten nicht daran, dass eine gebürtige normannische

Sizilianerin an die Regentschaft kommen könnte. So wurde der zwanzigjährige Bruder Heinrichs, Philipp von Schwaben, zum König gewählt und im Juli des Jahres 1198 in Mainz zum König gekrönt.

Doch die Welfen hatten Morgenluft gewittert, und mit Unterstützung des zu Lösegeldzahlungen verpflichteten Richard Löwenherz von England, dessen Rachegelüste sich mit dem Ränkespiel des Bischofs Adolf von Köln finanziell verbinden ließ, wurde der Welfe Otto IV. schon im Juni in Aachen gekrönt. Den kleinen Friedrich, der in Palermo zum König von Sizilien gekrönt worden war, nahm später Papst Innozenz III. als Mündel unter seine Vormundschaft. Aber vorläufig unterstützte er den Welfen Otto IV. und belegte Philipp mit dem Kirchenbann. Erst als Kaiser Otto in Unteritalien Machtpolitik betreibt, die den Heiligen Stuhl stört, tritt Innozenz wieder für die Staufer ein.

Jahre um Jahre, in denen Kriegszüge, Mord und Totschlag, Bestechung, politische Schachzüge mit und gegen Frankreich und England und lokale Bürgerkriege die Geschichte Deutschlands ausmachen. 1208 wird König Philipp aus „privaten Gründen" ermordet. Otto IV. wird im September 1211 in Nürnberg von den deutschen Fürsten für abgesetzt erklärt und der siebzehnjährige sizilianische König Friedrich Roger, das Mündel des Papstes, zum deutschen König und späteren Kaiser Friedrich II. gewählt.

Friedrich II., den man ob seiner Gelehrsamkeit und seiner wissenschaftlichen Interessen *stupor mundi*, das Staunen der Welt, nennen wird, wird Deutschland nur wenige Male besuchen. Sein Hof in Palermo wird zum Mittelpunkt des kulturellen Lebens, in Deutschland machen dafür geistliche und weltliche Fürsten in seinem Auftrag kaiserliche Politik. Als Friedrich II. am 13. Dezember 1250 im 56. Lebensjahr stirbt und im Dom zu Palermo neben seinem Vater Heinrich VI. und seiner Mutter Konstanze begraben wird, neigt sich das Zeitalter der Staufer seinem Ende zu.

In Lauingen im oberen Donautal waren zwar manchmal bewaffnete Reisige durchgeritten, hatte man von Kämpfen und von einem Kaiser im fernen Sizilien gehört, aber dies alles schien so weit weg zu sein wie das muselmanische Morgenland. Für Albert waren es vorerst nur seltsame Geschichten. So wie die Berichte, dass im Süden Frankreichs ein blutiger Kreuzzug gegen albigensische Ketzer tobte.

Zur Schule schickte der schwäbisch-staufische Ministeriale Graf von Bollstatt zu Lauingen seine Söhne Albert und den jüngeren Heinrich nach Augsburg. Dies schien ihm die nächstgelegene beste Domschule zu sein, denn auf Bildung legte er Wert. Beamte des Königshauses und des Kaisers sollten lesen, schreiben und vor allem rechnen können, um auch weiter dienstbar und daher wohlhabend zu sein. Von einer Karriere als adeliger Raufbold, der im Morgenland bei einem gottgefälligen Kreuzzug mit dem Schwert das Blut der Heiden vergoss und deren Reichtümer plünderte, um sich damit in der Heimat Haus und Burg zu schaffen, hielt der biedere Bollstätter nichts.

Auch bei den Augsburger Pfaffen bleibt Albert schweigsam und verschlossen. Nichts an ihm verrät, dass ihm das Leben am heimatlichen Dorf fehlt, brav und gehorsam folgt er den Anweisungen seiner Lehrer, schweigsam, geduldig, durchaus fleißig, aber ohne jedes Zeichen von Freude oder gar Begeisterung. Das Rechnen mag er nicht, aber viel wird davon ohnehin nicht unterrichtet, denn die Augsburger Domherren sind selbst keine Meister des Abakus, des Rechenbretts. Im Erwerb und Umgang mit der lateinischen Sprache, durch Abschreiben und Aufsagen von Bibeltexten, zeigt er durchschnittlichen Fortschritt. Auch in Augsburg gilt sein höchstes Interesse den lebendigen Erscheinungen der Natur. Die große Zahl von Raben, die den Dom umfliegen, ihr Treiben und ihr Verhalten kann er stundenlang beobachten. Ein echtes schwäbisches Gemüt, so beurteilen die Domherren den Schüler Albert – schweigsam, zurückgezogen und

43

still, aber sonst recht ordentlich. Von der scharfen Beobachtungsgabe, von den wahren Interessen des Knaben bemerken sie nichts.

Als ihm die Augsburger Kleriker nach drei Jahren Dom-
schule nichts mehr beibringen können, folgen wieder glückliche
Jahre auf den Gütern in Lauingen. An Arbeit mangelt es da
nicht, denn Jahr für Jahr müssen neue Felder angelegt werden.
Und wenn auch der schmächtige Herrensohn schon von seinem
Stand her beim Roden und Pflügen, beim Bau von Scheunen
und Bauernkaten keinen zusätzlichen Mann, keine starken
Arme bringt, so ist er doch ein wichtiger Vertreter des alternden
Vaters, der wegen seiner Gicht nur mehr selten vor Ort sein
kann. Alberts persönliche Interessen haben sich auch gewandelt.
Sie gelten nun nicht mehr hauptsächlich den Tieren, sondern
den Pflanzen. Den Bauernknechten stellt er manchmal Fragen,
die diese den Kopf schütteln lassen. Warum will der junge Herr
Albert unbedingt von uns so genau wissen, wo dieses oder jenes
Kraut wächst, wann es blüht und vieles andere mehr? Auch dass
er Blätter, Blüten, Wurzeln und Knollen sammelt und ausgräbt,
sie in der Sonne trocknet und mancherlei Geheimnisvolles darüber in Zeichnungen und Schrift auf kostbares Papier bringt,
dünkt den Landleuten fast wie Zauberei und Hexerkunst. Aber
der Herr Kapellan, der sonntags in Lauingen die Messe liest und
die Predigt hält, nickt über den Notizen und Zeichnungen des
jungen Herrn wohlgefällig, obwohl er doch selbst kein Wort
lesen und schreiben kann.

Als Albert siebzehn ist, schickt ihn der Vater zum Bruder, der
als wohlbestallter Kaufmann in der oberitalienischen Stadt
Padova, in Padua, lebt. Die Liebe des Sohnes zur Wissenschaft
ist ihm nämlich nicht verborgen geblieben, obwohl er über die
Merkwürdigkeiten und Kritzeleien meist nur ein unwilliges
Knurren oder Grunzen äußert. Aber er ist wohlhabend geworden, und so soll sein Ältester, wenn er schon die Gabe dazu hat,
ein Doktor, ein Gelehrter werden. Schließlich braucht man bei
Hofe auch Kundige des Rechts und der Wissenschaften.

Es wird Alberts erste große Reise. Und die letzte zu Pferd und mit persönlichem Gefolge. Noch ahnt er nicht, dass er die vielen weiten Wege seines späteren Lebens zu Fuß und nur zu zweit oder zu dritt gehen wird. Denn einem Bettelmönch steht es nicht zu, zu reiten oder zu fahren, sei er auch Bischof oder höchster Universitätslehrer. Im Sommer 1217 geht es über die Pässe der Alpen nach Süden, und Albert wird des Schauens nicht müde. Der Flug der Adler unter schneebedeckten, himmelragenden Bergen, die leuchtenden Blüten der auf den Matten wachsenden Hochgebirgspflanzen, das Stürzen schäumenden Wassers aus den Felswänden – er notiert es förmlich in seinem Gedächtnis. Aber noch erkennt er kein Lehrgebäude, in dem er alle diese wunderbaren Beobachtungen einbauen könnte.

Padua ist noch nicht Universitätsstadt und doch voll von Lehrhäusern. Denn aus Bologna sind Gelehrte und Professoren immer wieder hierher gezogen und unterrichten die Jugend des Adels und des aufstrebenden Bürgertums, der Patrizier, für gutes Geld. Die nächsten Jahre führt Albert das unbeschwerte, sorgenfreie Leben eines reichen Jünglings, der sich mit Eifer dem Studium der sieben Freien Künste, der *artes liberales*, widmet. Bis zu sieben Jahren kann so eine Ausbildung dauern, und Albert, mit seinen vielseitigen naturwissenschaftlichen Interessen, kennt auch keine Eile. Wo immer etwas Außergewöhnliches geschieht, dort setzt seine Wissbegierde an. Bei der Entdeckung eines antiken Brunnens in der Stadt, beim wundersamen Steinbild, das beim Durchsägen von Marmorblöcken in Venedig gefunden wird – überall dort ist er persönlich dabei. Prüfend, fragend, überlegend, notierend. Wo kommen die giftigen Dämpfe her, die den Mann im Brunnenschacht zu Tode brachten? Wieso ist das Bild des gekrönten Königs im Marmor in der Mitte von Stirn und Krone so merkwürdig verzerrt? Ist es der heiße Dampf des Erdinneren, der solche Phänomene auslöst? Steht es in Verbindung mit den heißen Quellen, die südlich von Padua zu Füßen der Euganeischen Hügel entspringen und in deren heißem Wasser Menschen seit der Zeit der römischen Caesaren Heilung suchen? Solche Fragen beschäftigen Albert oft viel mehr als Algebra, Geometrie, Rhetorik oder Grammatik. Im milden Klima des oberen Italien, im reichen Haus des Onkels, in dem es täglich frisch gebackenes weißes Weizenbrot zu essen gibt und die Weine der *colli*, der sanften Hügelberge, anstelle der ewigen schwäbischen Gerstengrütze und des meist schalen Mets und des säuerlichen Biers im Schwabenland, lässt es sich angenehm leben. Besonders begeistert ist Albert vom herrlich grünen Olivenöl aus den Ölgärten der Umgebung. Dieses Öl, das zu duftenden Essenzen und Salben für Medizin und Luxus verarbeitet wird und das die armen Leute auch als Nahrungsmittel mit dem Weißbrot auftunken und essen. Die Reichen ziehen Butter vor. Und in Bologna, der Stadt, die man *la grassa*, die Fette, nennt, da quellen die Tische der Patrizier von Schinken und Schweinespeck über.

Auch haben die Bürger Paduas eine erstaunliche Anzahl hübscher Töchter, sodass es bei aller Sittsamkeit doch auch zu manchem Augenspiel und sanfter Tändelei kommen kann. Das bunte und pralle Leben in Padua lässt Albert das Elternhaus in Lauingen fast vergessen. Außerdem ist er auf einige außergewöhnliche Schriften gestoßen. Die hat ihm in einer guten Stunde sein Lehrer der Mathematik gezeigt. Weil sich dieser – selbstverständlich streng geheim – mit der jüdischen Zahlenmystik, der Kabbala, beschäftigt hat, hat ihm ein vertrauter Wanderhändler aus dem fernen Spanien einmal Schriften mitgebracht, die aus dem Hebräischen und dem Arabischen übersetzt worden waren. Nichts Mathematisches, eher eine Klassifikation des Lebens und der Natur. Ein Kommentar zu einem alten griechischen Philosophen, der Aristoteles geheißen hat. Der Student Albertus ist zunächst versucht, sich über das mangelhafte Latein der Schriftrolle lustig zu machen, aber dann schlägt ihn der Inhalt der Ausführungen in seinen Bann. Er will mehr darüber lesen, wie Aristoteles die Natur klassifizierte, wie er das Sein definierte, wie er die Seelen von Pflanzen, Tieren und Menschen, das Vegetative, das Sensitive und das Rationale beschrieb. Die Wohlhabenheit des Onkels ermöglicht es Albert, weitere Fragmente und Traktate zu erwerben, und die guten Handelsverbindungen des Onkels lassen auch Bestellungen solcher Schriften bis ins ferne Toledo über verschlungene Kanäle zu. Doch ist Diskretion geboten. Albert wurde von seinen Lehrern regelrecht gewarnt und ermahnt, sich nicht allzu sehr mit den heidnischen Griechen vertraut zu machen. Denn an der Universität zu Paris, dem Zentrum der abendländischen Theologie, war Aristoteles verurteilt worden. Als Philosoph, der die Seele als sterblich beschrieb. Dies konnte das Christentum nicht akzeptieren. Da war der Lehrer des Sokrates, Platon, schon passender, denn dieser hatte die Unsterblichkeit der Seele postuliert.

1222 wird Padua endlich selbst zur Universität erhoben, und Albert kann daher seine Studien hier mit akademischem Grad abschließen. Zu Weihnachten desselben Jahres erschüttert ein schweres Erdbeben das obere Italien. Viele Städte der Lombardei werden zerstört, auch Padua beschädigt. Ein geradezu ausgezeichneter Anlass für Schwärme von Bußpredigern, die über die leidgeprüften Menschen herfallen. Denn auch im oberen Italien sind die Wanderlehrer der kirchenfeindlichen Albigenser und Waldenser schon längst um die Wege. Erneut beschäftigt sich Albert verstärkt mit naturwissenschaftlichen Fragen, denn solche Katastrophen werden wissenschaftlich zur Meteorologie gezählt. Doch seit dem Sommer dieses Jahres sitzt dem jungen Mann zusätzlich noch ein besonderer Stachel in der Seele. Ein völlig neuer Horizont ist ihm eröffnet worden, eine Idee, eine Lebensvision, eine Herausforderung, die ihn magisch anzieht. Jordanus, Magister der Predigerbrüder, war in Padua auf die Kanzel getreten. Und die Wortgewalt dieses Menschenfischers hatte Albert tief beeindruckt. Wenige hätten Genaueres sagen können, wer dieser hühnenhafte Magister des noch so jungen Bettelordens war und was die Brüder, die sich der Predigt verschrieben

47

haben, denn wirklich vorhatten. Ihr Gründer und erster Oberer war erst vor einem Jahr gestorben, der Papst schien ihnen wohlgesinnt zu sein, doch andere Kirchenfürsten erklären ihre Armut und ihr Betteldasein zum Ärgernis. Aber seit Albert die erste Predigt des Jordanus von Sachsen gehört hat, lässt ihn die Faszination eines wenn auch geistlichen, so doch intellektuellen Lebens in Armut nicht mehr los. Obwohl er daran zweifelt, diese Herausforderung auch bestehen zu können. Als der Onkel von der Sache Wind bekommt, verbietet er dem ihm Anbefohlenen generell, mit diesen Ordensleuten Kontakt aufzunehmen. Albert wiederum quälen Träume. Er sieht sich darin immer wieder als einer, der den Orden schmachvoll verlässt. Die letzte Entscheidung fällt im Frühling des folgenden Jahres. Wieder predigt Jordanus in Padua. Und als er über die Versuchungen des Teufels spricht, beschreibt er dieselbe Situation, wie sie Albert seit Monaten immer wieder träumt. Albert fühlt sich gezwungen, vor den Prediger zu treten und ihm seine Wünsche und seine Zweifel offen zu legen. Jordanus, der den schwäbischen Studenten um Haupteslänge überragt, bricht in ein freudiges und befreiendes Gelächter aus. Dann fasst er die Hände des Jünglings und meint in deutscher Sprache mit dem weichen Singsang der Sachsen: „Ich schwöre dir, mein Sohn, wenn du in unseren Orden eintrittst, wirst du ihn nie mehr verlassen."

Im Sommer des Jahres 1223 wird Albert aus Lauingen, der Sohn des Grafen von Bollstatt, von Jordanus in feierlicher Zeremonie eingekleidet. Damit beginnt seine Zeit als Novize, und er tritt auf Geheiß seines Ordensoberen zu Fuß den Weg nach Köln an. In Köln, der größten Stadt Deutschlands, steht das zweite Ordenshaus der Dominikaner in der deutschen Provinz. Das erste wurde in Friesach in Kärnten gegründet. Albert wird es auf seinem langen Weg nach Norden besuchen. Der Prior des Konvents „Zum heiligen Kreuz" in Köln ist ein Freund und Studienkollege des Jordanus. Diesem Heinrich von Köln legt Albert 1224 die Profess ab. Und in Köln beginnt er auch im

Konventshaus sein Studium der Theologie. Vier Jahre später wird er hier zum Priester geweiht.

Beim Abschied in Padua hatte ihm der Onkel, der die Welt nicht mehr verstand, ein Paar Schuhe anfertigen lassen. Ein sehr praktisches, aber auch ironisch gemeintes Geschenk. Denn es waren derbe, breite Bauernlatschen. Ganz anders als die feinen, eleganten Stadtschuhe der Patrizier, die mit ihren nach oben gebogenen Schnabelspitzen und ihrem schlanken Zuschnitt der über Venedig aus dem Orient kommenden Mode entsprachen. Zusätzlich waren die klobigen Wanderschuhe auch noch aus Eselsleder gefertigt. Albert wird später lernen, dass dies eine ausgezeichnete Wahl war. Zeit seines Lebens wird er solche Schuhe tragen, denn Eselsleder ist das haltbarste. Der gute Onkel hatte bei dieser Auswahl natürlich auch noch anderes damit verbunden.

Nach Priesterweihe und Studienabschluss in Köln folgen Wanderjahre. In Deutschland sind weitere Konvente der Dominikaner förmlich aus dem Boden geschossen, und überall wird Unterricht für die Predigerbrüder dringend gebraucht. Als Konventlektor zieht Albert zu den Klöstern nach Hildesheim, Regensburg, Straßburg und Freiburg in Sachsen. In den Schuhen aus Eselsleder wandert er im Sommer über elende Straßen, stets um Quartier und Verköstigung bittend und mit scharfen Augen die Natur beobachtend. Mit Bauern, Fischern und Flößern, Hirten und Jägern hält er lange Gespräche und stellt viele Fragen. In der großen Umhangtasche befindet sich neben seinen kostbaren Schriften und etwas Mundvorrat stets ein buntes Durcheinander von getrockneten Pflanzen, aufgesammelten Steinen, toten Insekten, Schneckenhäusern und auch der eine oder andere Balg eines kleinen Tieres. Während Herbst und Winter liest er für die lernenden Brüder über die Bibel und aus den Sentenzen des Petrus Lombardus, dieser Sammlung von Zitaten und Aussagen der heiligen Kirchenväter. Daneben führt er seine Aufzeichnungen weiter, schreibt erste geistliche Dichtungen und eine Marianische Sequenz. Anfang Februar 1240 kommt ein Komet der Erde auf ein Drittel der Entfernung zur Sonne nahe. In der Nacht vom 23. zum 24. April steht dieser Schweifstern äußerst knapp neben dem Polarstern und ist zu dieser Zeit deutlich und groß die ganze Nacht über am Himmel zu sehen. Den scharfen Augen des Albertus ist er schon von Anbeginn an nicht entgangen, der ihn in Sachsen Nacht für Nacht am Himmel sucht und studiert. „Mit vielen anderen habe ich im Jahre 1240 in Sachsen einen Kometen fast beim Nordpol gesehen", wird er später in seiner Wetterkunde schreiben. Die abergläubische Furcht der Menschen vor solchen Himmelserscheinungen teilt er nicht. Immer mehr sieht er im sichtbaren und erfassbaren Kosmos auch eine göttliche Ordnung, die es zu erfassen und zu verstehen gilt. Die Natur, denkt er, ist als Schöpfung Gottes zu lieben, denn der Heilige Geist zündet das Licht der Natur an. Beobachten und Denken ist also Gottesdienst. Längst hat sich das aristotelische Weltbild tief in seinem Inneren Zugang verschafft.

Im folgenden Sommer wandert Bruder Albertus von Sachsen nach Paris. Der Orden hat entschieden, dass der nun vierzigjährige Gelehrte unter dem Magister Gueric von St. Quentin die Stelle eines Bakkalaureus, eines Dozenten der Theologie, in Paris antreten soll. Ein entscheidender Punkt in der wissenschaftlichen Laufbahn Alberts. Am Tag nach dem Fest des heiligen Dionysius, des ersten Bischofs von Paris, am 9. Oktober 1240, beginnt er mit den Vorlesungen, die traditionell bis zum Fest Peter und Paul, dem 29. Juni, gehalten werden. Als Bakkalaureus liest er nach dem Magister, also erst um neun Uhr morgens. Im selben Jahr wird der englische Philosoph Roger Bacon – er ist zwölf Jahre jünger als Albert – Magister der *artes liberales* in Paris. Den neuen Bakkalaureus im Ordenshaus der Dominikaner nimmt er noch nicht wahr, aber Jahre später wird er halb bewundernd, halb neidisch darüber notieren, dass dieser deutsche Gelehrte einen Zulauf an Hörern hat, wie es in Paris noch nicht zu sehen gewesen war. Dass die Vorlesungen dieses Mönches deshalb sogar im Freien abgehalten werden müssen, weil es keinen genügend großen Raum für so viele Hörer in ganz Paris gibt.

Von der Geschichte des jungen Ordens in Paris hat Albert immer wieder von seinem geliebten Prior und väterlichen Freund Heinrich von Köln gehört. Am 12. September 1217 kam die erste Gruppe von Predigern unter der Führung des Mames Guzman, des leiblichen Bruders von Dominikus, in Paris an. Drei Wochen später folgte eine zweite Gruppe unter Führung des Abtes Matthäus. Dominikus hatte sie aus Toulouse weggeschickt. Denn dort standen Kämpfe und Schlachten bevor. In Paris sollten sie in Sicherheit studieren. Zuerst mieteten sie ein Haus, aber ihre Aufnahme durch die Pariser Kirche und hohe Geistlichkeit war mehr als unfreundlich. Schließlich hatte die Synode von 1213 in Paris erklärt: „Bettelnde Ordensleute sind eine Schande!" Erst ein Brief mit Fürbitte des Papstes Honorius III. vom Juli 1218 veranlasste die Diözese, den Brüdern ein Hospiz mit Kapelle dicht am Stadttor Orleans am Ende der Hauptstraße, die St. Benedict hieß, anzuweisen. Die Kapelle und das Hospiz waren dem heiligen Jakob geweiht. Und nach wenigen Jahren wurde sowohl das Stadttor als auch die Straße St. Jacques genannt. Zuerst durften die Brüder keine öffentliche Messe halten, die Kirche und andere Orden neideten ihnen allfällige Spenden. Später „liehen" die Benediktiner ihnen ihre Kirche, bestanden aber auf Teilung der Einnahmen. Sehr viel schneller entwickelte sich das gute Verhältnis der Predigerbrüder zur Universität. Unter den Studenten fanden sie großen Anklang und Interesse. Apostolisches Leben und hohe Intellektualität standen als Kontrast zur begüterten und überfetteten Amtskirche in Mode. Der an der Universität lehrende Magister für Theologie Johannes von Barastre nahm sich der Dominikaner besonders an. Papst Honorius III. sah sich schon im

Februar 1220 veranlasst, der Universität deshalb ein Dank-
schreiben zuzusenden. Dominikus, der in diesem Jahr selbst
nach Paris kam, begegnet drei Studenten, die er begeistern kann.
Da ist ein gewisser Jordanus von Sachsen, ein Heinrich und ein
Leo, beide ebenfalls aus Deutschland. Die drei, die in den
Orden eintreten, werden für Albert von größter Bedeutung –
Jordanus als Nachfolger des Dominikus und Heinrich und Leo
als Kölner Prioren.

Als schließlich das Hospiz St. Jacques zum Ordenshaus wird,
verlegt Johannes von Barastre seine Vorlesungen in diesen Konvent, damit die Brüder, den Regeln folgend, das Haus nicht zum
Studium verlassen müssen. Seit dieser Zeit wird in Paris Theologie bei den „Jacobins" gelehrt. Im Jahr 1229, es ist das
Todesjahr des geliebten Priors Heinrich von Köln, erhalten die
Dominikaner den Lehrstuhl für Theologie in Paris dadurch, dass
ihr Ordensbruder Roland von Cremona Magister wird. Kurz
darauf fällt ihnen der zweite Lehrstuhl zu, weil der Magister
Johannes von St. Giles in den Orden eintritt und somit sein
Lehramt mitbringt. Ein Generalkapitel regelt nun für die beiden
cathedrae die Nachfolge so: Der Lehrstuhl des Roland bleibt weiterhin der Pariser Provinz des Ordens vorbehalten, der Lehrstuhl
des Johannes wird in der Nachfolge immer von Brüdern aus
anderen Provinzen in einer Art Rotationsprinzip zu besetzen
sein. Mit den Augen der Pariser gesehen, wird es der Lehrstuhl
der „Ausländer". Im Herbst 1245 ist es daher der Lehrstuhl des
neu promovierten Magisters Albert, der seinen Vorgänger Gueric
von St. Quentin ablöst. In den unförmigen, plumpen Schuhen
aus Eselsleder, die ihn in ganz Paris zuerst zum Gespött und
dann zu ehrfürchtiger Bekanntheit und Bewunderung geführt
haben.

In den Jahren als Bakkalaureus hatte Albert die Erlaubnis des
Priors bekommen, beim Dombau von Notre-Dame naturwis-
senschaftliche Studien zu betreiben. Zuerst ging es ihm um die
versteinerten Schnecken und seltsamen Pflanzen, die er manch-

mal an den Schnittflächen der Kalksteine zu sehen bekam. Aber bei seinen unzähligen Besuchen in und um die Dombauhütten gewann der schmächtige Dominikaner wieder ein neues Interesse. Wer hätte sich von der großartigen Architektur der fünfschiffigen Kathedrale, von der vollendeten Westfassade mit ihrer Königsgalerie und dem Rosenfenster weniger faszinieren lassen als der kunst- und natursinnige Albertus teutonicus? Im Gespräch mit den Werkmeistern entdeckte Albert seine Liebe zur Mathematik und zur Geometrie. Jahre später wird er der heimliche Lehrer der deutschen Baumeister sein – das Wunderwerk des Kölner Doms und der deutschen Gotik wurde damals in Paris zu Grunde gelegt.

„Das menschliche Herstellen bringt Gebilde der Natur teils zum Abschluss; teils bildet es Gebilde der Natur nach."

Der Magister Albertus, Professor für Theologie der Universität Paris, ist in seiner Vorlesung von den mystischen Schriften des Pseudo-Dionysius, eines Theologen des sechsten Jahrhunderts, wieder einmal zur „neuen Lehre" gekommen, zur Philosophie und Naturwissenschaft des Aristoteles. Das Licht vor den Fensterläden ist inzwischen von kreidigem Hellgrau, wie es einem Vormittag mit Schneefall entspricht. Aber nach wie vor hat niemand Verlangen danach, ein Fenster zu öffnen. Noch dazu, wo jetzt die Aufmerksamkeit der Studenten auf dem Höhepunkt ist. Wenn der Meister zur Philosophie kommt und gar den Philosophen selbst, wie Aristoteles nur mehr genannt wird, zitiert, dann ist es das, weshalb man sich in diesem Raum zusammengedrängt hat. Was man auch sonst in Paris von keinem Lehrer hören kann. Denn aus dem verschwiegenen schwäbischen Knaben ist über die letzten Jahre des Wanderns und der Lehre ein hervorragender Rhetor geworden.

„Und was der Philosoph von der Kunstfertigkeit des Menschen sagt, wird wohl auch für meine Schuhe aus Eselsleder gelten müssen. Meint ihr nicht auch, Brüder?"

Mönch, Philosoph, Naturwissenschaftler: Albertus Magnus

Erwartungsvolles Schmunzeln geht durch den Lehrraum. Wenn Albertus ein so persönliches Thema zum Disput erhebt, dann wird es immer besonders spannend. Vor allem, weil er den Disput nicht wie die alten Lehrer in Frage und Antwort mit sich selber durchspielt, sondern immer die Hörenden mit einbindet.

„Wer hat meine Schuhe wohl hergestellt?"

Dass es wohl ein Schuster war, kommt als Antwort mehrfach aus dem Auditorium zurück.

„Und was braucht ein Schuster, um ein Paar Schuhe aus Eselsleder für einen armen Predigerbruder zu fertigen?"

Vom Leder abgesehen, zählen die Studenten die ihnen bekannten Werkzeuge des Schusters auf – Schustermesser, Ahle et cetera. Und auf Nachfragen des Lehrers wird auch bestätigt, dass der Schuster wohl auch seine Hände, seine Augen und somit seinen ganzen Körper zur Arbeit benötige.

„Der Schuster schneidet mit dem Kneifer, dem Werkmesser, das Leder zu? Hier ist doch nun wohl ein anderes der, welcher sich dessen zum Schneiden bedient, und ein anderes das Werkzeug, dessen er sich dazu bedient? Das ist die Frage, die ich nun an euch richte, ob der Sichbedienende und das, dessen er sich bedient, stets voneinander verschieden zu sein scheinen?"

„Dies scheint so. Ja, es ist so ..." Die Studenten nehmen begeistert den philosophischen Diskurs an.

„Nun bedient sich der Schuster, wie wir gehört haben, auch der Hände und der Augen und des ganzen Körpers. Wenn wir nun einig sind, dass der Sichbedienende und das, dessen er sich bedient, nicht dasselbe sind, dann können wir doch sagen, etwas anderes ist demnach der Mensch als sein Leib."

„So ist es gewiss."

„Was also ist der Mensch?"

Diese Frage kommt zu schnell und zu scharf. Die Studenten zaudern mit einer Antwort, für die sie sich vor dem Lehrer nicht zu schämen brauchen. Dessen Augen funkeln geradezu vergnügt in den Raum. Und suchen in den erwartungsvollen Gesichtern.

„Nun, so viel wisst ihr jetzt schon, dass der Mensch das sich des Leibes Bedienende ist. Bedient sich wohl die Seele etwas anderes als des Leibes?"

„Nein."

„Und zwar als seine Beherrscherin?"

„Ja."

„Nun muss also von drei Dingen eines der Mensch sein. Entweder die Seele oder der Leib oder beides zusammen, also dies aus ihnen vereinigte Ganze."

„Es kann nicht anders sein."

„Wir haben uns aber dahin geeinigt, dass das den Leib Beherrschende der Mensch sei."

„Das haben wir."

„Beherrscht nun etwa der Leib sich selbst? Keineswegs. Wir haben doch gesagt, dass er von etwas anderem beherrscht wird. Er kann demnach nicht das sein, was wir suchen. Oder ist es etwa jenes vereinigte Ganze, welches den Körper beherrscht, und dieses eben wäre also der Mensch?"

Ratlose Blicke.

„Nichts weniger als das", zieht Albertus seine Beweisführung unerbittlich weiter. „Denn wenn einer von beiden Teilen nicht mitherrscht, so ist keine Möglichkeit, dass sie beide zusammen herrschen."

„Sehr richtig."

„Wenn nun aber weder der Leib noch das Ganze von Seele und Leib der Mensch ist, so bleibt, denke ich, nur noch übrig, dass er entweder gar nichts ist oder sonst nichts anderes als die Seele allein. Bedarf es also dessen, euch noch zu zeigen, dass die Seele allein der wahre Mensch ist?"

„Nun, beim heiligen Gott und allen seinen Engeln, es scheint hinlänglich bewiesen zu sein."

„Hört, Brüder und geliebte Söhne, so hat Platon, der Lehrer des Philosophen über die unsterbliche Seele geurteilt. Und diesen Disput seinem Lehrer Sokrates mit dessen Schüler Alkibiades nachgeschrieben. Wenn nun die heidnischen Philosophen schon den Beweis der Seele und ihrer Unsterblichkeit aus Dialektik und syllogistischem Denken zu führen vermochten, wie sehr können wir dies im Glauben, den uns die Heilige Schrift, das Wort Gottes, gibt, doch bestätigen? Wer sich also als Ignorant mit allen Mitteln gegen das Studium der Philosophie stellt, wie eine stupide Bestie, der lästert, was er nicht kennt. Die Gnade des Herrn sei mit euch."

Von dieser Vorlesung werden die, die dabei waren, aber auch die, die davon nur gehört haben, noch viele Wochen reden. Und der Ruhm des gelehrten Magisters, des Deutschen Albert, des Dominikaners in den klobigen Bauernschuhen aus Eselsleder, wird über die Jahrhunderte hinweg länger strahlen als der Glanz der Stauferkaiser. Noch zu Lebzeiten wird er den Beinamen Magnus erhalten. Eine Ehrung für einen Mönch, Philosophen und Naturwissenschaftler, die selbst nur wenigen Königen und Kaisern im Lauf der Geschichte zuteil wurde.

Zeittafel

Um 1200 Geburt Alberts in Lauingen als Sohn eines Ministerialen und Landadeligen im Dienste der Staufer

Um 1207 Besuch der Domschule in Augsburg

1212 Friedrich II. wird von Papst Innozenz III. als Gegenkönig zu Otto IV. aufgestellt

1215 April: Dominikus gründet in Toulouse den Predigerorden

November: 4. Laterankonzil

Innozenz III. bewilligt den Predigerorden nur die Augustinusregeln

Verkündigung des Transsubstantiationsdogmas, der Lehre von der wahrhaftigen Wandlung von Wein und Brot beim Messopfer

Um 1217 Albert beginnt das Studium der *artes liberales* in Padua

1220 Friedrich II. wird zum Kaiser gewählt

1221 6. August: Dominikus stirbt in Bologna

1223 Jordanus von Sachsen, der Nachfolger des Dominikus, predigt in Padua und nimmt Albert in den Orden auf. Albert wird in das Ordenshaus „Zum heiligen Kreuz" in Köln (gegr. 1221) entsendet

1224 Ende des Noviziats, Profess und Beginn des Studiums der Theologie im Ordenshaus Köln

1228 Abschluss des Studiums, Priesterweihe, Beginn der Lehrtätigkeit als Lektor in deutschen Konventen

Ab 1240 Albert wird Bakkalaureus an der Universität Paris

1245 Albert wird zum Magister der Theologie in Paris promoviert

1248 Albert geht in Begleitung seines Schülers Thomas von Aquin nach Köln. Gründung des Generalstudiums, Albert wird zum *doctor universalis* erklärt

1250 13. Dezember: Friedrich II. stirbt. Sein Sohn Konrad IV. wird deutscher König

1254 Albert wird in Worms zum Provinzial gewählt

Konrad IV. stirbt in Lavello bei Melfi an der Malaria. Sein Sohn Konrad – Konradin – ist erst zwei Jahre alt

1256 Teilnahme am Generalkapitel in Paris. Verteidigung der
     Bettelorden vor Papst Alexander IV. in Anagni

1257 Entpflichtung vom Amt des Provinzials, zweite
     Vorlesungsperiode in Köln
     Beginn des Interregnums, jener Zeit ohne effektive
     Königsgewalt in Deutschland

1259 Teilnahme am Generalkapitel in Valenciennes

1260 5. Jänner: Ernennung zum Bischof von Regensburg

1262 Entpflichtung als Bischof. Am Hof Papst Urbans IV., in
     Viterbo und Orvieto

1263 Ernennung zum Kreuzzugsprediger für Deutschland

1264 Tod Urbans IV., Albert legt sein Amt als Kreuzzugsprediger
     nieder und geht in den Konvent zu Würzburg

1267 Altarweihen in Aachen, Köln und Straßburg

1268 Konradin, der sechzehnjährige Sohn von Konrad IV., wird in
     Neapel hingerichtet. Er war der letzte Staufer
     Albert geht nach Pommern

1270 Albert kehrt im Herbst nach Köln zurück, um den Konflikt
     zwischen Erzbischof Engelbert und den Bürgern Kölns zu
     lösen

1271 16. April: Friedensschluss zwischen dem Erzbischof und der
     Stadt

1273 Rudolf I. von Habsburg wird zum deutschen König gewählt.
     Ende des Interregnums

1274 7. März: Tod des Thomas von Aquin am Weg zum Konzil
     von Lyon

1279 Albert schreibt im Jänner sein Testament. Am 18. August wird
     die letzte Beurkundung Alberts vorgenommen

1280 15. November: Tod Alberts im Kölner Konvent

1890 Gesamtausgabe der Werke des Albertus Magnus in Paris

1931 16. Dezember: Heiligsprechung Alberts und Erklärung zum
     Kirchenlehrer

1941 16. Dezember: Albert wird zum Patron der Naturwissen-
     schaften ernannt

– Thomas von Aquin –

DAS BRÜLLEN DES OCHSEN

DIE BURG ROCCASECCA BEI AQUINO
IM KÖNIGREICH SIZILIEN
A. D. 1245, IN DEN ERSTEN TAGEN DES MONATS MAI

Das frühe Morgenlicht fällt durch zwei schmale Fensterschlitze, die knapp unter der Decke des kargen Raums liegen, und zeichnet Rechtecke von zartem Rosa an die gegenüberliegende grobe Steinwand. Der Tag auf der Burg ist erst am Erwachen, in der großen Stille des Morgens können einzelne Geräusche von draußen noch unterschieden werden. Das kämpferische Krähen der Hähne, das seit dem ersten Tagesschimmer sich lebhaft verstärkt hat. Das Schnauben und Stampfen der Pferde im Stall, der pfeifende Jagdruf der Turmfalken und das Fluchen der Knechte, die die Rosse tränken und sich mit den schweren Wassereimern vom Ziehbrunnen abmühen.

Der junge Mann, der sich schon vor einer Stunde von der einfachen Pritsche mit dem Strohsack und der leichten Wolldecke darauf erhoben hat, kniet am Boden unter den Lichtvierecken mit dem Blick zu den Fenstern hinauf. So betet er mit dem Gesicht nach Osten. Zu seinem Herrn, dem Christus, der das Licht aus dem Osten ist.

Zwei Stühle gibt es noch im Raum, einen für den Bewohner und den zweiten für einen allfälligen Besucher. Der Fußboden aus groben Holzbohlen glänzt in speckigem Dunkelbraun, die unverputzten Steinmauern des Raumes sind mit Kalk getüncht worden, aber das ist schon einige Jahre her. Die Holzdecke ist so dunkel wie der Boden und zusätzlich noch von Kerzenqualm geschwärzt. Und vom Rauch des Kohlenbeckens, das im Winter zur leichten Erwärmung des Raumes dient, das aber jetzt im

Frühling nicht mehr gebraucht wird. Trotzdem sind die Nächte in solchen Burgräumen noch immer empfindlich kühl, und es wird weitere Wochen dauern, bis die Kraft der südlichen Sonne die dicken Steinmauern so aufgeheizt hat, dass diese die Wärme auch ins Innere abgeben. Wer die Hitze unter der Sonne Italiens nicht gut verträgt, der ist auch im glühend heißen August in den Mauern der Burg Roccasecca von angenehmer Kühle umgeben.

Der betende Jüngling ist nur mit einer wollweißen Tunika bekleidet, in der er auch geschlafen hat. Sein Obermantel, ein Umhang aus schwerem Wolltuch, ist in den Farben Weiß, Braun und Schwarz gescheckt. Den Farben der Schafe entsprechend, die dafür geschoren wurden. Mit diesem Mantel hat er sich in der Nacht zusätzlich zugedeckt, daher liegt dieser noch unordentlich auf der Pritsche. Nach dem Gebet wird er ihn sorgsam gefaltet über die breite Stuhllehne legen oder sich überwerfen, wenn man ihn aus dem Raum lässt. Denn die niedere, schwere Eichentüre ist verschlossen. Von außen. Seit nun fast genau einem Jahr lebt dieser stille Beter, der junge Graf von Roccasecca, bei der Stadt Aquino auf der elterlichen Burg in Hausarrest. Jeder Schritt, den er aus diesem Karzer hinaustut, sei es zum Speisesaal, zu einem Verdauungsspaziergang im Burghof oder einfach nur zum Abtritt, wird sorgsam von bewaffneten Begleitern bewacht.

Tommaso, der jüngste Sohn des Grafen Landulf, oder Landolo, wie es die Neapolitaner aussprechen, wollte lieber einen schwarzen Mantel tragen. Den Habit der Predigerbrüder des heiligen Dominikus, dessen man ihn beraubt hat. Und er sollte in Paris sein, um Theologie zu studieren. Wohin er auf dem Weg war, als ihn die Familie gefangen setzte. Die Tonsur des jungen Mönchs ist wieder mit seinen dunklen Haaren überwachsen, um die Kraft des Glaubens kämpft er mit zäher Geduld. Und stundenlang denkt er über eine mögliche Flucht nach. Da sitzt er, in sich versunken, nicht ansprechbar und so phlegmatisch, dass man die Schärfe seines Verstandes nicht ahnen kann. Hinter dieser breiten Stirn des fleischigen Gesichts, in diesem schweren, dicken und plumpen Körper des jungen Mannes schlummert Energie des Verstandes und des Denkens wie Lava in einem schlafenden Vulkan.

Er ist ein Großneffe des Stauferkaisers Friedrich I. Barbarossa, der am Kreuzzug ins Heilige Land im Hochland von Anatolien bei der Überquerung eines Flusses 1190 ertrunken ist. Eine der jüngeren Schwestern des Kaisers Barbarossa hatte den Grafen Thomas von Aquino, einen aus langobardischem Geschlecht stammenden Adligen, geheiratet. Die Stadt Aquino war nicht mehr als ein befestigtes Bauerndorf etwa dreißig Meilen von Neapel, der alten Stadt Neapolis im Königreich Sizilien, entfernt. Aber die Ländereien brachten sicheren Wohlstand, und die Burgen waren stattliche Herrensitze. Als Friedrich II., der Enkel des Barbarossa, 1221 zum Kaiser gekrönt wurde, war das Familienoberhaupt der Grafen von Aquino, der älteste Sohn aus dieser Verbindung, der ebenfalls Thomas hieß, der Graf von Acerra, als Oberjustiziar des süditalienischen Festlandes im Königreich Sizilien bereits ein angesehener Staatsbeamter. Dessen Bruder Sinnibald wurde 1227 Abt des Benediktinerklosters von Monte Cassino, jener klösterlichen Bergfestung, die als geistlicher wie auch militärisch bedeutender Grenzwächter zwischen dem kaiserlichen Herrschaftsgebiet und dem päpstlichen Kirchenstaat diente. Der dritte Sohn des alten Grafen Thomas war Landulf, der Herr von Loretto und Belcastro. Alle waren sie treue Ghibellinen, Anhänger des staufischen Kaiserhauses und politische wie auch militärische Gegner der Guelfen, der Welfenpartei, die mit dem Papst im Bunde stand. Darüber hinaus fühlte sich dieser „italienische Adel" auch noch den Traditionen der lombardischen Germanenfürsten verbunden, die vom Frühmittelalter an die Geschicke Oberitaliens bestimmten. Sie sprachen selbstverständlich die harte und schnelle Sprache des Südens, wie auch das „singende Neapolitanische", das mit vielen arabischen und normannischen Wörtern durchsetzt war, aber sie dachten langobardisch. Landulf heiratete Theodora, die aus streng normannischem Adel der Insel Sizilien stammte. Weißhäutig, blond, blauäugig und von hoher Gestalt waren diese einst nordischen Rittergeschlechter, die seit 1130 über Sizilien und Süditalien herrschten. Und von heißblütigem Kampfgeist wie ihre alten Vorfahren, die Wikinger des europäischen Nordens. Diesen Charakter trugen auch die jungen und begehrenswerten Adelsfräulein. Und er wird sich in der Mutter des späteren Kirchenlehrers Thomas von Aquin für dessen Leben noch heftig bemerkbar machen.

Graf Landulf und seine Frau Theodora besitzen mehrere Burgen in der Provinz Terra di Lavoro, wie das italienische Festland im Königreich Sizilien damals genannt wurde. Der Familiensitz aber ist die Burg Roccasecca, nahe dem Städtchen Aquino. Dort kommen alle ihre Söhne und Töchter zur Welt, und der Jüngste wird wieder Thomas getauft. Bis 1230, seinem fünften Lebensjahr, ist die stolze Burg über dem Bauernland sein Zuhause und ein wunderbarer Spielplatz. Aber anders als seine älteren Brüder Landulf und Rainald – in der Volkssprache Landolo und Rinaldo – war der kleine Tommaso weniger an Raufereien mit Holzschwertern interessiert und hatte keine Zuneigung zu den derben Waffenknechten des Vaters, wollte nie ein damaszenisches Kettenhemd tragen und fand schon den Gedanken, sich einen der topfförmigen Eisenhelme über den Kopf zu stülpen, abstoßend. Der pummelige und etwas unbeholfen wirkende Knabe hatte vielmehr einen gesegneten Appetit und neigte zur Zurückgezogenheit. War es Mutter Theodora, die Energische, oder Vater Landulf, der gern gesehene Edelmann am Hofe des Kaisers, der auf den Gedanken kam, den Jüngsten als Oblaten, als „hingegebenen Knaben", zu dessen Onkel Abt Sinnibald ins Kloster von Monte Cassino zu geben? Jedenfalls würde dies der Familie nur zusätzlich Ansehen bringen. In der Klosterschule würde der Jüngste wohl Latein und so viel andere geistliche Bildung erwerben, dass er einst seinem Onkel als Abt der Benediktinerabtei nachfolgen kann. Auch Äbte waren Feudalherren und standen dem Rittertum im Ansehen um nichts nach. Onkel Sinnibald war mit seinen Benediktinern, obwohl ein Kirchenmann, doch kaisertreu, und somit konnte diese „Hingabe des Thomas" der Familie derer von Aquino nur Ehre einlegen und Vorteile bringen. Die stolzen Abschiedstränen der Mutter quittierte der fünfjährige Tommaso mit unergründlich ruhigem Blick, den Ermahnungen des Vaters hörte er mit unergründlicher Aufmerksamkeit zu.

Die eintägige Reise nach Monte Cassino unter Schutz und Bedeckung einer Hand voll väterlicher Kriegsleute war unbequem, aber interessant. Das Leben im Benediktinerkloster auf dem mächtigen Bergrücken hingegen eine einzige Enttäuschung. Die kindlichen Erwartungen des Thomas von heiligem Wohlstand, von frommer Bequemlichkeit, von ruhigem Leben trafen für die nächsten Jahre nicht zu.

Monte Cassino ist das Kloster, das der heilige Benedikt von Nursia im Jahr 529 selbst gegründet hatte und in dem er seine neue Ordensregel schuf. Die schrieb geistige Betrachtungen, Handarbeit, Keuschheit, Armut und Gehorsam vor. Die sogenannte Benediktinerregel teilte den Tag in drei Teile – acht Stunden für den Schlaf, acht Stunden für das Gebet und acht Stunden für die Arbeit. Benedikt entwickelte auch die erste moderne Klostergesetzgebung, was Essen und Trinken und Fasten betraf. Seit dieser Zeit gab es eine Satzung, in der jedem Mönch ausreichend Verpflegung und ein Quantum Wein zugesichert waren. Schon im elften Jahrhundert war Monte Cassino mit Sicherheit die reichste Abtei der Welt. Deutsche Äbte machten das Kloster zu einer berühmten Stätte der Kunst. Einige von ihnen wurden Päpste. Anfang des dreizehnten Jahrhunderts beschäftigten sich die Mönche von Monte Cassino mit den Künsten der Buchmalerei, der Freskomalerei und des Mosaiklegens. Die künstlerischen Techniken der Benediktiner galten in ganz Europa als unerreichbares Vorbild.

Das Leben in der Klosterschule war für die Oblaten von anderen Faktoren bestimmt. Raues Klima im Winter, zugige Schlafräume, mageres Essen, strenge Lehrer und ein immer mürrischer Onkel, den man höchstens bei den unzähligen Messen von weitem sah, das alles musste Thomas lernen auszuhalten. Lesen lernt Thomas sehr schnell, mit dem Schreiben hat er viel größere Probleme. Den dicklichen und ungeschickten Kinderfingern gelingt es nur mühsam, leserliche Minuskeln in die Wachstäfelchen zu ritzen, die den Schülern als Übungsbehelf dienen. Von der Schönheit der Buchschrift mit Feder und Tinte ist sein Können weit entfernt. Der junge Benediktinermönch, der sich besonders mit ihm abmüht, prophezeit mit klagendem Blick zum Himmel, dass Thomas es nie schaffen würde, auch nur eine viertel Rubrik aus der Heiligen Schrift so abzuschreiben, dass ein anderer es lesen könne, selbst wenn er den Text auswendig wüsste. Tatsächlich wird auch der Gelehrte und Philosoph Thomas von Aquin später lieber seinen Sekretären diktieren als selber schreiben. Und über seine Handschrift wird es viele zeitgenössische Klagen geben. Was Thomas wiederum zeit seines Lebens nicht vergessen wird, ist die geschmacklich fade, eintönige warme oder kalte Weizengrütze, die nur an den höchsten Festtagen manchmal in Milch gekocht war. Er hatte sich schon damit abgefunden, nie wieder an einer guten Tafel essen zu dürfen. Dabei hatte doch der heilige Benedikt den Fleischkonsum, Geflügelbraten und in der Fastenzeit den Verzehr von wohlschmeckendem Fisch gebilligt. Die Oblaten-schüler, unter denen Thomas keine Freunde fand, sahen so gut wie nie etwas davon. Und als er vierzehn Jahre alt war, sah der junge Graf von Aquino fast schlank aus.

Doch er sollte überraschend schnell vom kulinarischen Einerlei erlöst werden. 1239, Thomas war im fünfzehnten Lebensjahr, hatte sich der Konflikt zwischen Papst und Kaiser wieder einmal aufgeschaukelt. Kriegslärm und Blutgeruch hingen in der Luft.

Noch vor dem Osterfest lässt Abt Sinnibald seinen Neffen zu sich rufen. Er befiehlt ihm in dürren Worten, mit einer kleinen Gruppe anderer Oblaten unter der Obhut zweier Benediktiner-mönche schon am nächsten Morgen das Kloster zu verlassen. Er hätte, auch von Thomas' Vater Landulf bestätigt, schlechte Nachrichten, was die Abtei betrifft. Es muss damit gerechnet werden, dass die Mönche sie räumen müssen, weil sie von kai-serlichen Truppen besetzt wird. Thomas aber, so hätte die Familie entschieden, solle in Neapel an der Universität weiter-studieren. Dies sei auch politisch opportun, denn die Universität Neapel, die erste staatliche Hochschule Europas, ist vom Kaiser selbst gegründet und steht in dessen besonderer Gunst. Kein Nachteil für treue Ghibellinen.

Die Reise nach Neapel dauert zwei Tage, obwohl sie mit Wagen fahren, aber Ochsengespanne sind nicht sehr schnell. Der Himmel über der herrlichen Stadt, der größten und schöns-ten des südlichen Italien, ist von geradezu unwirklichem Blau. Über dem Kloster von Monte Cassino hatte der Bergwind des Spätwinters noch weiße Wolkenfelder vor sich hergetrieben, aber hier, am lieblichen Meeresgolf, war schon der strahlende Frühling an Land gegangen. Für den Sohn eines Grafen ist es kein großes Problem, eine Burse, ein Studentenwohnheim, zu finden, das ihn für gutes Geld gerne aufnimmt. Und sich in die Fakultät der Artisten, den Lehrhäusern der *artes liberales,* der Freien Künste, einzuschreiben. Noch sind Universitäten – dieser Begriff wird erst im 15. Jahrhundert allgemein gebräuchlich werden – keine eigenen Gebäude mit Lehrsälen und entspre-chenden Einrichtungen. Der Unterricht findet zumeist in den Häusern der Lehrenden, der *magistri,* statt, in denen viele Stu-denten, die ihrem Professor nahe stehen, sogar wohnen.

1224 hat der damals dreißigjährige Friedrich II. mit kaiserli-chem Erlass die Universität Neapel gegründet.

„Mit der Gnade Gottes ... wünschen Wir, dass es in unserem Königreich durch eine Quelle der Wissenschaften und eine

Pflanzschule der Gelehrsamkeit viele kluge und weitschauende Männer gebe, Männer, die durch das Studium der Natur und die Erforschung des Rechts Gott dienen können."

Und er hat verfügt, dass keiner seiner Untertanen an einer anderen Hochschule Europas studieren sollte, und jedem, der hier lehrte und studierte, seine besondere Gunst versprochen. Er selbst verstand sich ja als Philosoph, Forscher und Wissenschaftler, der an seinem Hof zu Palermo die bedeutendsten Männer des Wissens versammelte und die größten Schätze an Schriften und Kunstwerken hortete. Gleichzeitig erließ er für die Universität eine außergewöhnlich detaillierte „Amtsregelung", in der festgelegt wurde, wie das Hochschulleben in der Stadt Neapel in finanzieller und organisatorischer Hinsicht zu erfolgen habe. Dies reichte bis zu den Bestimmungen über die Preise von Nahrungsmitteln für Lehrpersonal und Studenten. So dass den Studenten „Wein, Fleisch, Fische und andere Lebensmittel unter denselben Bedingungen verkauft werden wie den Bürgern". Von der Abtei Monte Cassino waren schon seit Beginn der Universität gelehrte Benediktinermönche als Lehrer nach Neapel gerufen worden. Seit 1234 lehrten auch Predigerbrüder, vor allem die Jurisprudenz und die Theologie. Die Heiligsprechung des Ordensgründers Dominikus im selben Jahr hatte zum Ruf dieses ganz jungen Bettelordens entsprechend beigetragen.

Neapel schlägt Thomas völlig in seinen Bann. Und das Leben als freier Student kostet er auch aus. Denn in dieser Stadt des Reichtums und der Armut, des Glanzes und des Unrats, der Wissenschaft und des Handels, des scheinbar ewigen Sonnenscheins und des Gestanks aus den offenen Kanälen in den engen Gassen der Innenstadt findet er zwei Dinge, die ihn faszinieren. Erstens kann man auf jedem Markt eine Fülle von köstlichsten Süßigkeiten, honigtriefendes Backwerk und Pasteten kaufen, wie sie aus der arabischen Kultur Siziliens und des Südens hier Tradition geworden sind. Außerdem gibt es den ganzen Tag über in jedem Bäckerladen das frische, heiße und herrlich duftende Weißbrot zu kaufen, das, in Stücke gebrochen und mit Olivenöl bestrichen, eine der üblichen schnellen Zwischenmahlzeiten der Neapolitaner ist. Die Sprache der Stadt nennt diese Brotstücke *pizze*, und Thomas kann nur schwer an einem Bäckerladen auf der Piazza vorübergehen. Das Zweite, was den rundlichen, introvertierten Jüngling begeistert, ist die Begegnung mit neuem Denken. Mit Philosophie, wie er sie noch nie gehört hat.

Zwei Lehrer prägen das Denken des Thomas in den folgenden Jahren. Da ist Magister Martin, bei dem er Grammatik und Logik hört, und der irische Mönch Petrus de Ibernia, bei dem er Mathematik und alle anderen naturwissenschaftlichen Fächer studiert. Besonders der Letztere bringt dem immer hungrigen, aber stillen Studenten, dem seine besondere Zuneigung gilt, ein Wissen und Denken nahe, das erst seit kurzem ins Abendland einfließt: die Lehren des Aristoteles und eines arabischen Philosophen. Des Ibn Ruschd, der sich Averroes nennt. Selbstverständlich sind solche heidnischen Philosophen und deren Lehren kirchlich streng verboten. Schon 1210 wurde Aristoteles, dessen Lehre kaum bekannt war, auf den Index gesetzt. Was ihn natürlich noch interessanter machte. Die Gründung der Universität von Toulouse 1229 brachte dort bereits öffentliche Vorlesungen über den alten Griechen, wobei Dominikaner die lehrenden Professoren waren. Auch wenn die Universität von Paris Aristoteles wissenschaftlich „verurteilte", aufzuhalten war diese Renaissance, diese Wiedergeburt der griechischen Philosophie nicht mehr.

Petrus de Ibernia war ein Freund des zwischenzeitlich verstorbenen Michael Scotus, jenes geheimnisvollen Hofphilosophen Friedrichs II. Jener schottische Universalgelehrte hatte in Oxford studiert und in Toledo als Übersetzer gearbeitet. Arabisch beherrschte er in Wort und Schrift. Ab 1227 diente er dem Kaiser in Palermo als Astrologe, Mathematiker, Magier und vor allem als Übersetzer. Zum ersten Mal konnte hier Aristoteles in seiner ursprünglichen Form ins Lateinische übertragen werden. Aristotelische Schriften kursierten in Fragmenten und in vielen Fälschungen schon in ganz Europa, aber nur Friedrich II. hatte in seiner Bibliothek den wahren Schatz: die Schriften des Aristoteles und die elfbändigen Kommentare dazu, die der arabische Arzt und Philosoph Averroes in zwölfjähriger Arbeit verfasst hat. Allerdings alles in Arabisch. Und Michael Scotus machte sich mit einem ganzen Stab von Mitarbeitern an die Übersetzung.

Averroes, 1126 in Cordoba geboren und 1198 in Marrakesch gestorben, hatte dazu noch seine eigene Philosophie entwickelt. Aus seiner Kenntnis des Aristoteles und des frühmittelalterlichen Neuplatonismus sowie dem Lehrgebäude des Islam hatte er eine Weltsicht entwickelt, mit der sich das abendländische Christentum noch ausgiebig zu beschäftigen hat.

Dieses neue Denken, dieses kritische Überprüfen alter, von der Kirche paradigmatisch verankerter Glaubenssätze, dieses Salz der Philosophie, das prickelt und knistert in der Luft Neapels, und der Student Thomas saugt es wie ein Schwamm in sich auf. Was kaum einer der anderen Studenten merkt, denn noch immer ist er der, der lauscht und liest, aber meist schweigt. Nur wenn er gefragt wird, antwortet er mit einer Genauigkeit und einem erworbenen Wissensumfang, der beweist, dass dieser Student ein außergewöhnliches Merkvermögen besitzt. Fra Giovanni de S. Juliano ist wenige Jahre älter als Thomas und wird als Student der Theologie auf den Grafensohn und seine Fähigkeiten aufmerksam. Er ist ein Bruder im Konvent Santo Domenico Maggiore, dem Ordenshaus der Predigerbrüder. Es gelingt ihm, mit sanfter Diplomatie den Kommilitonen zu einem Besuch und ausführlichen Gespräch mit Prior Thomas Agni de Lentino einzuladen. Der Prior hatte das Ordenshaus der Predigerbrüder 1231 selbst gegründet. Jetzt taucht Thomas wieder in eine völlig neue Welt ein. Als ehemaliger Klosterschüler der Benediktiner hat er über viele Jahre eine streng feudal orientierte Kirche und eine dogmatische Theologie auf Basis der Lehren des

Kirchenvaters Augustinus erfahren. Bei den Brüdern dieses jungen Bettelordens erstaunt ihn nicht nur die Offenheit der Diskussion und die hohe Gelehrsamkeit im religiösen und theologischen Wissen, sondern auch die völlig neuartige, moderne Aufgabe und Struktur, die sich der Orden gegeben hat. Da steht neben dem Evangelium die Lehre und neben dem apostolischen Leben die Predigt im Mittelpunkt. Thomas empfindet dies als eine ungeheuer spannende Herausforderung und akzeptiert dafür sogar, dass die Küche in Santo Domenico Maggiore recht bescheiden ist. Aber nicht langweilig, die Nachfolger des heiligen Dominikus sind wenigstens keine Asketen.

Nach vierjährigem Studium tritt er – ohne Rückfrage bei der Familie und für seine unmittelbare Umgebung ziemlich überraschend – bei den Predigern ein. Aus dem ursprünglich gedachten schwarzen Ordenskleid der Benediktiner ist nun das weiße der Dominikaner mit dem schwarzen Mantel geworden. Die Einkleidung des Novizen durch den Prior bedurfte einer gesonderten Vorbereitung. Thomas ist für den Durchschnittsmenschen seiner Zeit sehr groß gewachsen und sehr stattlich, um nicht zu sagen breit geworden. Und es ist aufgrund seiner Fähigkeiten entschieden, dass er sich ab sofort dem Theologiestudium zuwenden wird. Aber lange bleibt er nicht mehr in Neapel. Der Prior wie auch der neue Ordensmeister Johannes Teutonicus, der vierte in der Reihenfolge nach Dominikus, sind politisch denkende Männer mit vorausschauendem Verstand. Thomas' Familie, die er noch immer nicht von seinem Schritt in Kenntnis gesetzt hat, ist ghibellinisch, also kaisertreu. Die Predigerbrüder – Dominikaner, wie man sie bereits spöttisch ruft – aber gelten als papsttreu, wie neutral und diplomatisch sie auch immer sich verhalten. Aus der Sicht des Adels des Königreichs Sizilien hat Thomas damit die Fronten gewechselt. Und das könnte Probleme geben. Daher werden im Frühjahr 1244 vier junge Novizen, darunter Thomas, unter Leitung und Führung des Ordensmeisters Johannes zum Studium der Theologie nach

Paris geschickt. Denn dort gibt es einen Dozenten im Ordens-
haus in der Rue Saint Jacques, von dessen außergewöhnlicher
Gelehrsamkeit man schon gehört hat. So wie Ordensmeister
Johannes, der seinen Namen Teutonicus daher führt, weil er in
Wildenshausen bei Osnabrück geboren ist, stammt auch dieser
Pariser Dozent aus Deutschland. Auch ein Grafensohn, aus
schwäbischem Geschlecht und daher gut staufisch, der in Padua
studiert hat. Albertus Colonniensis nennt man ihn, weil er im
Konvent vom Heiligen Kreuz in Köln Theologie studiert hat.
Im zeitigen Frühjahr bricht die fünfköpfige Gruppe nach Nor-
den auf. Zu Fuß und ohne Geld, ohne Pferd und ohne Wagen,
wie es sich für Bettelmönche gehört. Der Ordensmeister hat
dem nun neunzehnjährigen Thomas geraten, erst in Paris einen
Brief an seine Familie abzusenden.

Schon die normannischen Könige Roger I. und Roger II.
haben Sizilien und Süditalien nach der Herrschaftsübernahme
und Eroberung der unterschiedlichen Herzogtümer eine Zentral-
verwaltung mithilfe eines ausgedehnten Beamtennetzes gegeben.
Der Staufer Friedrich II. hat dies sogar noch verbessert und verstärkt. Somit besaßen der Hof und der mit diesem verbundene
Adel auch ein ausgezeichnetes Informationsnetz. Schon um die
ständigen Querelen, Intrigen und internen Aufstandsbewegun-
gen zu kontrollieren oder im Keim zu ersticken und vielmehr
noch als wichtigen Nachrichtendienst, um die Schachzüge des
Gegners, des Heiligen Stuhls, vorauszusehen. Ein Grafensohn
derer von Aquino, der bei den Bettelmönchen eingetreten ist, ist
allemal eine wichtige Nachricht, für die sogar eine kleine Beloh-
nung gezahlt wird. Es dauerte daher nur zwei oder drei Wochen,
bis man auf Burg Roccasecca von der Tat des Jüngsten erfuhr.
Vater Landulf war vor einigen Monaten am hitzigen Fieber
gestorben, das Oberhaupt der Familie, nun der erstgeborene
Sohn Rainald, und sein Bruder Landulf weilten bei Hofe. Als
Mutter Theodora die Bedeutung der Nachricht klar wird, ist sie
innerlich hin und her gerissen, aber äußerlich schäumt sie vor

Wut. Thomas als Ordensmann, das war ja immer ihr Wunsch gewesen. Aber bei diesen radikalen Außenseitern, den guelfischen Bettelmönchen? Das war unter jeder Standesehre und politisch einfach untragbar. Mit ihrem engsten Gefolge reist sie so schnell als möglich nach Neapel, um den Sohn Mores zu lehren.

Der Prior lässt ihr in wohlgesetzten Worten höflich mitteilen, dass Thomas bereits nach Paris unterwegs ist. Vielleicht sei er schon in Rom.

Theodora lässt sich nicht abschrecken, in den Kirchenstaat zu reisen. Aber in Rom, diesem brodelnden Schutthaufen, ist eine Gruppe von fünf Dominikanern niemandem aufgefallen. Jedenfalls finden ihre Verbindungsleute nichts heraus.

Zu spät?

Theodora ist nicht nur eine kühne, sondern auch eine kluge Frau. Landulf und Rainald sind doch am Hof des Kaisers. Der Kaiser, so erfährt sie, hält sich in den nächsten Wochen auf der Festung Aquapendente in der freien, ihm treuen Toskana auf. Die wandernden Mönche müssen doch durch dieses Gebiet kommen ...

Bezahlte und verschwiegene Boten reiten los. Als die Nachricht die Brüder erreicht, lacht sich Landulf halb tot, aber Rainald, der sehr nach seiner Mutter gerät, knirscht mit den Zähnen. Hier muss durchgegriffen werden. Und im Hofstaat Friedrichs II. haben sie einen wunderbaren Verbündeten, der diese Mendikanten, diese Bettelbrüder, aus tiefster Seele heraus ablehnt – Pier della Vigna, vornehm nennt er sich Petrus de Vineis, ist Friedrichs Großkanzler, nachdem er schon 1225 als fünfunddreißigjähriger Jurist zum Großhofrichter des Kaisers bestellt worden war. Er ist, wie man so sagt, der „Schlüssel zum Herzen des Monarchen", aber er braucht Friedrich damit gar nicht zu belästigen. Die Grafen von Aquino werden für eine Privatangelegenheit bei Hofe entschuldigt und der kaiserliche Späh- und Nachrichtendienst in der Toskana mit der Suche nach den Wanderern beauftragt – ein halbes Fähnlein Berittener wird wohl genügen.

Alles funktioniert vorzüglich. An einem heißen Mittag – die Predigerbrüder kühlen ihre wund gelaufenen Füße bei einer schattigen Quelle am Fuß des Abhangs einer herrlich blühenden toskanischen Wiese – breschen Rainald und seine Bewaffneten auf ihren schweren Rössern heran und umstellen sie. Johannes Teutonicus ist ein weit gereister, unerschrockener Mann. Immerhin war er einmal Bischof in Bosnien. Aber seine scharfen Worte gegen diese Eingreiftruppe bewirken gar nichts. Und an tätliche Gegenwehr ist ja schon aus dem Gelübde heraus nicht zu denken. Aber er hebt doch drohend die Faust und weissagt den Eingreifern schlimme göttliche Strafen für diese Sünde. Auch dem Hofkanzler, der hinter der ganzen Sache steckt, prophezeit Meister Johannes Übles. Keiner der grölenden Lacher ahnt, dass tatsächlich der kaiserliche Kanzler schon in fünf Jahren Selbstmord begehen wird, nachdem ihn der Kaiser aufgrund einer aufgedeckten Intrige blenden hat lassen. Und noch viel später werden auch die Brüder des Thomas den Ränkespielen am Hof Friedrichs II. zum Opfer fallen.

Es wird nicht lang verhandelt. Ein Pferd steht für Thomas bereit, und dem bleibt die Wahl, aufzusitzen oder an Händen und Füßen gebunden wie ein Mehlsack quer über den Pferderücken gelegt zu werden. Thomas umarmt seine Mitbrüder, empfängt den Segen des Magisters Johannes und steigt wortlos auf. Bis zur Festung San Giovanni, ebenfalls im Besitz der Grafen von Aquino, wo er zuerst einmal unter Aufsicht gestellt wird, redet er kein Wort. Als er später nach Roccasecca gebracht wird und seine Mutter wiedersieht, straft er auch diese mit verbissenem Schweigen.

Die Familie setzt auf Zeit. In der Einsamkeit des Zimmerarrests wird dem jüngsten Sohn schon die rechte Einsicht kommen, dass ein Graf von Aquino nichts bei diesen arroganten Bettelmönchen zu suchen hat, selbst wenn sie noch so gelehrt sein mögen. Und um ihm die Denkarbeit zu erleichtern, setzen sie ihn auch gleich auf halbe Rationen. Leid soll ihm keines geschehen, aber bei mangelnder körperlicher Bewegung braucht der Mensch ja auch nicht so viel zu essen. Zur *scena*, dem Abendbrot, genügen da ab und zu auch nur ein Ranken Brot und ein Krug Wasser.

Auch der junge Orden der Dominikaner hat ein gut funktionierendes Nachrichtensystem. Von der Inhaftsetzung des Novizen Thomas erfährt man im Konvent Santo Domenico Maggiore binnen Tagen. Und berät, was zu tun sei. Politische Möglichkeiten haben die Dominikanermönche nicht, dazu ist die Situation insgesamt viel zu angespannt. Aber mit der Erfahrung der alten Mutter Kirche setzen auch die neuen avantgardistischen Brüder auf psychologische „Kriegsführung". Fra Johannes von St. Juliano, der Freund des inhaftierten Thomas, wird in Marsch gesetzt. Er ist ein sanfter und geduldiger Mann. Zweimal wirft man ihn in Roccasecca beinahe den Burgberg hinunter, aber er gibt nicht auf. Und da man sich an einem Mönchlein nicht wirklich vergreifen darf, lässt man ihn schließlich zu Thomas vor. Fra Johannes bringt zwei Kostbarkeiten mit. Ein handgeschriebenes Brevier und einige Rollen Pergament mit ebenfalls handgeschriebenen Auszügen aus den Evangelien. Damit kann Thomas in der „Einzelhaft" besser beten und sogar studieren. Mit dem Freund und Ordensbruder Johannes führt er von da an oft lange Gespräche geistlichen Inhalts, aber auch über die Frage, wie er wohl wieder in Freiheit käme.

„Die Güte des Herrn und die Zeit werden helfen", sagt Johannes.

„Mit Gottes Hilfe und der Zeit wird er schon zur Besinnung kommen", sagt die Familie.

Im Winter wird auch der Verpflegungssatz wieder normalisiert. Und Thomas genießt neben Gebet und Kontemplation auch die heimatliche Küche, die er von Kindheit an kennt und liebt. Auf Roccasecca haben sie nie mager gekocht.

Vor drei Wochen gab es dann noch einen grotesken, um nicht zu sagen rüpelhaften Versuch, Thomas zu kurieren. Nach einem üppigen Nachtmahl rappelte es plötzlich am Riegel der Zimmertür, und im Halbdunkel des frühen Abends wurde ein zeterndes Menschenbündel in den Raum geschubst. Das Mädchen war kaum vierzehn, aus Kleidern und Haaren stieg unverkennbar das Aroma des neapolitanischen Fischmarkts, und als sie den jungen Riesen auf der Bettpritsche sitzen sah, begann sie sich befehlsgemäß sofort auszuziehen. Thomas war so überrascht, dass er sogar laut wurde. Als er der kleinen Dirne in scharfem Neapolitanisch auseinandergesetzt hatte, dass er als Novize der Dominikanerbrüder von ihr keine fleischlichen Genüsse verlange, sondern sie höchstens zu einem bußfertigen Gebet einlade, begann das arme Ding herzzerreißend zu schluchzen. Wenn der junge Herr von ihr nichts wolle, werde sie den vereinbarten Lohn auch nicht bekommen, und wenn sie ohne Münzen heimkehre, würde sie der Vater halb totschlagen. Und das alles, weil sie doch immer zu wenig zu essen bekäme und daher für den stattlichen jungen Herrn wohl nicht rundlich genug wäre. Da reißt dem Thomas der Geduldsfaden. Und er donnert mit beiden Fäusten so lange gegen die Türe, bis sich einer der Bediensteten doch genötigt sieht, nachzusehen, was der Tumult bedeute. Das feiste Grinsen erstirbt dem Mann auch sofort, als ihm Thomas das Schwert aus dem Gürtel zieht, ihn mit roher Kraft an der Gurgel packt und dem nach Luft Röchelnden den Auftrag ins Gesicht brüllt, sofort noch ein Abendmahl bereitzustellen. Und zwar flott und reichlich. Der Küchenmeister, in die Verschwörung der Familie eingebunden, erfüllt den Wunsch prompt, denn er denkt in die verkehrte Richtung. Da oben im Zimmer des Thomas findet nämlich keine Orgie statt, sondern eine arme Hafenhure schlägt sich mit Genuss den Bauch voll und verbringt danach die Nacht in des Thomas Bett.

Allein.

Der Jüngste der Grafen von Aquino sitzt bis zum Morgengrauen betend auf einem Stuhl. Leise betend, damit die Kleine nicht im Schlaf gestört wird. Er kann genauso stur sein wie seine Verwandtschaft. Er hat sein Gelübde nicht gebrochen. Aber er veranlasst lautstark, dass das Mädchen, bevor es aus der Burg gestoßen wird, den vereinbarten Schandlohn auf die Sesterze genau bezahlt bekommt.

Diesen Morgen wartet Thomas auf Fra Johannes, der ihn wieder besuchen sollte, oder auf seine leibliche Schwester Marosia, die er zärtlich liebt. Vielleicht spürt er an ihr, dass sie ihm auch geistig eng verwandt ist. Auch sie wird später in ein Kloster eintreten.

Er beendet sein Morgengebet, faltet seinen Umhang säuberlich und legt ihn über eine Stuhllehne. Dann klopft er den Strohsack auf dem Bett zurecht und zieht die dünne Wolldecke gerade. Das Licht, das durch die schmalen Fenster fällt, hat die gleißende Helligkeit des südlichen Tages angenommen. Thomas wartet auf das scharrende und polternde Geräusch des Riegels und er weiß noch nicht, dass ihn heute die Mutter besuchen wird. Sie wird ihm sagen, dass die Brüder nachgegeben haben. Sie wird verschweigen, dass sie nachgegeben hat und es sie nicht geringe Mühe gekostet hat, Rainald und Landulf umzustimmen. Thomas könne gehen. Dorthin, wo der Pfeffer wächst, ins Heilige Land oder zu den spanischen Sarazenen. Und wenn's unbedingt Paris sein soll – Gottes Segen!

Er wird sofort gehen, nachdem er sich genügend Mundvorrat einpacken hat lassen. Zuerst nach Neapel in den Konvent und dann mit der nächsten Gruppe nach Paris in die Rue Saint-Jacques. Dort lehrt der neue Magister der Theologie, der Mann in den Schuhen aus Eselsleder, Albertus. Zu Füßen dieses Lehrers wird er hören und schweigen. Mit ihm wird er drei Jahre später nach Köln wandern, wo Albert eine Ordenshochschule gründet. Thomas wird weitere fünf Jahre bei Albert studieren. In

Köln spötteln Mitstudenten über den „Aquinaten", weil sie seine sonderliche Schweigsamkeit und seine außergewöhnliche Gestalt merkwürdig finden. Sie nennen ihn den „stummen Ochsen". Der Magister Albert schmunzelt, als er den typisch deutschen derben Studentenspott zu Ohren bekommt. Kann schon sein, dass man den Thomas in seiner Schweigsamkeit für minderbemittelt hält, denkt er. Aber in der nächsten Vorlesung wird Albert über seinen Lieblingsstudenten Thomas deutlich: „Wir nennen diesen einen stummen Ochsen, er aber wird in der Wissenschaft dermaßen sein Brüllen erheben, dass es in der ganzen Welt gehört werden wird."

Die Theologen Albert und Thomas, diese beiden Dominikaner, wie sie äußerlich nicht unterschiedlicher sein konnten, haben die Wissenschaft des Abendlandes im dreizehnten Jahrhundert bis in die Neuzeit hinein entscheidend verändert. Der zierliche Albert als Philosoph und Naturwissenschaftler, der bullige Thomas als Theologe und Philosoph. Thomas hat als Magister in Paris, Neapel und Rom gelehrt, als päpstlicher Berater in Orvieto und Viterbo gewirkt. Neben anderen bedeutenden Werken hat er in sechsjähriger Arbeit einen „kleinen Studienbehelf" für Theologiestudenten verfasst. Es ist das Werk *Summa Theologiae*. Er hat es nicht ganz vollendet, aber es ist bis in die Neuzeit, ja bis heute, das fundamentale theologische Hauptwerk des katholischen Christentums.

Thomas stirbt am 7. März 1274, noch nicht fünfzig Jahre alt, in der Zisterzienserabtei Fossanova in Kampanien. Er war auf der Reise nach Lyon, wo er beim Konzil zur Vereinigung der Ost- und Westkirche als päpstlicher Berater tätig sein sollte. Zu seiner Sterbestunde, so erzählt die Legende, träumte ein Ordensbruder im Konvent von Neapel vom Tod des Thomas, sodass er im Schlaf aufschrie: „Zu Hilfe, der Bruder Thomas wird uns genommen!" Und in Fossanova träumte zur selben Zeit ein anderer Bruder von einem „Stern von wunderbarem Glanze, der aus dem Himmel über dem Kloster herabfällt".

„Wir nennen diesen einen stummen Ochsen ...": Thomas von Aquin

Zeittafel

Um 1200 Geburt von Albertus Magnus

1212 Friedrich II. wird von Papst Innozenz III. als Gegenkönig zu Otto IV. aufgestellt

April 1215 Dominikus gründet in Toulouse den Predigerorden

1220 Friedrich II. wird zum Kaiser gewählt

1221 6. August: Dominikus stirbt in Bologna

Gründung des Konvents Santo Domenico Maggiore in Neapel

1224 Friedrich II. gründet die Universität von Neapel, die erste staatliche Hochschule Europas

1225 Geburt des Thomas von Aquin

Sonnengesang des heiligen Franz von Assisi

1230 Thomas wird als Oblate in die Schule des Benediktinerklosters von Monte Cassino entsendet

Michael Scotus überträgt den Aristoteles-Kommentar von Averroes ins Lateinische

1234 3. Juli: Heiligsprechung des Dominikus

1239 – 44 Thomas studiert an der Universität von Neapel

1244 Thomas tritt in den Orden der Predigerbrüder in Neapel ein. Auf dem Weg nach Paris wird Thomas von der Familie entführt und unter Hausarrest gestellt

1245 Albertus Magnus wird zum Magister der Theologie in Paris promoviert

1245 – 48 Thomas studiert Theologie in Paris bei Albertus Magnus

1248 Thomas von Aquin und sein Lehrer Albert gehen nach Köln. Gründung des Generalstudiums, Albert wird zum *doctor universalis* erklärt

1248 – 52 Thomas studiert Theologie in Köln

1250 13. Dezember: Friedrich II. stirbt. Sein Sohn Konrad IV. wird deutscher König

Gründung von Schulen für Arabisch durch die Dominikaner

1250 – 70 Fortschreitende Verbreitung der Philosophie des Averroes an
den Universitäten

1252 – 57 Die Theologen der Universität Paris agitieren gegen die
Lehrstühle der Bettelorden

1252 Thomas geht als Lehrer an die Ordensschule der Dominikaner
im Kloster Saint-Jacques in Paris

1254 – 56 Thomas verfasst den Sentenzenkommentar

1254 Konrad IV. stirbt in Lavello bei Melfi an der Malaria. Sein
Sohn Konrad – Konradin – ist erst zwei Jahre alt

1256 Generalkapitel in Paris. Verteidigung der Bettelorden vor dem
Papst Alexander IV. in Anagni
Thomas wird Magister der Theologie gegen Widerstände aus
der Universität

1257 Beginn des Interregnums, der Zeit ohne effektive Königsgewalt in Deutschland

1259 Thomas beginnt die *Summa contra Gentiles*

1259 – 68 Lehrtätigkeit in Italien (Orvieto, Rom, Viterbo)

1267 Beginn der Arbeit an der *Summa Theologiae*

1268 – 72 Thomas wird zum zweiten Mal an den Lehrstuhl für
Theologie an der Universität Paris berufen

1268 Konradin, der sechzehnjährige Sohn von Konrad IV., wird in
Neapel hingerichtet. Er war der letzte Staufer

1270 Erste Verurteilung des Averroismus

1272 – 74 Lehrtätigkeit in Neapel

1273 Rudolf I. von Habsburg wird zum deutschen König gewählt.
Ende des Interregnums

1274 7. März: Tod des Thomas von Aquin auf dem Weg zum
Konzil von Lyon

1277 Verurteilung des Averroismus und einiger Thesen des Thomas
von Aquin

1323 Thomas von Aquin wird heilig gesprochen

1567 Thomas von Aquin wird zum Kirchenlehrer ernannt

1880 Papst Leo XIII. erhebt ihn zum Patron der katholischen
Schulen und der Studierenden

MIT SCHMERZ TUN WIR KUND!

DIE FREIE REICHSSTADT KÖLN, IM STADTHAUS DES ERZBISCHOFS HEINRICH II. A. D. 1326, IN DER MITTE DES MAI

Die Tafel zur Collation, zum Nachmittagsmahl, das nur ein stärkender Imbiss sein sollte, ist üppig gedeckt. Trotzdem wird es am Abend, zur Scena, noch einmal auserlesene Gerichte bei Tisch geben. Die Tafel im Haus des Erzbischofs Heinrich II. von Virneburg, der nun schon seit zweiundzwanzig Jahren das Erzbistum Köln leitet, ist immer reichlich mit wohlschmeckenden Speisen beladen. In den vorgeschriebenen Fastenzeiten natürlich streng nach den Regeln des heiligen Benedikt von Nursia, wenn auch nicht weniger üppig und sättigend. Der Erzbischof, dessen Rundungen, dessen Stiernacken und verschmitzte Schweinsäuglein von stets gutem Appetit zeugen, hat auch beim Essen immer die besten Ideen. Dafür bekommt sein Küchenmeister auch immer einen Extrasegen und steht daher stets in der Gnade des Herrn.

Wie so oft hat der Erzbischof auch jetzt einen ihm vertrauten Tischgenossen, einen Gast, dem er aufs Engste verbunden ist. Der Domherr Reinerius Frisco ist nicht nur ein hochgebildeter Doktor der Theologie, sondern auch der Pönitentiar des Bischofs, also sein autorisierter Beichtvater. Deutlich jünger als sein zirka sechzigjähriger Vorgesetzter, ist er somit auch dessen engster Berater. Er hat soeben den irdenen Weinbecher nach einem tiefen Zug auf die Tafel gestellt und wischt seine vom kalten Braten fettigen Finger artig und sehr nachdenklich im he-

83

rabhängenden Tischtuch ab. Noch ist er sich nach den letzten Worten des Bischofs nicht klar, ob dieser wieder einmal seinen Scherz mit ihm treibt oder das genannte Unterfangen wirklich beginnen möchte.

Ein Inquisitionsverfahren gegen Meister Eckhart.

Den mehrfachen Magister der Theologie an der Universität Paris, den Provinzial der Dominikanerprovinz Saxonia, den hoch angesehenen Prediger, den ehemaligen Generalvikar der Dominikaner in der Provinz Teutonia, den Leiter des Generalstudiums auf dem Lehrstuhl der Theologie, dem Lehrstuhl des großen Albert an der Ordenshochschule zu Köln? Der doch eben noch zu Beginn dieses Jahres in einem internen Verfahren der Predigerbrüder des heiligen Dominikus von seinem Lektor an der Hochschule, der seit dem August des Vorjahres gleichzeitig der Generalvikar des Ordens ist, von Nikolaus von Straßburg, in allen Zweifelspunkten freigesprochen worden ist?

Ein wahrhaft kühner Plan.

Der Erzbischof benagt genussvoll eine gebratene Hühnerkeule und äußert zwischen guten Bissen, dass einmal klargestellt werden müsse, dass die heilige Inquisition ein, *sein* bischöfliches Amt sei. Die Dominikaner, bestimmt erfahrene Inquisitoren, würden aber einen ihrer prominenten Lehrer wohl sehr nachsichtig behandelt haben, sie könnten doch an einer Verurteilung des Eckhart kein Interesse haben. Außerdem könne er, der Bischof, doch gar nicht anders, seit zwei Anklagen gegen Eckhart vorliegen. Selbst wenn diese Anklagen anonym wären, was sie ja meistens sind, sei nun einmal der Verdacht der Ketzerei die unausweichliche Grundlage eines Offizialverfahrens, das bis zum Ende geführt werden müsse. Wo nötig auch unter Einsatz der Folter gegen die Verstockung und Verhärtung des Geistes, wie es Papst Innozenz IV. 1252 angeordnet habe. Weiters sei es natürlich auch ein Instruktionsverfahren, weil buchstäblich alles über den Angeklagten geklärt werden müsse. In Zeiten so um sich greifender Irrlehren wie jetzt, werde er, der

Erzbischof von Köln und Kurfürst, nicht zögern, auch gegen die beliebtesten und angesehensten Prediger vorzugehen. Das sei er seinem Ruf als „Ketzerhammer" schuldig. Habe man voriges Jahr nicht eine stattliche Gruppe von abweichlerischen Begarden und Irrlehrern, Brüder „vom freien Geiste", gottgefällig verurteilt und durch den starken Arm der Weltlichkeit auch teils verbrannt, teils ertränkt?

Als der Domherr einen Einwand versucht, wirft der Erzbischof, ihm das Wort abschneidend, die abgenagten Knochen ärgerlich auf den Tisch.

Nein, es wird keiner dieser üblichen Theologenprozesse, dieser Akkusationsprozesse, wie sie ohnehin aller Ortens stattfinden. Da wird ein Strafverfahren erst eröffnet, nachdem es eine sorgfältig begründete und bewiesene Anklage gibt. Die meisten in Zweifel gezogenen Theologen entgehen dadurch mit ihren schlauen Hin- und Her-Argumentationen der gerechten Strafe. Gegen Eckhart wird er ein Verfahren *inquisitio haereticae pravitalis*, ein schwerwiegendes Ketzerverfahren, eröffnen, aus dem nur selten ein Angeklagter freikommt.

Ach, es sei noch nie gegen einen Magister der Theologie oder auch gegen einfache Brüder des Predigerordens Anklage wegen Häresie erhoben worden? Na dann! Dann brauche es eben die geeigneten Kommissare, wie er, der Domherr Reinerius, gewisslich einer sei. Und die Franziskaner, die Minderbrüder, ebenfalls. Der angesehene Theologe Petrus de Estate und sein Mitarbeiter Alberto di Milano wären da genau die richtigen. Untadelige, gewissenhafte und erfahrene Kenner der Materie sind diese Franziskanerbrüder. Außerdem kann man denen wirklich nicht vorwerfen, sie seien in irgendeiner Art und Weise mit den Predigerbrüdern befreundet. Der Erzbischof habe mit Boten und Sendschreiben bereits nach ihnen geschickt. Im Sommer müsste das Verfahren wohl zu eröffnen sein.

Wenn es überhaupt Sommer wird, seufzt der Erzbischof, denn das Wetter in den letzten Jahren wurde immer verrückter.

Vor drei Jahren hat es im Winter so viel Schnee und Kälte gegeben, dass alle Flüsse zugefroren sind. Im Norden war das auch im vorigen Jahr so. Diese bitteren Kältewinter wurden dann fast übergangslos von hitzedürren Monaten gefolgt, in denen kaum ein Tropfen Regen fiel. Auch heuer ist es jetzt im Wonnemonat Mai des Abends noch empfindlich kalt. Und ein ewig grauer Wolkenhimmel mit kalten Regenschauern, manchmal sogar Schneegraupeln, lässt es nicht Frühling werden. Kaum zu erwarten und zu hoffen, dass zu Pfingsten, dem Hochfest des Heiligen Geistes, die Bäume blühen.

Der Erzbischof klatscht in die Hände und befiehlt den herbeieilenden Dienern, den mächtigen offenen Kamin anzuheizen und noch einen halben Krug vom goldenen Rheinwein aufzutragen. Ja, diese unseligen Kapriolen des Wetters. Ob sie den Zorn Gottes über die überall grassierende Ketzerei zeigen? Die Folgen sind schlimm genug. In den letzten zwei Jahrzehnten gab es immer wieder große Hungersnöte in weiten Teilen West-, Nord- und Südeuropas. Wie gut, dass die reiche und mächtige Stadt Köln mit ihren ausgezeichneten Handelsverbindungen – sie ist sogar mit der Londoner Kaufmannschaft verbunden – dafür sorgen konnte, dass hier nicht wirklich ein Mangel bis obenhin entsteht. Die Leitung der Stadt, der freien Reichsstadt, liegt jetzt in den Händen der Patrizier. Bis 1288, bis zur Schlacht von Worringen, war der Erzbischof selbst der Regent der Stadt gewesen. Aber das ist nun doch schon lange vorüber, und die Macht der Kurie und des Kurfürsten wird im römisch-deutschen Reich ohnehin immer schwieriger auszuüben. Seit Papst Johannes XXII., der in Avignon Reichtümer anhäuft, sich mit Ludwig dem Bayern im Zuge des deutschen Thronstreites angelegt hat, ist die diplomatische Positionierung zwischen Papst, König- und Kaisertum eine riskante Aufgabe für sich. Bischof Heinrich II., der Ketzerhammer, kann immerhin darauf pochen, dem Heiligen Vater wohl bekannt und angenehm zu sein. Denn auch dieser ist ein unerbittlicher Feind und Verfolger der Häresie.

Ein Mann – und sei er der weiseste Theologe, sei er der frömmste Ordensbruder, der berühmteste Lehrer oder der begnadetste Prediger –, von dem seine Schüler behaupten, er sei „ein Mann, dem Gott nie etwas verbirgt", so ein Mann kann eigentlich nur ein Ketzer sein. Dafür habe er, der Erzbischof von Köln, eine feine Nase.

Eckhart, meint der Domherr, sei ein Mann, den wir kennen und auch nicht kennen. Und das nun anschließende Geheimgespräch zwischen den beiden Kirchenmännern dreht sich sehr intensiv um dieses Thema.

Um das Jahr 1260 ist er in Thüringen zur Welt gekommen. Manche behaupten, es sei in Hochheim bei Gotha gewesen. Und dass Eckhart aus einem Rittergeschlecht stamme. Das Einzige, das vielleicht darauf hindeutet, ist der Name. *Ekka* bedeutet im Althochdeutschen Schneide oder Schwert, *hard*, *hart* oder *hert* so viel wie stark und mächtig. Eckhart, in alten Schriften auch mit der Schreibweise Ekhardus oder Echardus notiert, bedeutet somit „starkes Schwert" bzw. „starker Schwertkämpfer". Durchaus ein traditioneller Rittername, von dem aber historisch nicht auszuschließen ist, dass er auch einem Bauernkind gegeben wurde. Aus Verehrung des Leibeigenen zu seinem Herrn. Wie immer, mit fünfzehn Jahren ist Eckhart in den Dominikanerorden eingetreten. Dies im Konvent von Erfurt, der seit 1229 besteht. Er wird rasch als begabter junger Mann erkannt worden sein, denn der Orden schickt ihn um 1277 zum Studium der *artes liberales* nach Paris. Zum ersten Mal, wie später öfter, lebt Eckhart im Konvent Saint Jacques, nahe dem Stadttor „Orleans". Die kleine Kirche Saint Jacques, die dem Konvent der Predigerbrüder den Namen gegeben hat, ist zum französischen Synonym der Dominikaner geworden – man nennt sie im Mittelalter „Les Jacopines". Zum Theologiestudium – *studium generale* – wird Eckhart drei Jahre später nach Köln geschickt. Ob er den 1280 verstorbenen Albertus Magnus,

der dort als *doctor universalis* den berühmtesten Lehrstuhl inne-
hatte, noch kennen lernte, ist ungewiss. Auch ist kein Datum
bekannt, an dem Eckhart zum Priester geweiht wurde. 1293
wird er wieder nach Paris gesandt. Er erwirbt den akademischen
Grad des Bakkalaureus, wird *lector sententiarum*, seine Vorlesungen haben traditionell die Sentenzen des Petrus Lombardus
zum Inhalt. Am 18. April 1294 hält Eckhart die Osterpredigt.
Es ist der erste notierte Termin, der ihn an der Universität Paris
heute noch ausweist. Nach einem akademischen Lehrjahr kehrt

Mittelalterliche Schulszene

er 1294 in sein Heimatkloster Erfurt zurück. Bald danach wird er zum Prior bestellt. Und zum Vikar der Dominikaner in Thüringen. Seine Lehrgespräche bei Tisch, die sogenannten *collationes*, fasst er zusammen und schreibt sie in Dialogform nieder. Nicht in Latein, sondern in Mittelhochdeutsch.

Ich wart gevraget, nu vrage; ein vrage.
Eya, herre, ich han vil gesündiget, ich enmac niht gebüezen ...

Es sind intensive Lehrgespräche und Dialoge zwischen dem Prior und Vikar und den „Kindern", also jungen Novizen und Schülern, die in den „Reden der Unterweisung" zu finden sind. Das Klosterleben und insbesondere das der Bettelorden war im ausgehenden dreizehnten und beginnenden vierzehnten Jahrhundert ein sehr hartes. Das betraf die allgemeinen Lebensverhältnisse der Zeit wie auch die besonderen Auflagen des Predigerordens. Reisen, wie zum Beispiel zwischen Erfurt, Paris, Köln und weiter, bedeutete Fußmarsch. Den Predigerbrüdern war Reiten oder Fahren nicht gestattet. Mindestens zwei, meist mehrere, wanderten nach den Regeln des Lebens der Apostel: betteln und bitten um Verpflegung, Unterkunft, Wandern bei jedem Wind und Wetter auf höchst mangelhaften und auch sehr gefährlichen Straßen. Räuber und Wegelagerer, Hungernde und Kriegshorden waren fast überall zu erwarten. Eckhart sollte die meiste Zeit seines Lebens und bis ins hohe Alter so unterwegs sein. Formulierungen wie „Er geht nach Rom", wie wir sie heute sinnbildlich verwenden, waren damals die Realität.

1302 geht Eckhart zum dritten Mal nach Paris. Für ein akademisches Jahr wird er zum *magister sacrae theologiae* der Pariser Universität promoviert. Wobei er als *magister actu regens* der amtlich beauftragte Professor für Bibelauslegung ist. Seine Schriften in dieser Pariser Zeit sind lateinisch verfasst. Eckhart sitzt somit zum ersten Mal auf dem Pariser Lehrstuhl für „ausländische Theologen", den vor ihm schon der legendäre Deutsche Albertus Magnus und der italienische Thomas von Aquin innehatten. Eckharts Brillanz muss dementsprechend gewesen sein, den Pariser Lehrstuhl erhielten nur die Besten der Besten. Und er war dafür auch außergewöhnlich jung, denn in einer Notiz wird er „der junge Meister" genannt. War er doch erst Anfang vierzig, und unter fünfunddreißig konnte man sich einen Universitätslehrer damals überhaupt nicht vorstellen.

1302 war das Jahr, in dem im Dezember fast alle Flüsse Europas zufroren und tausende Menschen an Kälte starben. 1303 folgte dann ein Sommer, dessen Hitze so groß war, dass der Rhein bei Basel so gut wie ausgetrocknet war. In dieser Sommerhitze wird Eckhart wohl einige Wochen gewandert sein. Er kehrt nach Erfurt zurück und wird Provinzial der neu ge-gründeten Dominikanerprovinz Saxonia.

Das Generalkapitel des Ordens in Besançon hatte nämlich die Teilung der deutschen Provinz beschlossen. Weil durch die vielen Klostergründungen eine Gesamtbetreuung nicht mehr möglich war. Die nördliche abgetrennte Hälfte – von der Grenze Hollands, von Stralsund und Hamburg, Westfalen, Branden-burg und Mecklenburg, dies alles erhielt den Namen Saxonia. Der südliche Teil hieß weiter Teutonia. Die Saxonia hatte siebenundvierzig Konvente, dazu neun Frauenklöster, und der Sitz des Provinzials war Erfurt. 1307, beim Generalkapitel in Straßburg, wurde Eckhart zum Generalvikar ernannt. Er war damit Stellvertreter des Ordensgenerals Aymericus von Piacenza. Zusätzlich bekam er den Auftrag, die böhmische Provinz zu reformieren. Bis 1311 war Eckhart damit eine Fülle von Auf-gaben, Belastungen und Reisetätigkeiten aufgebürdet.

1311 bis 1313 ist Eckhart zum zweiten Mal auf dem Lehr-stuhl in Paris. Es ist insgesamt sein vierter Aufenthalt in Paris und sein zweites Magisterium. Das Generalkapitel von Neapel hat ihn von seinen Aufgaben als Provinzial der Saxonia und denen des Generalvikars entbunden. Eine zweite Berufung be-ziehungsweise Entsendung an den Pariser „Ausländerlehrstuhl" ist eine Auszeichnung, die vor Eckhart nur Thomas von Aquin genossen hat. Während zweier akademischer Jahre beginnt er, neben der Lehre sein theologisches Hauptwerk zu schreiben, das *Opus tripartitum*. Dieses und viele Bibelkommentare aus derselben Zeit schreibt Eckhart als Hochschullehrer in der vorgeschriebenen lateinischen Sprache. Für Eckharts Theologie, seine Innerlichkeit, seine Spiritualität und seine mystische Philosophie – spätere Generationen werden sie sogar als christliche Esoterik bezeichnen – sind diese Jahre und vor allem eine indirekte Begegnung entscheidend.

Die Begegnung mit der Mystikerin und Philosophin Marguerite Porete.

Noch vor Eckharts Eintreffen in Paris, am 1. Juni 1310, war die kleine, zierliche Mittfünfzigerin am Place de Greve öffentlich verbrannt worden. Lodernde Scheiterhaufen waren in diesem Jahr keine Seltenheit in Paris. Erst wenige Tage vor der Hinrichtung Marguerites, am 27. Mai, wurde eine Gruppe von Tempelrittern bei der Mühle Saint-Antoine verbrannt. Diese Templer wurden im Auftrag des französischen Königs, der sich ihr Vermögen aneignen wollte, von der Inquisition als Ketzer verfolgt und hingerichtet. Marguerite Porete war ein Opfer der heiligen Inquisition aus deren eigenem Interesse. Ihr Buch *Miroir des simples ames*, „Der Spiegel der einfachen Seelen", war bereits in über sechs Sprachen übertragen und verbreitet worden. Es behauptet, dass die mit Gott geeinte Seele über den Maßstäben der kirchlichen Moral stehe. Marguerite Porete postulierte damit ein uneingeschränktes persönliches Freiheitsideal. Sie gehörte vermutlich zur Beginenbewegung, mit der Meister Eckhart noch näher Bekanntschaft machen wird. Von Marguerite Porete und ihrem Buch muss er gehört haben, und es darf angenommen werden, dass ihn die Philosophie der mystischen „Ketzerin" sehr beeindruckt hat. Denn halb Paris redete von ihr. Ihre Hinrichtung sollte im Sinne der Inquisition ein warnendes und abschreckendes Schauspiel sein. Die Pariser, die die Standhaftig-

keit und Schlichtheit der Marguerite aber ungeheuer beein-
druckte, wurden als Publikum der schrecklichen Szenerie jedoch
zu Tränen des Mitleids gerührt. Es ist einer jener Fälle, wo die
fanatische Unbeirrbarkeit der Inquisition in der Öffentlichkeit
das genaue Gegenteil bewirkte. Die Verbrennung der Mystikerin, so makaber der Gedanke auch sein mag, war letztlich
der entscheidende Schub an Popularität, den ihr Buch dann
bekam.

Nach der Lehrtätigkeit in Paris wurde Eckhart nach Straßburg berufen. Als Generalvikar war seine Hauptaufgabe die
geistliche Betreuung der Dominikanerinnenklöster in der Provinz Teutonia. In der Teutonia gibt es um 1300 bereits fünf-
undsechzig Frauenklöster des Dominikanerordens. Das ist fast
so viel wie in allen restlichen siebzehn Provinzen zusammen. In
der Saxonia hatte Eckhart als Vikar nur neun Frauenklöster zu
betreuen gehabt. Und insofern zumindest darin erste Erfahrungen. Die Klausurschwestern, die *moniales*, lebten in strengster
Abgeschiedenheit. Viele adelige Fräulein, Töchter aus Patrizier-
häusern, Witwen aus gehobenen Verhältnissen drängten in die
Frauenklöster. Ihr Ideal war die Vereinigung mit Gott, die *unio
mystica*, durch strengstes und vorbildlichstes Leben. Dabei stand
die Askese im Vordergrund – und Übungen, Disziplinen genannt, die auf das Zerbrechen des Körpers abzielten. Selbst-
geißelungen mit Lederpeitschen und Eisenketten waren keine
Seltenheit, sondern wurden in den „Schwesternbüchern", den
Aufzeichnungen über besonders heilige Nonnen, als geradezu
unerlässlich bezeichnet. Im unerbittlichen Kreislauf von Fasten,
Gebet, schwerer Arbeit und vielfältigsten Kasteiungen lag die
unstillbare Sehnsucht, ein direktes Gotteserlebnis zu erhalten.

Papst Klemens IV. hatte 1267 von den Predigerbrüdern die
Übernahme der Schwesternseelsorge verlangt. Das stand
nicht im Mittelpunkt des Interesses des Ordens, doch man
konnte dagegen nicht an. Schließlich hatte der heilige Dominikus doch selbst in Rom das reformierte Frauenkloster San Sisto

vollendet und eingerichtet. Die *cura monialium*, die vorgeschriebene geistliche Betreuung, aber auch Kontrolle der Ordensschwestern, verlangte der Papst ausdrücklich von *fratres docti*, also Brüdern, die ein Theologiestudium abgeschlossen hatten. Zur Zeit Eckharts, und vor allem in seiner Person selbst, mangelte es daran nicht. Aber es ging nicht mehr darum, die Schwestern im Glauben zu erziehen, sondern vor Irrglauben und Abweichungen durch Übereifer zu bewahren. Denn gleichzeitig mit dem Wachsen der Klausurschwestern, dem Steigen der Anzahl von Frauenklöstern, war auch die sogenannte Beginenbewegung stark geworden.

Vom Süden Brabants hatte sich schon im 12. Jahrhundert eine fromme Laienbewegung von unverheirateten Frauen und Witwen gebildet, die freiwillig unter einer gewählten Vorsteherin und ohne Ordensgelübde nach den einfachen Regeln eines gottgefälligen Lebens in Häusern, den sogenannten Beginenhöfen, zusammenlebten. Meistens waren die Türen der Beginenhäuser mit einem weißen Kreuz bemalt. Diese Frauen lebten nicht in Klausur, sie widmeten sich vielen Aufgaben der Nächstenliebe, wie Krankenpflege, Altenhilfe und anderem mehr. Wie die Bettelorden waren sie auf Spenden und gute Werke angewiesen. Der Zulauf zu den Beginen erklärt sich aus der sozialen Unsicherheit dieser Zeiten und der Suche nach einem sinnhaften Frauenleben. Die Kreuzzüge, an denen viele Familien zerbrachen oder erst gar nicht entstanden, weil die Männer im Heiligen Land fielen oder blieben, sind eine der Hauptursachen. Die Witwen, die zurückgelassenen und die übrig gebliebenen Frauen, sahen in einem Beginenleben, das nicht auf ewige Zeiten gebunden war, eine sinnhafte Existenz. Daneben fanden sich gleichartige Männergruppen, die Begarden genannt wurden. Auch Bezeichnungen wie Celliten oder Lollarden sind überliefert. Bei den Beginen und Begarden leitet sich der Name vom althochdeutschen *beggan* ab. Das bedeutet bitten, betteln und auch beten. Die Lollarden haben ihren

Namen auch vom althochdeutschen *lullen*, das bedeutet Gebete murmeln. Um 1240 gab es in Köln und Umgebung ungefähr zweitausend Beginen und Begarden. In Paris waren es stets „Scharen" gewesen, wie die Stadtschreiber notierten.

Diese Beginen und Begarden waren nun sowohl für die Amtskirche als auch für die Bettelorden, die Dominikaner und die Franziskaner, ein großes Ärgernis. Das Ärgernis bestand darin, dass die Kirche keine *religio* ohne *ordo* akzeptieren konnte. Nicht reglementiertes Gemeinleben galt von vornherein als anstößig und ketzerisch. Für Kirche und Orden waren diese weit verbreiteten Armutsbewegungen darüber hinaus natürlich auch ein finanzielles Problem. Denn diese „Bettelkonkurrenz" erhielt einen großen Anteil jener Spenden, Almosen, Zuwendungen und Erbschaften, die sonst der weltlichen Kirche oder den Predigerbrüdern und den Minderbrüdern zugefallen wären. Die Kirche begegnete also den Beginen und Begarden mit Glaubensverfolgung, die Bettelorden versuchten eine andere Taktik. Es gelang ihnen im Laufe der Zeit immer mehr, den einen oder anderen „Beginenhof" in ein Frauen-Klausurkloster umzuwandeln oder einzelne dieser frommen Männer und Frauen in den Orden aufzunehmen. Dazu gab es noch eine dritte Möglichkeit – die Ordenslaienbewegungen, die sogenannten Tertiarorden. Dominikaner und Franziskaner hatten diese im Privatleben verbleibenden Brüder- und Schwesterngemeinschaften geschaffen. Weil deren Mitglieder im Alltag die Ordensmäntel trugen, wurden sie die Mantellaten bzw. die Mantellatinnen genannt. Damit hatten die Dominikaner zu den Beginen zumindest eine konstruktive Gesprächsbeziehung, während die Kirche sich radikal von ihnen distanzierte. Aber nicht überall und zu allen Zeiten gelang den Predigerbrüdern diese mehr oder weniger gut gemeinte Integration.

In Straßburg, wo nach Köln der zweitbedeutendste Konvent der Dominikaner in der Ordensprovinz Teutonia beheimatet war, gab es fünfundachtzig Beginenhäuser. Der Straßburger

Bischof Johann I. wollte dies nicht dulden und erließ 1317 strenge Verordnungen in dem Sinne, dass sie sich gefälligst der Kirche unterzuordnen hätten. Vor allem begann die Verfolgung der radikalen Sekte „Brüder und Schwestern vom freien Geist und der freiwilligen Armut", die nur einen kleinen Teil innerhalb der Beginen ausmachte.

Überhaupt waren die acht Jahre des Vikariats in Straßburg für Eckhart eher unruhige und Besorgnis erregende. Denn der Bischof ging nicht nur strikt gegen die Beginen vor, er stand auch an der Spitze schwerster Auseinandersetzungen zwischen dem weltlichen Stadtklerus und den Predigerbrüdern. Der wahre Grund hat nichts mit Theologie oder Glaubensunterschieden zu tun, er ist schon wieder ein rein materialistischer. *Invidia clericalis*, der „Klerikerneid", stand eindeutig im Vordergrund. Auf dem Konzil von Vienne im Jahr 1311 hatte Papst Clemens V. den Dominikanern die erworbenen Privilegien stark eingeschränkt. Der Bischof von Straßburg und seine Stadtkleriker setzten dies alles in die Tat um – die Predigerbrüder durften nicht mehr die Eucharistie und die Sterbesakramente spenden, keine Trauungen vollziehen, sondern nur mehr in den eigenen Kirchen predigen, wenn nicht gerade anderswo eine Messe gefeiert wurde. Damit waren ihre Einnahmen zurückgeschraubt, sogar bei Beerdigungen auf dem eigenen Ordensfriedhof mussten sie dem zuständigen Stadtpfarrer drei Viertel der Gebühren abliefern. Alle ihre Tätigkeiten standen unter strengster bischöflicher Aufsicht. Und erforderten immer wieder einzelne Bewilligungen. In seiner Schrift gegen die Beginen hatte der Bischof die „Mendikanten", also die Bettelorden, mit ersteren auch gleich in einen Topf geworfen. Er nannte sie *fautores*, Begünstiger der Beginen.

Aber auch aus anderen Gründen erlebte der Orden in diesen Jahren schwere Zeiten. Durch die verminderte Einkommenslage des Konvents wurde eine *vita privata* erlassen. Das hieß, dass die Ordensbrüder zum großen Teil für ihren Lebensunterhalt selbst aufkommen mussten. Was zu ungeheuren Spannungen führte. Brüder mit reichen Familien lebten „wie die Herren", andere, die aus armen Familien stammten, nagten am Hungertuch. Das Generalkapitel von 1321 musste eine Verordnung erlassen, dass die reichen Brüder die armen durch Geschenke und Zuwendungen mitversorgten. Überhaupt gingen in dieser Zeit, mit ihrer aufkeimenden Geldwirtschaft, die alten Observanzen der Besitzlosigkeit und der Armut fast verloren. Als 1321 der Prior Jakob von Welsberg bei einer Visitation die Einhaltung der alten Regeln verlangte, wurde er unter Tätlichkeiten von den Brüdern für einige Tage in den Konventskarzer gesperrt. Vier Jahre später kommt es dann zu einem Komplott der Theologiestudenten an der Straßburger Konventsschule gegen den Prior. Dabei stand immer noch die Auseinandersetzung um die alten oder die „neuen" Ordensregeln im Vordergrund. Am Ende der Eckhartschen Zeit in Straßburg trifft die Stadt am 11. Juli 1324 auch noch das Interdikt des Papstes Johannes XXII. Die Straßburger wollten sich im Krieg zwischen dem Papst und Ludwig dem Bayer neutral verhalten, die Dominikaner, die im päpstlichen Auftrag die Exkommunikation Ludwigs verkünden sollten, hatten dies so lange als möglich verschleppt, weil sie auf der Seite Ludwigs standen. Der Weltklerus unter Bischof Johann bedurfte auch einiger Mahnungen und Rügen des Heiligen Vaters in Avignon, um diesen Verkündigungen nachzukommen. Die Straßburger Stadtregierung ließ sich aber nicht davon beeindrucken. Alles in allem eine Zeit ordensinterner und weltpolitischer, theologischer und weltlicher Zerreißproben.

Der Generalvikar Meister Eckhart wandert von Kloster zu Kloster, jahrein, jahraus, bei Wind und Wetter, lehrt und predigt, spendet Trost und Sakramente und schreibt. Das *Buch der göttlichen Tröstungen*, gewidmet Agnes, der Gemahlin des verstorbenen Königs von Ungarn, das Werk *Vom edlen Menschen* und zahlreiche Predigten. Alles in Deutsch. Denn er predigt auch in deutscher Sprache, seine Predigten werden von vielen

Hörern aus dem Gedächtnis nachgeschrieben. Mündlich und schriftlich beginnt Eckhart, in bisher nicht gekannter Qualität die alte dogmatische Scholastik zu überflügeln. Er spricht von Beziehungen zwischen Gott und Mensch, wie sie noch niemals gehört wurden. Er redet von Gotteserlebnissen und einem Glaubensbewusstsein, das über die alten Formeln hinausgeht. Damit beginnt er zu polarisieren. Wer ihn versteht, der bewundert ihn glühend. Wer ihn in seiner überragenden Intelligenz und seiner sogar neu formulierten Sprache nicht verstehen kann, und das sind die meisten seiner Mitbrüder und Zuhörer, beginnt zu zweifeln, und vor allem die Neider sammeln ihre bösartigen Kräfte. Eine der Hauptbeanstandungen aus den Anwürfen gegen Eckhart ist damit verbunden, dass er in der Volkssprache schreibt und predigt. Und somit ungebildete und einfache Leute „in den Irrtum führen" kann. Vor allem Intriganten aus Straßburg und Köln laufen beim Generalkapitel in Venedig 1325 Sturm gegen Eckhart. Der Prior Gervasius von Angers wurde zur Untersuchung in die Provinz Teutonia entsandt. Es ist unverständlich, wieso jemand, der außer Latein nur Französisch sprach, einen Lehrer und Prediger in deutscher Sprache kontrollieren sollte. Der neue Ordensgeneral Barnabas Cagnoli von Vercelli hatte aber bereits vorbeugende Maßnahmen ergriffen. Im Jahr 1324 war Eckhart seines Amtes in Straßburg entbunden und nach Köln als Leiter des Generalstudiums beordert worden. Als sein Lektor folgte ihm Bruder Nikolaus von Straßburg nach, der seit 1. August 1325 zum Generalvikar des Ordens bestellt ist und daher nun päpstlicher Visitator der Teutonia war. Bruder Nikolaus war somit sowohl Untergebener wie auch Vorgesetzter Eckharts. Bruder Nikolaus führt auch ab Oktober 1325 ein Verfahren gegen Eckhart auf Prüfung seiner Rechtgläubigkeit durch. Er handelt als päpstlicher Visitator und ohne Auftrag der Inquisition. Die Vorgangsweise mag befremden, aber sie ist bestimmt mit Wissen und Billigung Meister Eckharts eingeschlagen worden. Allen denkenden und wohlgesinnten Menschen um Eckhart war das drohende Schwert, das über seinem Haupt hing, schon lange sichtbar. Wie konnte man besser vorbeugen, als durch eine eigene, ordensinterne Untersuchung der Inquisition zuvorzukommen. Die Überprüfung stellt die deutschen Schriften und Predigten Eckharts in den Mittelpunkt, geht zügig und methodisch vor und endet zu Beginn des Jahres 1326 mit einem glatten Freispruch von allen Vorwürfen.

Allen Gegnern, ordensinternen Neidern, allen Giftmäulern und Intriganten und vor allem dem höchst machtbewussten und dominikanerfeindlichen Erzbischof Heinrich von Köln muss dies ein Dorn im Fleisch gewesen sein. Doch formal war es nicht schwierig, Eckhart trotzdem vor das Inquisitionsgericht zu stellen – es bedurfte nur zweier anonymer Anzeigen und man war doch sogar im Besitz zweier namentlicher Denunzianten: Die Dominikanerbrüder Hermann de Summo und Wilhelm von Nidecken aus dem Kölner Konvent – ordensbekannte Intriganten und Verleumder! – verfassten schriftliche Anzeigen. Wobei Bruder Wilhelm auch noch mit Begeisterung Aussagen machte, die frei erfunden waren. Aber spielte das noch wirklich eine Rolle?

Im Sommer 1326 wurde gegen Eckhart die Anklage wegen Ketzerei öffentlich verkündet. Im September wurde eine Liste mit neunundvierzig Sätzen aus dem Trostbüchlein und aus dem Predigtbuch zusammengestellt, die ketzerisch sein sollten. Eine zweite mit neunundfünfzig Vorwürfen ließ nicht lange auf sich warten. Es sollten insgesamt noch zwei oder drei weitere Listen später folgen. Eckhart wird mehrfach zum Verhör vor die Inquisitoren vorgeladen. Er wird nicht verhaftet, auch nicht gefoltert, aber sein Ansehen und das seines Ordens ist bis auf die Grundfesten erschüttert. Eckhart ist persönlich auch bis ins Herz hinein betroffen. Am 26. September antwortet er mit einer ausführlichen Rechtfertigungsschrift. Nikolaus von Straßburg stellt den Denunzianten Wilhelm von Nidecken unter Anklage und lässt ihn verhaften. Die bischöfliche Kommission erwidert dies mit einer Anklage gegen Nikolaus von Straßburg wegen Behinderung des Inquisitionsverfahrens. Bruder Hermann hat rechtzeitig reagiert und ist flugs „abgereist". Nach Avignon, ließ er verlauten, um beim Papst „die Häresien Eckharts zu bekämpfen". Am 15. Jänner 1327 protestiert Nikolaus von Straßburg in seiner Eigenschaft als päpstlicher Visitator gegen das Verfahren. Ohne Erfolg. Am 24. Jänner appelliert Eckhart öffentlich und schriftlich an den Papst. Heftig beklagt er sich über die Verschleppung des Prozesses durch immer wiederkehrende Vorladungen und Befragungen. Seine tiefe persönliche Verletzung spürt man aus den Worten, dass „noch nie gegen einen Magister der Theologie, aber auch gegen einfache Brüder eine Anklage der Häresie erhoben wurde!"

Papst Johannes XXII. ist im zweiundachtzigsten Lebensjahr. Er wird sich zu diesem Zeitpunkt kaum ernstlich für das Verfahren interessiert haben. Sein Krieg mit Ludwig dem Bayer, die ständige Fortführung seiner höchst Gewinn bringenden Geschäfte, der Ordensstreit bei den Franziskanern, die sich in „Spirituale" und „Konventionale" gespalten hatten und ihre Fehden zwischen Rückkehr zu den alten Regeln und Hinwendung zu moderateren Formen des Ordenslebens austrugen, all dies beschäftigte den cholerischen Greis in seinem neu gebauten, festungsartigen Palast zu Avignon mehr als die Appellation eines deutschen Theologen. Am 13. Februar 1327 lässt Meister Eckhart in der Predigerkirche von Köln nach der offiziellen Predigt von einem Mitbruder eine Erklärung in lateinischer Sprache verlesen, die auch auf Deutsch wiedergegeben wird. Er ist dies seiner Gemeinde, seinen Schülern und den Bürgern der Stadt schuldig.

„Ich, Meister Eckhart, Doktor der heiligen Theologie, erkläre, Gott zum Zeugen anrufend, vor allem, dass ich jeglichen Irrtum im Glauben und jede Abirrung im Lebenswandel immer, so viel es mir möglich war, verabscheut habe, da Irrtümer dieser Art meinem akademischen Status und Mönchsstand widerstritten hätten und noch widerstreiten. Aus diesem Grunde widerrufe ich, sofern sich in dieser Hinsicht etwas Irrtümliches finden sollte, was ich geschrieben, gesprochen oder gepredigt hätte, privat oder öffentlich, wo und wann auch immer, unmittelbar oder mittelbar, sei es aus schlechter Einsicht oder verkehrten Sinnes: das widerrufe ich hier öffentlich und Euch allen und jeglichem, die gegenwärtig versammelt sind, weil ich dieses von nun an als nicht gesagt oder geschrieben betrachtet haben will, besonders aber auch, weil ich vernehme, dass man mich übel verstanden haben will ...“

Es ist ein Widerruf. Ein Widerruf, als hätte er gesündigt, weil andere ihn missverstanden hätten. Im Grunde genommen eine ungeheure Selbstdemütigung. Dem ungefähr siebenundsechzigjährigen alten Mann in der eiskalten Kirche haben dabei vor Trauer und Schmerz die Hände gezittert und das Herz geblutet.

Tatsächlich waren alle von der Inquisition inkriminierten Thesen wenn nicht frei erfunden, so doch aus dem Zusammenhang gerissene Sätze. Für die es auch oft nur den Beleg einer Nachschrift eines Predigthörers gab. Das konnte und musste alles voller Irrtümer stecken. Und außerdem wurden alle diese deutschen Sätze für das Verfahren ins Lateinische übertragen. Auch bei größter Korrektheit der Übersetzungen ist klar, dass Sinnentstellungen unausweichlich waren. Eckhart ist in einem Spinnennetz gefangen, aus dem er nur mit eiskalter Taktik und gefinkelter Logik entkommen kann. Aber Eckhart ist ein Mann der Spiritualität, des Herzens und Fühlens und kein juristisch denkender Mensch. Er kann im Vertrauen auf Gerechtigkeit nur mehr nach vorne flüchten, direkt zum Heiligen Stuhl.

Am 22. Februar lehnt die bischöfliche Kommission die *apostoli*, die Appellation an den Papst, als völlig unbegründet ab. Sie kann sie aber aus kirchenrechtlichen Gründen nicht unterdrücken. Daher gewährt sie eine *apostoli refutatorii*, eine Erlaubnis der Appellation mit Abweisungsvermerk. Wieder eine Verächtlichmachung des angeklagten Meisters. Eckhart wartet ungeduldig, bis der Schnee des Winters so weit geschmolzen ist, dass er im kalten Regen des Frühlings aufbrechen kann. Mit einer Hand voll Brüder wandert er nach Avignon. Er wird seine Heimat, wird Köln, die Stadt, von der man sagt, sie hätte so viele Kirchen wie Tage im Jahr, nicht wiedersehen.

Am 27. März 1329 erlässt Seine Heiligkeit Johannes XXII. die Bulle *in agro dominico*. Sie enthält das Urteil ex cathedra gegen Eckhart und beginnt mit den Worten:

„Fürwahr, mit Schmerz tun Wir kund, dass in dieser Zeit einer aus deutschen Landen, Eckhart mit Namen, und, wie es heißt, Doktor und Professor der Heiligen Schrift, aus dem Orden der Predigerbrüder, mehr wissen wollte, als nötig war ...“

Von allen Vorwürfen sind zuletzt achtundzwanzig „Sätze“ des Meister Eckhart als Gegenstand der Verhandlung geblieben. Die Bulle verurteilt die Sätze eins bis fünfzehn sowie siebenundzwanzig und achtundzwanzig als eindeutig häretisch. Die anderen Sätze werden als „übel, kühn und Irrtümer auslösend“ bezeichnet und somit der Häresie verdächtigt. In dieses Urteil sind Gutachten bedeutender Theologen wie das des Kardinals Jacques Fournier einbezogen. Dieser „weiße Kardinal“ ist Zisterzienser, der Neffe des Papstes und auch sein Nachfolger, der sich Benedikt VII. nennen wird.

Johannes XXII., jetzt vierundachtzig Jahre alt, hat in seiner Jugend in Paris Jus studiert. Er war lange Kanzler, also Politiker, des „Königreichs Beider Sizilien“. Bei seiner Wahl zum Papst sind die italienischen Kardinäle aus dem Konklave geflüchtet, indem sie eine Wand durchbrochen haben, um nicht mitstimmen zu müssen. Papst Johannes wird so oft als „Mehrer der päpstlichen Gewalt und Autorität“ genannt, das heißt, er war ein skrupelloser Nepotist, der durch Verkauf von Würden und Privilegien riesige Schätze anhäufte. Und dieses Geld auch hemmungslos verwendete. Nach dem Tod dieses „unerbittlichen Häresieverfolgers" fanden sich in seiner Kanzlei über sechzigtausend Schriftstücke und Dokumente und in seiner Schatzkammer über vier Millionen Goldgulden.

Mit Datum vom 30. April 1328, also vor einem Jahr, hatte der Papst in einem Brief an den Kölner Erzbischof lapidar mitgeteilt, dass Meister Eckhart verstorben sei. Der Erzbischof hatte daraufhin zurückgeschrieben, er sei sehr besorgt, dass das Verfahren deshalb vielleicht eingestellt werde. Er brauchte sich aber in seinem Hass gegen Eckhart, der über dessen Tod hinausging, keine Sorgen zu machen. Die päpstliche Inquisition arbeitete genauso gnadenlos weiter wie die bischöfliche.

Meister Eckhart ist daher wahrscheinlich im Frühling des Jahres 1328, ungefähr achtundsechzig Jahre alt, gestorben. Vermutlich in Avignon, es könnte aber auch auf dem Weg nach Köln gewesen sein. Daher ist auch seine letzte Ruhestätte nicht bekannt.

Er hat seine Verurteilung nicht mehr erleben müssen. Es braucht nicht viel Phantasie, um nachzufühlen, dass dieser feinsinnige Mann und Theologe mit seinem überragenden Geist an der Unerbittlichkeit kirchlicher Amtsgewalt, dem kleinkarierten Denken von sturen Scholastikern, der Bosheit und Machtgeilheit kirchlicher Würdenträger gestorben ist.

An gebrochenem Herzen, wie einfache Menschen sagen.

Auch sein Orden hat ihn im Stich gelassen. Aus dem Verfahren hielten sich die Dominikaner auf höchster Ebene „vornehm" heraus. Eckharts „öffentlicher Widerruf" schien für sie das Problem zu lösen, nicht in die Sache hineingezogen zu werden. Und im sogenannten Armutsstreit, den die Franziskaner Spiritualen angezettelt hatten, standen die Dominikaner ohnehin brav auf der Seite des Papstes. Beim Generalkapitel des Jahres 1328 – Eckharts Sterbejahr! – in Toulouse wurde angeordnet, dass sogenannte *subtilia*, schwierige Lehrinhalte, dem einfachen Volke in dessen Sprache nicht zu predigen seien. Wer zuwiderhandle, müsse mit strenger Strafe rechnen.

Außerdem wurde beschlossen, dass die Schriften Meister Eckharts – eines der größten Söhne des Ordens! – nicht in den Schriftstellerkatalog des Ordens aufgenommen werden.

Der Frühling 1328 war wie in den meisten Jahren dieser Zeit sehr regnerisch. Wo immer der Meister am Totenbett auch lag, es ist anzunehmen, dass er das Strömen des Regens gehört hat. Regen aus bleigrauem, wolkenschwerem Himmel. Regen, der wie das vielstimmige Murmeln von Gebeten klingt. Und die Hoffnung keimender Saat für kommende Ernten in sich trägt.

Zeittafel

1257 Beginn des Interregnums, der Zeit ohne Königsgewalt in Deutschland

Um 1260 Geburt Eckharts

1273 Rudolf I. von Habsburg wird zum deutschen König gewählt. Ende des Interregnums

1274 7. März: Thomas von Aquin stirbt

Um 1275 Eintritt Eckharts in den Predigerorden im Konvent zu Erfurt

1277 Eckhart wird zum Studium der *artes liberales* an die Universität nach Paris entsandt

1280 Beginn des Theologiestudiums in Köln
15. November: Tod Alberts des Großen im Kölner Konvent

1293 Eckharts zweiter Paris-Aufenthalt. Lehrtätigkeit als Bakkalaureus

1294 Rückkehr ins Heimatkloster Erfurt. Es folgt Eckharts Wahl zum Prior von Erfurt und Bestellung zum Vikar in Thüringen

1302 Dritter Paris-Aufenthalt. Eckhart wird zum Magister der Theologie promoviert

1303 Eckhart wird zum Provinzial der Ordensprovinz Saxonia, mit Sitz in Erfurt, bestellt

1304 Heinrich II. von Virneburg wird Erzbischof von Köln (bis 1332)

1307 Eckhart wird zum Generalvikar des Ordensgenerals Aymericus von Piacenza ernannt. Er erhält den Auftrag zur Reformierung der bömischen Provinz

1308 Papst Klemens V. entscheidet sich für Avignon als Sitz des Heiligen Stuhls. Dies wird bis 1376 so bleiben

1310 27. Mai: Verbrennung einer Gruppe von Tempelrittern in Paris
1. Juni: Verbrennung der Begine Maguerite Porete in Paris

1311 – 13 Vierter Paris-Aufenthalt. Eckhart lehrt zwei akademische Jahre wieder als Magister

1312 Papst Klemens V. hebt den Templerorden auf. Es beginnt die blutige Verfolgung des Templerordens auf Veranlassung von König Philipp IV., dem Schönen

1314 Dürrekatastrophe in Europa
Verbrennung des Großmeisters der Templer und weiterer Ritter. Die Güter der Templer fallen an den französischen König

1314 – 22 Eckhart ist Generalvikar des Ordens in Straßburg. Ihm obliegt die Betreuung der oberdeutschen Dominikanerinnenklöster

1316 Oza, Kardinal von Porto, wird zum Papst gewählt und nimmt den Namen Johannes XXII. an (bis 1334)

1322 Im deutschen Thronstreit schlägt Ludwig der Bayer den Gegenkönig Friedrich den Schönen von Österreich in der Schlacht bei Mühldorf

1323 Eckhart wird als Leiter des Generalstudiums der Dominikaner in Köln bestellt

1324 König Ludwig IV., der Bayer wird von Papst Johannes XXII. am 23. März gebannt
Am 24. Mai klagt König Ludwig den Papst der Ketzerei an

1325 Erzbischof Heinrich von Köln lässt eine Anzahl Beginen und Begarden durch Verbrennen oder Ertränken hinrichten

1325 – 26 Ordensinterne Untersuchung gegen Eckhart durch den neuen Generalvikar Nikolaus von Straßburg. Dieses Verfahren endet mit bedingungslosem Freispruch

1326 Erzbischof Heinrich II. von Köln leitet gegen Eckhart wegen Häresie ein Inquisitionsverfahren ein

1327 24. Jänner: Eckhart appelliert öffentlich an den Papst
13. Februar: Eckharts Erklärung (Widerruf) in der Kölner Predigerkirche
Im Frühling dieses Jahres geht Eckhart nach Avignon, um sich vor dem Heiligen Stuhl zu verantworten

1328 In einem Brief des Papstes vom 30. April wird Eckharts Tod erwähnt. Todesdatum und -ort sowie letzte Ruhestätte sind bis heute ungewiss

1329 27. März: In der Bulle *In agro dominico* verurteilt Papst Johannes XXII. die Thesen Eckharts als Häresie bzw. als der Häresie verdächtig

DER BLICK IN DEN HIMMEL

DIE FREIE STADT UND REPUBLIK SIENA IN DER TOSKANA
IN DER FONTEBRANDA, DEM VIERTEL DER FÄRBER
A. D. 1374, IN DER MITTE DES MONATS JULI

Das letzte Licht des Abends färbt die Wolkenränder am Himmel noch einmal purpurrot. In wenigen Augenblicken wird es Nacht sein. In den winkeligen Gassen der Fontebranda ist es bereits stockdunkel. Die Frau im schwarzen Mantel, den sie trotz der noch nicht abgeklungenen Tageshitze über den Kopf und eng um den Körper geschlagen trägt, braucht keine Fackel. Wenngleich nirgends ein Lichtschein zu sehen ist, weil alle Fensterläden zugezogen und alle Hauseingänge verbarrikadiert sind, findet sie dennoch mit traumwandlerischer Sicherheit ihren Weg. Sie kennt hier jeden Stein, jede Stufe der Stiegen, die den steilen Hügel hinunterführen, jede Hausecke. Das Rauchfässchen an der Handkette, das sie mit sich trägt, kommt kaum ins Schwingen, so sicher ist ihr Schritt. Ohne stehen zu bleiben, sieht sie immer wieder zum Himmel auf, als erwarte sie, dort etwas zu sehen. Doch nur die mächtige Silhouette der Dominikanerkirche und des Klosters am Gipfel des Hügels, der Camporegio heißt, ragt in den verglühenden Abend.

Die Nacht wird keine Kühle bringen. Und der Morgen keine Hoffnung. Denn in Siena herrscht wieder die Pest. Man kann sie riechen – über den drei Hügeln der Stadt liegt wie ein schweres, stickiges Tuch ein Gemisch von süßlichem Leichengeruch und beißendem Rauch verbrannter Kräuter. Auch die scheinbare Stille der Nacht täuscht. Wenn man in den menschenleeren Gassen innehält und lauscht, dann hört man neben dem

Klopfen des eigenen Pulsschlags in den Schläfen, neben dem Fließen des eigenen Atems in das vor Mund und Nase gepresste Kräuterkissen ein Ächzen, ein röchelndes Stöhnen und ein qualvolles Seufzen, das selbst durch die dicksten Mauern zu hören und spüren ist. Das Klagen der Totenglocken ist schon vor Tagen verstummt. Denn die Signoria, die Regierung der Stadt, hat das Läuten der Totenglocken verboten. Man will die Verzweiflung der Menschen und ihre Todesangst nicht noch mehr verstärken. Die Schmerzensschreie und das Jammern und Weinen der Familien sind schlimm genug.

Die Nacht in Siena hat aber auch Geräusche des Lebens in sich, wie das Grunzen von Schweinen, die, herrenlos geworden, unbehütet im Unrat der Gassen wühlen und in ihrem Hunger sogar den einen oder anderen Leichnam, der noch nicht gefunden und aus der Stadt geschafft wurde, annagen. Und überall das Huschen und Trippeln der Ratten, denen nicht nur nachts die menschenleeren Gassen gehören. Unhörbar geht nur der Jüngling mit den hohlen, bleichen Wangen durch die Stadt. Legt Männern und Frauen, Kindern und Alten wie ein Erlöser die Hand auf die fieberheiße Stirn und nimmt den letzten Blick vor dem Brechen der Augen mit sich. Wer könnte ihn sehen, den unerbittlichen und doch gnädigen schwarzen Engel, der von Haus zu Haus geht? Vielleicht Caterina Benincasa, die Färberstochter, die Mantellata vom Dritten Orden der Predigerbrüder, die man *la santa*, die Heilige, nennt? Und die hier Nacht für Nacht durch das Färberviertel von Siena von Krankenlager zu Krankenlager eilt.

1347 – die Mutter behauptet fest, sich zu erinnern, es sei der 25. März gewesen, das Fest der Verkündigung, aber die alte Monna kann sich ja auch irren, ist Caterina hier in ihrem Elternhaus in der Via dei tintori, der Färberstraße, zur Welt gekommen. Als dreiundzwanzigstes Kind des Färbers Jacopo Benincasa und dessen Frau Lapa, einer Tochter des Händlers Nuccio di Piagenti. Ihre Zwillingsschwester Giovanna, das vier-

undzwanzigste Kind der Lapa, stirbt kurz nach der Geburt.
Caterina ist das einzige Kind der Lapa Benincasa, das bis zur
Entwöhnung gestillt wird, denn bis zu ihrer Geburt kamen die
Kinder der Benincasas jedes Jahr ohne Unterbrechung. Das
fünfundzwanzigste Kind, das letzte der Benincasas, kommt
daher erst drei Jahre später zur Welt. Es ist wieder eine Tochter
und wird wiederum auf den Namen Giovanna getauft.

Die Benincasas sind wohlhabend. Die Wollfärberei ernährt
die Menschen im großen Haus zufriedenstellend. Die Hausge-
meinschaft geht aber weit über die eigentliche Familie hinaus.
Im Haus leben nämlich auch noch die Gesellen und Knechte
des *tintorio*, des Färbermeisters, und auch Familienangehörige
der bereits verheirateten älteren Geschwister Caterinas. Das
Haus, das von der Färberei im Erdgeschoß bis unter den
Dachgiebel von Arbeit und Leben, von Durcheinander und
Nebeneinander auf engstem Raum wimmelt und förmlich birst,
wird von einer allgegenwärtigen und nie ermüdenden Stimme
regiert. Die Monna Lapa regelt den Alltag mit Schimpfen und
Schreien und einem ungezügelten Temperament. Caterinas Vater gilt als geduldiger Mann. Er ist fromm und gottesfürchtig,
fleißig und geschäftstüchtig. Er gehört wie die anderen Färber
und Nachbarn zur *Contrada dell'oca*, der Gemeinschaft mit der
Gans in der Fahne.

Über dreißig Contraden, alte traditionelle Bürgergemein-
schaften, gibt es zu dieser Zeit in Siena. Die Wurzel dieser Zu-
sammenschlüsse liegt tief in der Vergangenheit. Siena war einst
eine Festung und eine Provinz des Römischen Reiches, und in
den Wirren der Völkerwanderung und des Frühmittelalters hatten die Bürger der Stadt mit harten Fremdherrschern zu kämpfen. Es bildeten sich daher zivile Widerstandsgruppen, die ihre
Geschäfte, ihre Stadtpolitik heimlich untereinander regelten.
Und sich mit allen Mitteln vor dem ständigen Steuerdruck
schützten. So wurden die Contraden zu Institutionen, die man
auch in dem freien Stadtstaat Siena, der dem Kaiser unterstand,

pflegte und hochhielt. In der Art, dass zwischen ihnen Bünd-
nisse und Rivalitäten, sogar oft offener Hass und Feindschaft
entstanden. Höhepunkt der Austragung von allen städtischen
Auseinandersetzungen ist der alljährliche sommerliche Palio, das
Pferderennen, das im Mittelalter durch die ganze Stadt führt.
Da entscheidet nicht immer der schnellste Gaul, welche Contrada die Ehre des Sieges entgegennimmt, da entscheidet oft eine
kurz aufblitzende Dolchklinge, eine wüste Rempelei in den steilen und winkeligen Gassen, ein heimtückisch herbeigeführter
Sturz, bei dem sich Ross und Reiter die Knochen brechen.
Manchmal gewinnt auch das Pferd allein, während sein grell-
bunt gekleideter Reiter mit zerschmetterten Gliedern sterbend
in den Gassen liegt. Denn die Farben und das Wappen der Contrada trägt der Gaul, dessen führungsloser Einlauf im Ziel ebenso als Sieg gilt, wenn er der Erste ist.

Während die Kämpfe und Streitigkeiten zwischen den Contraden trotz ihrer scheinbaren Unübersichtlichkeit noch ver-
ständlichen Regeln und Gesetzen folgen, sind andere politische
Spannungen gefährlicher. Die feindlichen Parteien der Guelfen
und Ghibellinen gehen oft mitten durch die Familien. Ihr Ursprung liegt in den Auseinandersetzungen des Welfen Otto IV.
und des Staufers Friedrich II. Die *guelfi*, wie die Welfen in
Italien genannt werden, sind Anhänger des Papstes, die *ghibelli-
ni* hingegen sind kaisertreu. Längst haben sich der ursprüngliche
Anlass der Parteienbildung und die blutigen Auseinandersetzungen erübrigt, denn der Papst ist weit und der Kaiser nicht
da. Aber die Bürger in den Städten und die Städte gegeneinan-
der haben ihre Lagerbindungen behalten, und ihre Politik ist
immer wieder durchzogen von Mord, Feldzügen, Hinrichtungen,
Rache und Blutrache. Das flackert unvermutet hoch wie ein
Brand und muss immer wieder opfervoll mit Blut gelöscht werden.

Mit dem Tod König Manfreds 1266 geht die Zeit der Staufer
zu Ende. Bis dahin war Siena ghibellinisch und ihre Rivalin
Florenz guelfisch. Es war auch die Zeit, als Siena durch Handel

und Kriegskunst Florenz überflügelte und 1260 sogar besiegte. Doch nach dem Tod des Stauferkönigs verloren die Ghibellinen in Siena die Macht. Die Stadtregierung – reiche Patrizier und Handelsherren – wurde guelfisch. Bis in die Zeit von Caterinas Geburt blieb Siena eine blühende und reiche Stadt. Dieser Reichtum ist dem Besucher, der Siena durch eines der Stadttore betritt, sofort sichtbar, denn es gibt keine Holzhäuser mehr – die Stadt Siena ist aus dem roten Stein gebaut, der ihr die charakteristische Farbe gibt. Und dies, obwohl das 14. Jahrhundert von Beginn an in ganz Europa und auch in Italien den Menschen große Schrecken und Katastrophen brachte. Am Ende dieses Jahrhunderts werden drei fürchterliche Reiter durch die Länder und Städte gezogen sein – der Hunger, die Pest und der Krieg.

Der Hunger kommt zur Hälfte aus einer wirtschaftlichen Fehlentwicklung. Die europäische Bevölkerung ist im 13. Jahrhundert auf das Doppelte angewachsen, die landwirtschaftlichen Nutzflächen können mit der Agrartechnik der damaligen Zeit nicht vergrößert werden. Der Mangel an Getreide ist somit vorausrechenbar. Schon 1302 wird Spanien durch eine Hungersnot betroffen, der ein Viertel der Bevölkerung zum Opfer fällt. Ab dem Jahr 1308 verändert sich zusätzlich noch die gesamteuropäische Wettersituation dramatisch. Eine „kleine Eiszeit" setzt ein. Es gibt nicht enden wollende Winter mit Schneemassen und zugefrorenen Flüssen und Seen. Im Winter 1322/23 gefrieren sogar Teile der Adria. Gleichzeitig bringen die Sommer glühende Hitze und Dürre, wenn es in manchen Regionen vom Februar bis zum Oktober nicht einen Tropfen regnet. In diesen und in den Folgejahren beginnt in Europa ein verbreitetes Waldsterben. Die schweren Schäden in den noch sehr ausgedehnten Wäldern Europas werden über die nächsten zwei Jahrhunderte noch zu sehen sein.

Weitere Hungerwellen gehen am Beginn dieses Jahrhunderts durch die nördlichen und die Atlantikregionen Europas. Ab

1328 brechen auch in Italien fast regelmäßig Hungersnöte aus. Kornmangel wird in Florenz schon ab 1303 in zirka dreijährigem Rhythmus in den Chroniken festgehalten, aber um 1330 werden die Hungersnöte schließlich in ganz Italien schwer und opferreich.

Die Menschen Italiens ernähren sich noch immer sehr ähnlich wie die Menschen der römischen Antike: Das Hauptnahrungsmittel ist Brot. Und dieses Brot wird aus Weizenmehl gebacken, Hafer, Gerste oder Hirse gelten als Viehnahrung und daher als minderwertig. Nur in den allerschlimmsten Notzeiten wird aus diesen Getreidesorten Brot gebacken.

Das zweite Hauptnahrungsmittel ist die Pasta. Aus dem römischen *laganum*, dem dünnen Teigkuchen, ist im hohen Mittelalter bereits die *lasagne* gewordem, und die sizilianischen *maccharuni* gelten auch in Oberitalien als feinste Spezialität. Diese Pasta, von der immer irrtümlich behauptet wird, dass der Kaufmann Marco Polo sie aus China mitgebracht hätte, wird selbstverständlich auch nur aus feinstem Weizenmehl zubereitet. Fleisch und Gemüse, Obst und Milchprodukte spielen bei den in der Mehrzahl körperlich hart arbeitenden Menschen, bei Handwerkern, Bauern, Taglöhnern nur eine untergeordnete Rolle. Gibt es also Weizenmangel, steigen die Brotpreise, können sich die Armen das vom Bäcker gebackene Brot, das Mehl des Müllers nicht mehr leisten. Sie flüchten aufs Land, um sich bei den Bauern zu ernähren, die ebenfalls „brotlosen" Bauern stürmen in die Städte, um dort Essbares zu finden. Überall entstehen städtische Hungerrevolten. 1338 ist ganz Rom „ohne Brot". Ein Chronist erzählt, dass in diesem Jahr ein Bauer hungernde Städter mit Bohnen durchfüttert. Seine Güte wird dann im nächsten Jahr durch überreiche Weizenernte vergolten.

Demnach waren die Hungersnöte also durch den Einsatz von Finanzmitteln sowohl gesteuert als auch zu bekämpfen, denn es waren aus unterschiedlichen Gründen entstandene europäische Kornhandelskrisen. Die Stadt Florenz mit ihren

Bankhäusern stellt in den Jahren 1328–1330 für ihre Bevölkerung mehr als 60.000 Goldflorin zur Verfügung. Korn und Mehl werden dadurch zu „politischen Preisen" abgegeben, um die „Raserei des Volkes nach Brot" zu befriedigen.

Die Jugend der Benincasas, des Färbers Jacopo und seiner Frau Lapa in der wohlhabenden Stadt Siena, war also von vielen Krisen begleitet. Aber die einträgliche Kunst des Wollfärbens hatte die Familie wachsen lassen und offensichtlich alle schlechten Zeiten überstanden. Feines Wolltuch in leuchtenden Farben erzielte immer gute Preise. Die Menschen liebten bunte Gewänder. Reine und kräftige Farben zu tragen, war das Vorrecht des Adels und der reichen Patrizier. Die armen Leute trugen Kleider in stumpfen Braun- oder Grautönen. Die Färber unterschied man daher in sogenannte Schön- und Schlechtfärber. Die Schönfärber, die es verstanden, in dampfenden Wannen und kalten Bottichen die feinen Wolltuche in Gelb, Purpurrot, Indigoblau zu färben, hatten daher immer eine zahlungskräftige Kundschaft. Die Farbstoffe waren alle natürlich und wurden von ebenfalls wohlhabenden Kaufleuten durch ganz Europa verhandelt.

Der Saft der Purpurschnecke war die teuerste Farbe. Mit Purpur konnte man von Rosa bis zu intensivem Schwarz färben. Auch der Extrakt von Schildläusen brachte ein gutes Rot, konnte dem Purpur aber nicht gleichgesetzt werden. Die Blüten der Färberdistel brachten zartes Gelb bis kräftige Orangetöne. Und der Waid, den Bauern im ganzen Mittelmeerraum für die Färberei pflanzten, ergab jene geheimnisvolle *tintura*, die nach der nassen Färbung völlig weiß blieb, aber beim Trocknen der Stoffbahnen sich zu dem wundervollen Indigoblau wandelte.

Die Arbeit des Färbers und seiner Gesellen war körperlich schwer. Die Stoffbahnen wurden über Winden und Rollen durch die Färbekessel gezogen, die Färbeflüssigkeiten mussten gekocht und gerührt werden. Täglich waren große Mengen Wasser und Brennholz heranzuschaffen, und auch die Trockengestelle in den engen Höfen oder an den Außenmauern der

Häuser zu behängen, erforderte Kraft und Geschick. In Siena war der Transport des Wassers besonders mühselig, denn vom Haus der Benincasas zum Brunnen, der Quelle Branda, die dem Viertel den Namen gab, musste man steil ins Tal absteigen und dann schwer beladen die engen Stiegen und Gässchen wieder hochkeuchen. Neben der Schönfärberei betrieb Jacopo Benincasa auch die noch einträglichere Schwarzfärberei. Schwarze Stoffe von sattem Rabenschwarz verlangten die intensivste Färbung mit Purpur. Und die Nachfrage der Kleriker, insbesondere der Dominikanerbrüder, die die schwarzen Mäntel trugen, war in Siena groß.

Als 1347 Caterina geboren wird, geht durch die Städte der Toskana wiederum eine Hungerwelle. Doch im Oktober desselben Jahres trifft die nächste schreckliche Bedrohung ein. Im Hafen von Messina ankern zwölf genuesische Galeeren, die aus dem Tartarenland, von der Halbinsel Krim im Schwarzen Meer, kostbare Handelsgüter aus dem fernen Asien heimbringen. Die Männer auf den Schiffen – Handelsherren, Seeleute und Soldaten zum Schutz vor räuberischen Überfällen durch die Venezianer – sind krank. So krank, wie der Chronist vermerkt, dass jedermann, der mit ihnen auch nur kurz spricht, selbst erkrankt. Die Schiffe werden aus dem Hafen gewiesen, sie erreichen Genua mit nur mehr wenigen lebenden Männern an Bord. Alle Gegenmaßnahmen zum Schutz vor dieser unerklärlichen Erkrankung kommen zu spät. Die Pest hat Europa erreicht und wird es in den nächsten vier Jahren nicht mehr aus ihrem Griff lösen. Diese erste große europäische Epidemie kostet 25 Millionen Tote. Das ist fast die Hälfte der Bevölkerung Europas. Viele Dörfer werden völlig aussterben, ganze Landstriche menschenleer sein.

In Siena trifft die Pest im Sommer 1348 ein. Bis zum Herbst, wo sie langsam erlischt, sterben zwei Drittel der Einwohner der Stadt. Damit ist der Wohlstand der Stadt für die nächsten Jahrzehnte beendet.

An den Benincasas, dieser großen Familie im Haus in der Fontebranda, geht der schwarze Tod vorüber. Im Gegenteil, die Familie wird sogar größer, denn die einjährige Caterina, die noch an der Mutterbrust liegt, bekommt einen zehnjährigen Stiefbruder dazu. Tommaso delle Fonte hat seine Eltern verloren. Sein Bruder Palmiero ist mit einer Tochter aus dem Hause der Benincasas, mit Niccoluccia, verheiratet. Daher wird der zehnjährige Tommaso wie selbstverständlich ins Färberhaus adoptiert. Neun Jahre danach wird er in den Konvent der Dominikaner eintreten und noch später der erste Beichtvater von Caterina werden. Zweifellos ist er auch ihr erster Lehrer in den heiligen Schriften.

Der Pest stehen die Menschen in Europa hilflos gegenüber, und das wird auch die nächsten fünf Jahrhunderte, in denen sie immer wiederkehren wird, so bleiben. Obwohl die Pestärzte schon im 14. Jahrhundert Gegenmittel vorschlagen und anraten, die vom Denkansatz her richtig sind. Ohne zu ahnen, dass die Pest durch Kontaktinfektion und durch den Stich des Rattenflohs übertragen wird, vermuten die Gelehrten, dass es sich um vergiftete Luft handle. Daher sollen Fenster und Türen dicht verschlossen und im Haus am offenen Herd Wacholder und andere Kräuter verbrannt werden. Aderlass und Schwitzen werden als vorbeugende Behandlung empfohlen. Und die Verabreichung von Tees aus Dictamnus, Skabiose, Rosenblüten und Veilchen. Auch die Einnahme von purgierenden Medikamenten soll helfen. Wäre nicht die Hygiene so schlecht gewesen und hunderttausende Menschen in Europa durch Hunger und Mangelernährung stark geschwächt und ohne Abwehrkräfte, vielleicht hätte so manches zum Ziel geführt.

Die Reichen konnten sich eine ganz teure Medizin leisten, das Theriak oder Mithridat. Schon in der Antike hatte man diese Mixtur aus zwanzig bis dreißig Ingredienzen gegen Vergiftungen verwendet. Nun dachte man, dass ein Gegenmittel zu Gift auch ein Gegenmittel für die Pest wäre. Die Zahl der Zutaten war in der Zwischenzeit auf bis zu zweihundert angestiegen. Und der besonders teure Mumienstaub aus Ägypten war ganz wesentlich dabei. Gemischt mit Wein oder Opium, wurde das Theriak innerlich wie äußerlich angewendet, auf jeden Fall schmierte man es sich in die Nasenlöcher.

Aber das probateste Mittel ist für die, die es sich leisten können oder es blindlings wagen, die Flucht. Am freien Lande, auf Landsitzen oder in Bauerndörfern, da ist die Luft offensichtlich noch nicht so stark vergiftet wie in der Enge hinter den Stadtmauern. Oft genug sind diese Flüchtlinge wiederum der Anlass, dass auch die Bauern sterben. Den Erkrankten öffnet man die eitrigen Beulen oder sticht die geschwollenen und verhärteten Lymphknoten auf. Manchmal bringt das sogar wirklich Linderung. Aber neben der Beulenpest gibt es genauso die Lungenpest und eine Pestform, die zur Blutzersetzung führt. Hier nützen auch die scharfen Klingen der Bader, Barbiere und Wundärzte nichts.

Von den ersten Anzeichen der Krankheit bis zum Tod eines Menschen dauert es höchstens drei oder vier Tage. Das ist für das Zeitgefühl der mittelalterlichen Menschen rasend schnell, und daher entsteht das Bild vom Tod, der als Schnitter mit der Sense umhergeht. Auch hat sich innerhalb der letzten hundert Jahre die Einstellung der Menschen zum Tod gewandelt. War er früher noch häufig als sanfter Erlöser von der irdischen Mühsal und Plage ins himmlische Paradies verstanden worden, so wird er jetzt als Tor empfunden, das zur Qual der Hölle oder des Fegefeuers führt. Das ist eine Folge anders gewichteter Kirchenlehre, mit der starken Drohung von Sündenstrafen. Die Bußpredigten der beiden noch jungen Bettelorden – der Franziskaner und der Dominikaner – haben daran nicht geringen Anteil. Und die nun bereits jahrzehntelange Arbeit der Dominikaner als Inquisitoren bei der Ketzerverfolgung hat die Todesfurcht der Sterbenden noch zusätzlich angeheizt.

Mehr noch als Unverständnis lösen bei den Menschen Angst und Verzweiflung Hass aus. Hass auf sich selbst und Hass auf die scheinbaren Verursacher und Schuldigen. In Europa entstehen daher im religiösen und im sozialen Bereich kollektive Hysterien. Wenn der sündige Mensch selbst das Strafgericht Gottes verschuldet hat, dann muss er sich auch an Ort und Stelle selbst bestrafen. Bußbewegungen formieren sich zu fanatischen Geißlerzügen, die mit ekstatischen Gesängen und Gebet durch die Straßen der Städte ziehen, wobei sich die Menschen gleichzeitig mit Lederpeitschen den eigenen Rücken blutig schlagen. Auch das Verbot der Flagellantenzüge durch den Papst vermag da nichts auszurichten.

Einfacher ist es, die Schuld für die Katastrophe bei anderen zu suchen. Es ist eine beobachtbare Tatsache, dass weniger Frauen erkranken als Männer. Und dass bei jenen, die von der Pest wieder gesunden, der Anteil der Frauen bis zu siebenmal höher ist als der der Männer. Auch bei den Juden ist die Genesungsrate höher und die Infektionsrate geringer als bei braven Christenmenschen. In diesem Fall ist die Ursache darin zu finden, dass den Juden Waschungen und Bäder von ihrem Glaubensleben her vorgeschrieben sind. Die christlichen Pestärzte empfehlen zwar auch das Waschen der Hände nach Berührung eines Kranken, aber sie warnen vor Bädern. Da werden nämlich die Poren der Haut geöffnet und die giftige Luft könne noch besser eindringen. Dass Frauen und Juden der Pest besser widerstehen als andere, wird für die nächsten Jahrhunderte schreckliche Folgen haben. Den Frauen wird Zauberei und Magie unterstellt – die Grundlage zur später ausufernden Hexenverfolgung –, den Juden wird vorgeworfen, dass sie die Brunnen vergiften. Aus einem bis dato nur religiösen Antisemitismus wird ein rabiater mit schrecklichen Pogromen. Dass Jesus und die Apostel Juden gewesen sind, wird verdrängt, die Menorah, der siebenarmige Leuchter, als Symbol dafür vom christlichen Altar entfernt, Abbildungen von Jesus mit dem Judenhut als Zeichen seiner

Abstammung unterbleiben von da an. Caterina wird zeit ihres Lebens auch mit der stärker werdenden Ausgrenzung und Diskriminierung der Frauen zu kämpfen haben und – wie ihre Biographen notieren – sich auch für verfolgte Juden einsetzen. Sie wird sich mit der für sie charakteristischen Unerschrockenheit gegen diese „Zeitgeisterscheinungen" stellen.

Das Kind Caterina bekommt den Kosenamen Eufrosina, das heißt die Frohgemute. Sie ist aufgeweckt, lebhaft und lacht gerne. Und kann stundenlang Geschichten hören. Am liebsten mag sie Heiligengeschichten. Die sind auch gerade in ihrer Kinderzeit besonders populär geworden. Zwei Bücher sind weit verbreitet: die *Legenda aurea* des Jacobus de Voragine und *Das Leben der Väter*, von Domenico Cavalca übersetzt; beide Autoren sind Dominikaner. Die Benincasas haben natürlich diese Bücher nicht im Haus, die wären unerschwinglich teuer. Aber jeder kennt von den Predigten und geistlichen Belehrungen her den Inhalt mehrerer Heiligengeschichten. Und gibt diese, oft persönlich interpretiert und reich ausgeschmückt, auch mündlich weiter. Aus dem *Leben der Väter* stammt Caterinas Lieblingsgeschichte, die ihr auch den Kosenamen eingetragen hat. Denn die heilige Euphrosyne lebte im 5. Jahrhundert in der Stadt Alexandrien. Als ihre Eltern sie an einen reichen Mann verheiraten wollen, weigert sie sich. Sie will nur Gott dienen. Und lässt sich, als Mönch verkleidet, in ein Männerkloster aufnehmen, wo sie als „Bruder Smaragdus" dreißig Jahre lang unerkannt lebt. Die zweite Lieblingsgeschichte ist die vom Wüstenmönch Antonius, der so tapfer den Versuchungen und Anfechtungen durch den Teufel widersteht. In der Straße der Färber steht eine kleine Kirche, die ihm geweiht ist. Aber diese Geschichten vom Antonius sind nicht so gut vor dem Einschlafen zu hören, denn dann folgen böse Träume.

Die erste Vision trifft Caterina völlig unvorbereitet. Sie ist sieben Jahre alt und an der Hand ihres älteren Bruders Stefano

am Heimweg nach einem Besuch im Haus der verheirateten
ältesten Schwester Bonaventura. Sie gehen durch die Vale piatta,
eine Gasse, von der aus man auf das gegenüberliegende Viertel Fontebranda und das darüber thronende Kloster mit der
Kirche San Domenico sieht. Es ist heller Nachmittag, der Himmel bis auf ein paar Wölkchen tiefblau und klar. Die Gasse ist
belebt von Menschen und Tieren, nichts ist anders als sonst.
Plötzlich bleibt Caterina wie erstarrt stehen. Direkt über San
Domenico sieht sie im Himmel ein prächtiges Zelt. Mit Stoffen
ausgeschlagen, die leuchtender von Farben strahlen, als sie es je
in der Färberei gesehen hat. Auf kaiserlichem Thron sitzt Jesus
in einem Prunkmantel und mit der Tiara, der Krone der weltlichen und kirchlichen Macht, auf dem Kopf. Bei ihm sind die
Apostelfürsten Petrus und Paulus und der Evangelist Johannes.
Die Gestalten um den Herrn sind würdiger, eindrucksvoller und
unverkennbarer, als die schönsten Bilder im Dom oder in der
Dominikanerkirche von Siena sie zeigen. Jesus wendet sich
Caterina zu, sieht sie lächelnd an und segnet sie. Caterina fühlt
sich vom Duft der Rosenblüten umhüllt. Stefano schreit wie am
Spieß, so entsetzt ist er über die völlig entrückte kleine Schwester, und reißt verzweifelt an ihrer Hand. Er kann nur sehen, dass
Caterina in den Himmel starrt, wo er selbst überhaupt nichts
Außergewöhnliches zu entdecken vermag. Bis Caterina wieder
ihre Umgebung wahrnimmt und ansprechbar ist, vergehen für
den Bruder quälende Minuten. Caterina sagt mit keinem Wort,
was sie erlebt hat. Dann setzen die Kinder den Heimweg fort,
und die wenigen Neugierigen, die auf das Geschrei des Knaben
hin herbeigeeilt sind, zerstreuen sich wieder.

Von diesem Tag an ist Caterina anders. Versonnen, still. Und
wo immer es geht, zieht sie sich zurück. Denn sie hat ein Gelübde getan. Sie fühlt sich erwählt als Braut Christi. Sie wird
Jungfrau bleiben.

Später werden immer wieder Zweifler und auch manche
Spötter dazu anmerken, dass ein siebenjähriges Mädchen über

„so etwas" nicht Bescheid wissen könne und über die damit verbundenen Konsequenzen schon gar nicht. Aber diese Schwätzer und Nörgler wissen nicht, dass zu dieser Zeit Sexualität ein offen diskutiertes Thema und keineswegs ein verschwiegener Gesprächsstoff war. Fast zur selben Zeit schreibt in Florenz der Dichter Boccaccio das *Decamerone*, jene Sammlung tolldreister erotischer Abenteuer und Geschichten, die das Lebensgefühl nicht nur für Florenz beschreiben. Caterina wusste genau, was sie sich und ihrem himmlischen Bräutigam schwor.

Caterina verändert sich zusehends. Aus dem heiteren, unbeschwerten Kind wird ein stilles, zurückgezogenes Mädchen, das jede Gelegenheit benützt, um in einem verschwiegenen Winkel zu beten. Wenn sie im Haus die Stiege in den Oberstock hinaufsteigt, bleibt sie auf jeder einzelnen Stufe stehen, um ein Ave Maria zu beten. Die Mutter kann nicht wirklich etwas dagegen sagen, denn Frömmigkeit lässt sich nicht ausschimpfen. Aber die Geduld der Monna Lapa wird schon sehr strapaziert. Sie tröstet sich damit, dass es in diesem turbulenten Haushalt ohnehin nicht viele stille Ecken gibt. Dass Caterina einmal sogar ausrücken will, bemerkt Gott sei Dank niemand. In einer jähen Verehrung des Wüstenmönchs Antonius hat sie unbemerkt am Morgen zu Fuß die Stadt verlassen, um nach Ägypten, in die einsame Wüste zu wandern. Aber die Kinderbeine wurden bald müde, und die Angst, dass Vater und Mutter sich ob ihres Wegganges kränken würden, siegte rechtzeitig. In der letzten Minute vor dem Schließen des Stadttores erreicht sie wieder Siena.

Die Monna tröstet sich, dass ihre Lieblingstochter die kindlichen Schwärmereien schon wieder ablegen wird. Denn mit zwölf beginnt ja die nächste entscheidende Lebensphase – die Suche nach einem geeigneten Ehemann. Hier darf nichts dem Zufall überlassen werden. Die Tochter eines wohlhabenden Färberhauses braucht einen standesgemäßen, ebenfalls wohlhabenden Ehemann, am besten aus der eigenen Contrada oder zumindest einer befreundeten Contrada. Und wenn möglich zum

Gewerbe passend. Tuchhändler, Kaufmann für Farben, Gewürze und Essenzen bevorzugt.

Solche Dinge sind im städtischen Leben Sache der Mütter. Die Monna Lapa zieht auch gleich die geeignetste Beraterin an ihre und Caterinas Seite. Bonaventura, Caterinas älteste Schwester, ist doch selbst schon verheiratet und führt ein kinderreiches Haus. Vom Alter her könnte sie ohneweiters Caterinas Mutter sein. Und Caterina hegt ihr gegenüber auch besonders zärtliche Gefühle, denn anders als Lapa ist Bonaventura von sanftem Wesen. Sie hört sogar zu, wenn Caterina von einem Leben als fromme Jungfrau spricht. Und sie hat das Einfühlungsvermögen und das Geschick, dies ihrer kleinen Schwester fast auszureden. Jedenfalls beginnt sie zielstrebig, die Schwester für die Gattenwahl standesgemäß aufzuputzen. Da gibt es viel zu tun, vor allem müssen Caterinas schöne dunkle Locken gebleicht werden. Je heller das Haar, desto begehrter die Mädchen. Schon bei den Römern waren die rothaarigen und blonden Sklavinnen aus dem Norden die begehrtesten Frauen. Das hat sich in der Toskana bis ins Spätmittelalter nicht geändert. Und außerdem ist Siena ohnehin das Zentrum der feinsten Kosmetika und wohlriechendsten Parfüms. Ein bisschen Bleiweiß da, etwas Karmesinrot dort und ein paar Tropfen Rosenöl hinter die Ohrläppchen – und schon ist aus der hübschen Caterina mit den langen Locken eine strahlende Braut geworden. Caterina lässt es sich gefallen und schweigt.

Als Bonaventura, die liebe, gute und wohlwollende Schwester, über Nacht stirbt, ist das für Caterina das entscheidende göttliche Zeichen. Sie eröffnet ihrer Mutter – ungeschminkt – ihr wahres Ziel. Dass sie eine *monaca di casa* werden will, und dass sie dies gelobt hat. Eine Bußschwester vom Dritten Orden des heiligen Dominikus, eine Dominikanerin, die im eigenen Haus lebt. Die Monna zetert zwei Tage lang fast ohne Unterbrechung. Dann weiß sie sich neuen Rat. Im Val d'Orcia, nahe der Stadt Siena, gibt es in der Ortschaft Vignone ein weithin berühmtes Schwefelbad. Die Kur in den heißen Quellen dient selbstverständlich nicht nur dem einen oder anderen körperlichen Gebrechen, sondern auch als viel frequentierter Heiratsmarkt. Wäre doch gelacht, wenn Caterina dort nicht den Mann ihres Lebens fände. Caterina folgt der Mutter sittsam in die Therme, aber sie besteht darauf, erst dann das Becken im leichten Badehemd aufzusuchen, wenn alle anderen Kurgäste bereits gegangen sind. Und außerdem stellt sie sich justament unter das heißeste Wasser, das aus den Röhren fließt, sodass sie sich halb verbrüht. Lapa bricht diesen Versuch schnell wieder ab.

Nun muss Tommaso her. Sie bittet den Adoptivsohn, der jetzt oben im Kloster ein Predigermönch ist, sich seiner Schwester Caterina anzunehmen und sie wieder auf den rechten Weg weiblichen Lebens zurückzuführen. Tommaso bekommt von seinem Prior die Dispens, das Elternhaus zu besuchen. Das Gespräch mit Caterina dauert einen halben Tag und eine ganze Nacht. Dann hat sie ihn überzeugt, und er rät ihr, sich zum Zeichen des endgültigen Entschlusses die Haare abzuschneiden. Als am nächsten Tag die Monna ihrer Tochter Caterina das verdächtige Tuch wegzieht und den geschorenen Kopf sieht, kann man ihre Klagerufe und Entsetzensschreie im ganzen Färberviertel hören.

In den nächsten drei Jahren wird das Kräftemessen zwischen Mutter und Tochter den Höhepunkt erreichen. Lapa denkt zuerst einmal traditionell und autoritär. Einem Mädchen, das man wegen seiner abgeschorenen Haare in den nächsten drei Jahren nicht mehr an den Mann bringen kann, tut ausreichend körperliche Arbeit wohl insofern gut, als dass ihm die Flausen vergehen. Daher findet Caterina keine freie Minute mehr. Die Mutter sorgt dafür, dass sie in und um das Haus herum niedrigste, schmutzigste und schwerste Arbeiten verrichtet. Mit einer Magd hätte sie mehr Mitleid und Nachsicht. Aber Caterina entwickelt eine Gegenstrategie, von der die Mutter freilich nichts ahnen kann. Weil die Tochter kein Fleckchen der Ruhe und der

Besinnlichkeit, des Gebets und der Kontemplation mehr finden kann, schafft sie sich dieses eben selbst. Und zwar als eigene, gedachte „Zelle im Kopf". Einen Raum, der immer betreten werden kann, weil er in ihr selbst ist. So führt sie gleichzeitig ein Doppelleben außerhalb wie auch innerhalb ihres Seins. Niemand, der sie Tag und Nacht schuften sieht, kann auch nur vermuten, dass sie in ihrem Kopf in einer Mönchszelle ein rein gedachtes, aber für sie selbst absolut reales Klosterleben führt. Sie wird dies zeit ihres Lebens fortsetzen und später vielen Menschen, die sich mit persönlichen Problemen an sie wenden, vorschlagen und zu erklären versuchen. Jetzt rettet es sie vor der Aufgabe.

Bis der Vater zu Hilfe kommt. Jacopo Benincasa hat lange genug zugesehen. Er respektiert, dass seine Frau den Haushalt und somit das Haus regiert. Er hat in der Sache Caterina schweigend abgewartet. Aber jetzt ist es genug. Und nach drei Jahren, in denen die Mutter die Tochter schikaniert, wird auch er eines Tages laut. So etwas geschieht ganz selten. Und dann weiß seine Frau Lapa, dass sie nichts mehr zu sagen hat.

Caterina will dem Dominikanerorden beitreten. Die Dominikanerinnen zu dieser Zeit leben aber in streng abgeschlossenen Klöstern ein Leben der reinen Kontemplation und der Arbeit. Sie treten nie aus ihren Häusern heraus. Caterina, die ihre Mönchszelle im Kopf hat, möchte aber darüber hinaus im Leben bleiben.

Daher möchte sie den Laienmitgliedern, dem sogenannten Tertiarorden, beitreten. Nicht nur die Dominikaner, sondern auch die Franziskaner, Augustiner und Karmeliter haben solche Laienorganisationen geschaffen. Das sind Männer und Frauen, die im außerklösterlichen Leben die Ordensregeln befolgen. Mit Fasten und Beten, Keuschheit sowie karitativer Hinwendung zu Armen und Kranken. Man nennt sie die Mantellaten, weil sie die Mäntel der jeweiligen Orden als Zeichen der Zugehörigkeit tragen.

Die Monna Lapa geht nun auf Bitten der Tochter und Anweisung des Ehemannes zu den Mantellatinnen des Predigerordens in Siena und bittet um Aufnahme für ihre Tochter. Die ehrwürdigen Damen lehnen brüsk ab. Eine Sechzehnjährige sollen sie aufnehmen? Die soll heiraten und Kinder kriegen, die passt nicht zu ihnen. Schließlich sind sie alle ehrwürdige Witwen und ehrbare Jungfrauen von sechzig aufwärts. So ein junges Ding im schwarzen Ordensmantel? Unvorstellbar!

Lapa kehrt zähneknirschend und wutschnaubend über die Zurückweisung ihrer Tochter zurück ins Haus. Caterina bekommt binnen weniger Stunden einen schrecklichen roten Hautausschlag am ganzen Körper und hohes Fieber. Da geht, besser gesagt, stürmt die Monna nochmals zur Vorsteherin der Matellatinnen, doch diesmal sind die frommen Tertiarschwestern der geballten Überzeugungskraft Lapas nicht mehr gewachsen. Auf die gute Nachricht hin klingt Caterinas Erkrankung genauso schnell ab, wie sie gekommen ist. Noch im selben Jahr empfängt Caterina in der Dominikanerkirche am Hügel Camporegio über dem Viertel von Fontebranda aus den Händen des Priors das Ordenskleid. Die Monna zerfließt in Tränen der Rührung, und auch Bruder Tommaso ringt gegen seine aufwallenden Gefühle der Zärtlichkeit, um die Würde des Mönchs zu bewahren.

Jetzt erhält Caterina im Elternhaus eine eigene Kammer unterhalb der Küche. Dort beginnt sie ihre selbstgewählte Askese. Das winzige Fenster zur Straße lässt sie verschließen, jedes Mobiliar entfernen. Sie schläft auf nacktem Boden, ein Stein ist ihr Kopfkissen. Unter einem härenen Hemd legt sie sich schwere Eisenketten um den Körper. Beten, fasten und ganz wenig Schlaf. Wenn sie die Klosterglocke läuten hört, die für die Brüder die Schlafenszeit anzeigt, fängt sie an zu wachen. Die Familie bekommt sie so gut wie überhaupt nicht mehr zu Gesicht.

Wer jetzt das Haus der Benincasas nicht ehrerbietig betritt, sich vielleicht laut oder rüpelhaft benimmt, der kriegt es erst recht mit der Monna Lapa zu tun. Mit dem Besen verjagt sie jeden, der nicht respektiert, dass eine *La Santa*, eine Heilige, im Hause lebt. Gleichzeitig macht sie sich große Sorgen. „Die Engel essen einmal täglich, die Erwachsenen zweimal und Kinder und Kranke dreimal am Tag. Aber Caterina will überhaupt nicht mehr essen. O Dio mio, das Kind wird Hungers sterben!"

Tatsächlich nimmt Caterina nach wenigen Wochen schon nicht mehr als etwas Wasser und winzige Mengen von Gemüse zu sich. Mehr kann ihr Magen nicht mehr vertragen, ein Bissen zu viel und sie muss alles erbrechen. Sie sucht die Nähe zu Gott, sie will ihren Bräutigam Christus sehen, sie kämpft mit den Dämonen. Sie schwankt zwischen Verzückung, herrlichsten Träumen und Wogen des Ekels, des Widerwillens und der Mutlosigkeit. Die schlimmsten Dämonen tragen keine Teufelsfratzen, sondern sind glatthäutige, schöne Jünglinge, die lüstern nach ihrer Hand greifen.

Da kommt ihr der Herr zu Hilfe. Sie sieht ins gleißende Licht einer aufgehenden Sonne, die den Gekreuzigten wie ein Mantel umflutet. Jesus, von Wunden übersät und blutüberströmt, beugt sich tröstend über sie.

Wo warst Du, während ich so gelitten habe?, fragt sie den Schmerzensmann.

Ich war in deinem Herzen, antwortet der Erlöser.

Aber mein Herz war eine Grube voll Unflat, seufzt sie.

Und doch führst du diesen Kampf nicht mit deiner Kraft, sondern mit meiner, antwortet Jesus.

Caterina ist neunzehn Jahre alt, als sie sich mit Jesus Christus vermählt. Diese überwältigende Vision erlebt sie in den Fastnachtstagen des Jahres 1366. Christus und die Madonna erscheinen ihr in Begleitung des heiligen Dominikus und des Königs David, der die Harfe schlägt. Maria fügt die Hände Caterinas und ihres Sohnes zusammen, Christus steckt ihr als Zeichen der Verbindung einen herrlichen Ring an den Finger. Diesen Ring wird sie ihr Leben lang nicht mehr ablegen. Aber außer ihr kann ihn niemand sehen. Nichts würde sie lieber tun, als weiter ihrer Sehnsucht nach Gott und ihren mystischen Erfahrungen und Erlebnissen nachzugehen. Aber Christus hat andere Pläne. Er schickt sie in die Banalität des täglichen Lebens zurück.

Nun geh, sagt er, es ist Zeit zum Mittagessen, und deine Leute setzen sich eben zu Tisch.

Sie muss wieder lernen, ein Leben mit und vor allem für Menschen zu führen. Das fällt ihr anfangs nicht leicht. Außerdem haben die Jahre der Askese sie gezeichnet. Sie wird ihr ganzes weiteres Leben so gut wie ohne Nahrung auskommen. Viele betrachten dies als Wunder, andere aber als Hexerei oder Scharlatanerie. Sie wird immer wieder an wochenlangen Kopfschmerzen leiden, auch an heftigen Schmerzen in der Brust und im Unterleib. Aber diese Leiden sind für sie Erfüllung. Sie ist mit dem Prinzip verschmolzen, dass alles, was sie anficht, sie stärker macht und näher zu Gott führt.

Sie wendet nun alle Kraft für karitative Arbeiten auf. Hilfe für Arme, Pflege für Kranke, tröstliches Gebet und seelische Aufrichtung für Hoffnungslose. Sie besucht Aussätzige in der Abgeschiedenheit, zum Tode Verurteilte im Gefängnis, sie schlichtet Streit zwischen verfeindeten Familien und bekehrt durch die Kraft ihres Gebetes Gottlose, Lästerer und selbstgefällige Kirchenleute. Dies alles geht nicht ohne Widerstände und Schwierigkeiten vor sich. Caterina muss erfahren, dass Arme und Kranke nicht immer demütig und dankbar sind, sondern auch anmaßend, besitzergreifend und eifernd. Und dass ihre Mitschwestern, die Mantellatinnen reiferen Alters, mit scheelen Augen und scharfen Zungen über sie herfallen. Sie muss Eifersucht, Verleumdung und auch Verfolgung aushalten. Ihre Mitschwestern finden es ganz unpassend, dass Caterina nach der Kommunion in ekstatischer Verzückung noch stundenlang im Gebet verharren will. Daher wird sie einmal auch kurzerhand gepackt, mit Gewalt aus der Kirche geworfen und heftig mit Füßen getreten.

Zur selben Zeit beginnt sich aber auch eine Art Freundeskreis, eine *famiglia*, um sie zu bilden. Das sind vor allem junge
Ordensschwestern und Frauen, aber auch Männer aus dem
Orden, aus angesehenen Familien, Dichter, Juristen, Intellek-
tuelle. Die meisten sind jünger als Caterina. Das stachelt den
Klatsch in der Stadt nur noch mehr auf. Die *famiglia* nennt sie
„mama". Sie sehen sie als spirituelle Führerin, als Vorbild, als
Herausforderung, als Heilige an, die ihnen die Worte Gottes
näher bringen kann. Da ist unter anderem der junge Dominikaner Fra Tommaso di Antonio Nacci. Er ist drei Jahre jünger
als Caterina, ebenfalls in Siena geboren und lernt sie kennen, als
er siebzehn Jahre alt ist. In der Stadt nennt man ihn *il caffarini*.
Später wird er Tommaso da Siena heißen und einer der bedeutendsten Autoren werden, der hymnische Berichte über Caterina
schreibt. Fra Bartolomeo Dominici ist dreiundzwanzig, als er
Caterina kennen lernt. Er ist studierter Theologe und wird ihr
bedeutendster Lehrer. Nahe Siena gibt es das Kloster Lecceto der
Augustiner-Eremiten. Von dort schließt sich der Theologe
William Fleete, ein englischer Mönch, Caterina an. Er unterrichtet sie in der Lehre des heiligen Augustinus. Caterina kann
nicht lesen und schreiben, sie hat nie eine Schule besucht. Aber
die gelehrten Herren sind von ihrer intuitiven Intelligenz und
der Spontaneität der Diskussion mit ihr fasziniert. Das lässt den
Prior des Klosters Lecceto, Giovanni Tantucci, nicht ungerührt.
Wütend wendet er sich gegen Caterina und bezeichnet sie als
„unwissendes Weiblein, das mit seiner falschen Darlegung der
Heiligen Schrift einfache Menschen verführt und deren Seelen
mit in die Hölle nimmt". Als er sie dann doch besucht, um sie
theologisch endgültig zu vernichten, wird er einer ihrer glühends-
ten Verehrer. Neri di Landoccio dei Pagliaresi, dieser angesehene
Dichter Sienas, wird Caterinas erster Sekretär. Er wird die
bedeutenden Schriften und die unzähligen Briefe der ungebildeten Färberstochter in jene Sprache bringen, die Caterinas
Schrifttum heute zur italienischen Hochliteratur zählen lässt.

Je größer die Gruppe der Verehrer, der Bewunderer, der Adoranten, der *caterinati* wird, desto böser werden die Augen der Neiderinnen und Spötter. Skeptiker und Gegner formieren sich. Caterina, der es zur selbstverständlichen Gewohnheit wird, sich gegen Anfechtungen immer wieder in die „Zelle" in ihrem Inneren zurückzuziehen, bleibt unerschrocken.

Im August des Jahres 1368 stirbt der geliebte Vater Jacopo Benincasa. Ohne viel Worte zu machen, war er derjenige, der Caterina am nächsten stand. Er wird in der Krypta der Dominikanerkirche bestattet. Caterina hat keine Tränen, sie weiß, ihr Vater ist bei Gott. Im darauf folgenden Herbst tobt der Bürgerkrieg durch Siena. Ein Aufstand gegen die Guelfen, die „Volkspartei" stürzt die Regierung der Stadt. Siena wurde von 1355 an von einem „Zwölferrat" regiert, dem auch Bartolo, Caterinas älterer Bruder, angehört. Nun hebt er wieder an, der blutige, unsinnige Streit zwischen den Guelfen und den Ghibellinen, die jetzt die „Adelspartei" sind. Die Benincasas zählten sich immer zur „Volkspartei" der Guelfen, und Bartolo und einige seiner Brüder entkommen den Schwertern und Dolchen nur knapp ins väterliche Färberhaus. Bevor die Verfolger sie erreichen, wollen sie sich mit anderen in die Kirche des heiligen Antonius flüchten. Caterina sagt Nein. An der Spitze ihrer Brüder geht sie den blutdürstigen Gegnern entgegen. Wer hält ihrem Blick stand? Die Rebellen neigen das Haupt und treten zurück. Caterina versteckt ihre Brüder im Hospital Santa Maria. In drei Tagen, sagt sie, ist das Morden vorüber. Tatsächlich werden die Brüder nur ein Bußgeld von hundert Goldflorin zahlen müssen. Diejenigen, die sich in die Kirche des Antonius geflüchtet hatten, sind tot oder gefangen. In den Sienesischen Aufstand greift auch Kaiser Karl IV. ein. Schließlich wird eine Koalitionsregierung auf breiter Basis gebildet, die Regierung der *riformatori* besteht aus fünfzehn Mitgliedern, und Bartolo gehört ihnen an. Bis er 1370 dann endgültig fliehen muss. Im Oktober dieses Jahres sucht er mit einigen seiner Brüder um das Bürgerrecht der Stadt Florenz an.

Im Sommer 1370 zieht sich auch die *popolana*, die Frau aus dem einfachen Volk, die Mantellatin Caterina, wieder zu einer ihrer Askeseübungen zurück. Als Wiederholungsgebet, eine Meditationsübung, spricht sie immer wieder den Psalm 51, Vers 12.

„Erschaffe mir ein reines Herz ...“

In einer Vision erscheint Christus und nimmt ihr das Herz aus dem Leib. Erst Tage später, bei einem Gottesdienst mit anderen Mantellatinnen zusammen, erscheint wieder der Erlöser und gibt Caterina sein eigenes Herz. Diese mystische Erfahrung führt Caterina an die Grenzen ihres Bewusstseins. Im August nehmen ihre körperlichen Schmerzen so sehr zu, dass sie nur noch liegen kann. Dann ist sie vier Stunden lang tot. Das ist keine Einbildung, kein Trugbild, die *famiglia* sieht und fühlt es mit eigenen Augen und Händen. Als Caterina zurückkehrt, ihr mystischer Tod beendet ist und sie vom Sterbebett wieder aufsteht, wenden sich einige Anhänger entsetzt ab. Sie halten das für Zauberei, für Magie. Caterina selbst klagt, dass ihre Rückkehr ins Leben für sie schmerzlich ist. Lieber wäre sie in dem herrlichen Licht geblieben, in der wunderbaren Wärme und der unendlichen Geborgenheit, in die sie sich bereits eintreten fühlte. Doch Christus hat ihr klare Aufträge gegeben.

Daher wendet sie sich anderen Aufgaben zu. Ihre politische Tätigkeit beginnt.

Drei Ziele sind es, die Caterina für die Kirche anstrebt. Eine Reform des Klerus und der Ordensleute, einen Kreuzzug ins Heilige Land und vor allem die Rückkehr des Papstes nach Rom. Dies ist zwar im Jahr 1367 schon einmal geschehen, aber Papst Urban V. hat es in Rom nicht lange ausgehalten. Trotz heftigen Abratens der heiligen Brigitta von Schweden, einer Beraterin der Päpste seit Klemens VI., trotz flammender Appelle des Dichters Petrarca ist er 1370 aus der feindseligen und zerstrittenen Stadt Rom wieder ins geliebte Avignon zurückgekehrt. Brigittas drohenden Weissagungen gemäß stirbt er im Dezember desselben Jahres.

Seit 1308 residieren die Päpste in Avignon, der alten, sündigen Stadt an der Rhone. Wo früher Mauren und Juden, dann die ketzerischen Albigenser herrschten, ist bis 1376 der Sitz von sieben Päpsten. Klemens V., der in Lyon zum Papst gekrönte Bertrand de Goth aus altem Gascogne-Adel und Erzbischof von Bordeaux, hat sich für diese Stadt entschieden, die damals noch zu England gehört. Aber die Geistlichkeit steht voll unter französischem Einfluss. 1316 folgt ihm Johannes XXII. nach, ein Abkomme südfranzösischer Handwerker. Er ist der Bankier unter den Päpsten. Denn mit dem Verkauf von Titeln, Rechten, Ämtern und Privilegien lenkt er wahre Goldflüsse nach Avignon. Damit beginnt er auch die Stadt und seinen Palast auszubauen. Als er 1334 stirbt, hat er immerhin vier Millionen Goldgulden in der päpstlichen Schatzkammer. Nach ihm gelangt sein Neffe, ein ehemaliger Müllersohn, auf den Stuhl Petri. Benedikt XII. ist wiederum ein sparsamer Mann. Sein Nachfolger, der fünfzigjährige Kardinal Pierre Roger de Beaufort, trägt ab 1342 den Namen Klemens VI. In seiner zehnjährigen Amtszeit prägt er den Papstsitz in Avignon in ganz spezieller Art. Als Verwandter des französischen Königshauses teilt er auch dessen Lebensstil. Seine Anweisungen und Privilegien werden durch seine engste Vertraute, seine Mätresse, die Gräfin von Turenne, vergeben. Der Dichter Petrarca nennt deswegen Avignon „die Hure Babylon an der Rhone". Die heilige Brigitta von Schweden, Mutter von acht Kindern, eilt, von Gottes Geist erfüllt, nach Avignon, um unter anderem auch dieses Lasterleben der „Lebegreise im Kardinalspurpur" abzustellen. Als Innozenz VI., auch ein Franzose, 1352 die Tiara übernimmt, ist Caterina in Siena gerade fünf Jahre alt. Zehn Jahre später wird Urban V., ein Benediktinerabt aus dem Languedoc, Papst. Brigittas Einfluss und das Drängen des Petrarca führen ihn, wie schon erzählt, für knappe drei Jahre nach Rom zurück. Ab 1370 regiert die katholische Kirche zum letzten Mal ein Franzose. Pierre Roger de Beaufort ist der Neffe Klemens' VI. In seiner

Amtszeit als Gregor XI. bis zu seinem Tod 1378 in Rom wird Caterina für ihn von Bedeutung sein.

Caterinas *famiglia* wächst. Ihre Bedeutung als Bekehrerin zum Glauben, als Vermittlerin bei Fehden steigt, und ihr Ruf geht bereits weit über Siena hinaus. Im Krieg des Papstes gegen Mailand beginnt sie ihre ersten mahnenden und streitbaren Schriften an die Konfliktparteien zu diktieren und abzusenden. Und immer wieder appelliert sie an den Heiligen Vater, dass er doch nach Rom zurückkehre. So viel persönliches Engagement und so viel Einmischung machen den Orden der Predigerbrüder sehr aufmerksam. Im Mai 1374 tagt ein Generalkapitel der Dominikaner im Konvent Santa Maria Novella in der Stadt Florenz. Der Orden lässt Caterina wissen, dass sie dort erscheinen soll. Mit drei Mitschwestern zieht Caterina in die Stadt der Paläste und Bankhäuser und nimmt im Haus ihres geflüchteten Bruders Bartolo Quartier.

Vor der Versammlung der Ordensbrüder steht sie ohne Furcht Rede und Antwort. Es sind nicht alles freundliche, brüderliche Augen, die sie betrachten. Da sind auch die kalten Blicke der Inquisitoren, die skeptisch gerunzelten Stirnen der Theologen und der arrogante Blick der Wissenschaftler. Die Rede der ungebildeten Frau – jetzt ist sie siebenundzwanzig Jahre alt – ist klar, direkt und oft überraschend provokant. Für die meisten muss übersetzt werden, denn Caterina kann kein Latein und viele Brüder sprechen kein Toskanisch. Alle sehen und spüren, dass an dieser Frau, die einmal ein schönes Mädchen gewesen ist, aber an der die Spuren jahrelanger Askese nicht übersehen werden können, an dieser Bußschwester, der Mantellata mit dem offenen und unbezwingbaren Blick, kein Makel zu finden ist.

Wie kann man ihr helfen?

Wie kann man sie kontrollieren?

Wie kann man sie schützen?

Raymondo da Capua wird als ihr neuer Beichtvater bestimmt. Dieser fünfundvierzigjährige erfahrene Jurist und Theologe hat in Bologna und Rom studiert und dort auch gelehrt. Er stammt aus adeligem Haus. Die delle Vigne sind eine Familie von erfahrenen Diplomaten. Ein Vorfahr hat als Kanzler Kaiser Friedrich II. gedient. Außerdem hat Bruder Raimund mit heiligen Frauen Erfahrung. Schließlich war er doch vier Jahre lang Rektor eines streng abgeschlossenen Dominikanerinnenklosters. Theologisch ist er ohnehin gegen weissagende und mystische Frauen eingestellt. Er wird als Lektor nach Siena versetzt, und nebenbei kann er „Caterina und ihre Schwestern leiten und zurechtweisen". Darüber hinaus ist er tatsächlich ein Schutz für Caterina. Denn in Siena liegt die Inquisition in den Händen der Minderbrüder, der Franziskaner. Und mit Raimund als Protektor wird es keiner der Hexenjäger wagen, am rechten Glauben der Schwester Caterina zu zweifeln. Mögen die anonymen Anzeigen noch so giftig sein.

Noch ahnt niemand, dass zwischen Raimund und Caterina eine tiefe und herzliche Beziehung entstehen wird. Dass Raimund von Capua einmal der Ordensmeister der Dominikaner sein wird, der Caterinas Politik der Wiederzusammenführung des durch das kommende Schisma der Kirche gespaltenen Ordens fortführt und vollendet. Und dass er ihr wichtigster Biograph werden wird.

Am 29. Juni 1374 kehrt Caterina mit ihren Schwestern, aber auch mit dem Bruder Bartolo und seiner Frau Lisa, die die Mutter besuchen wollen, nach Siena zurück. Tage später kommt zum zweiten Mal der schwarze Tod, die Pest, in die Stadt. Im August stirbt Bartolo. Caterina verliert auch eine Schwester sowie sieben Neffen und Nichten, die sie alle eigenhändig begräbt.

Als im Herbst die Pest erlischt, ist ein Drittel der Stadtbevölkerung tot. Dieser Frau, die Tag und Nacht ohne Furcht und Schrecken Kranke pflegt und Sterbende tröstet, wird später nachgesagt werden, dass unter ihren Händen auch wundersame Heilungen geschehen sind.

Die folgenden Jahre sind geprägt von Aufständen, Kriegen, politischen Ränken. Florenz verbündet sich mit Mailand und versucht einen Städtebund gegen den Papst zu schließen. Im Kirchenstaat erheben sich Städte gegen die verhassten französischen Legaten des Papstes, die das Land mit Steuern überlasten und aussaugen. Caterina gerät zwischen die Fronten. Einerseits steht sie treu auf der Seite des Papstes, andererseits interveniert sie auch für die freien Städte, vor allem für Florenz, um Frieden vor den gedungenen Landsknechten der Kirche. 1376 geht sie sogar als Gesandte der vom Papst gebannten Stadt Florenz nach Avignon. Sie sucht Vermittlung und Friedensschluss und sagt dem Heiligen Vater doch ungeschminkt ihre Meinung. Sie beschimpft aufs Gröblichste die Damen der Kardinäle. Das schafft ihr viele Feinde. Aber sie findet am Hof des Papstes einen Verbündeten. Es ist der Kardinal Bartolomeo Prignano, der Bischof von Bari. Er ist Italiener und in den schmutzigsten Straßen Neapels aufgewachsen. Jetzt ist er der Kopf der päpstlichen Finanzverwaltung. Als Vertrauter Caterinas ist er im Hintergrund sicher einer der maßgeblichsten Kirchenfürsten, die den Papst zur Rückkehr nach Rom bewegen. Viele der Kardinäle mögen dies gar nicht. Denn so ein luxuriöses und amouröses Leben wie in Avignon werden sie in Rom gewiss nicht haben. Am 17. Jänner 1377 zieht Papst Gregor XI. feierlich in Rom ein und nimmt Quartier im Vatikan. Die Stadt Rom ist kein freundlicher Aufenthaltsort. Schon gar nicht unter der Brutalität der päpstlichen Landsknechte. Das sind Bretonen mit keltischem Kampfgeist. Und ihre Befehlshaber sind nicht minder skrupellos. Als sich die kleine Stadt Cesena gegen die Ausplünderung durch einquartierte Truppen wehrt, wird sie auf Befehl des hinkenden und schielenden Kardinals Robert von Genf ausradiert. Die Bevölkerung – über viertausend Männer, Frauen und Kinder – wird abgeschlachtet. Robert von Genf, den man danach den „Schlächter" nennt, wird noch entscheidend von sich hören lassen. Der greise Gregor XI. ist dem allen nicht lange gewachsen, er stirbt 1378. Und unter dem Druck und dem Toben der römischen Bevölkerung wird endlich wieder ein Italiener zum Papst gewählt. Urban VI. ist niemand anderer als Bartolomeo Prignano, der sich in Avignon mit Caterina so gut verstanden hat. Er ist ein rauer Patron. Seine Antrittsrede wird zur offenen Beschimpfung der Kardinäle, zur Kampfansage an die alten Klüngel. Um einem Strafgericht zu entgehen, flieht der „Schlächter von Cesena", Kardinal Robert von Genf, nach Avignon. Von seiner kirchlichen Kamerilla lässt er sich dort zum Gegenpapst ausrufen. Jetzt trägt er den Namen Klemens VII. Die römische Kirche ist gespalten.

Caterina hat vor drei Jahren in Pisa vor dem Altar am Sonntag, dem 1. April 1375, eine mystische Stigmatisierung erfahren. Die Wundmale des Herrn gehen auf sie über, aber sie betet darum, dass es für andere Menschen nicht sichtbar sei. Und so geschieht es auch. Ihre Korrespondenz wird immer umfangreicher – nur dreihundertachtzig Briefe sind bis heute erhalten. Manchmal diktiert sie drei Sekretären gleichzeitig. Sie schreibt Kirchenfürsten, Päpsten, Ordensfrauen, ihren Verwandten, Landsknechtsführern wie dem gefürchteten Engländer John Hawkwood, der in Italien den Schreckensnamen „Giovanni Acuto" trägt. Sie mahnt, appelliert, bittet, fordert. Darüber hinaus diktiert sie ihr Hauptwerk, das *Buch von der göttlichen Lehre* oder *Gespräch von Gottes Vorsehung*. Sie nennt es nur „das Buch", die Nachwelt nennt es „den Dialog". Weil es ein Gespräch zwischen einer Seele – Caterina – und Gott ist. Vom Herbst 1377 bis zum Winter 1378 stehen ihre Schreiber Tag und Nacht bereit, um alles aufzuschreiben, wenn sie in Ekstase gerät.

Und sie predigt. Auf Bitte des Papstes, der sie kennt und liebt, kommt sie mit großer *famiglia* nach Rom. Sie kämpft für die Anerkennung Urbans. Mit allen ihren Kräften. Mit Worten, Briefen, Predigten. Aber die Kräfte gehen langsam zu Ende.

Denn die großen, vor allem seelischen Anstrengungen, die Ängste und Sorgen, die ihr das Kirchenschisma bereitet, lassen auch
ihren schon äußerst geschwächten Körper zusammenbrechen.
Sie isst überhaupt nicht mehr, und sie kann auch keinen Schluck
Wasser trinken. Caterina stirbt am 29. April 1380 im Alter von

Grablegung der heiligen Katharina

dreiunddreißig Jahren in Rom. Im darauf folgenden Mai wird Raimund zum Ordensmeister der Urban-treuen Dominikaner gewählt.

Sono sangue e fuoco.

Das hat Caterina, die Färberstochter aus Siena, von sich selbst gesagt, so berichtet Raimund. Ich bin das Blut und das Feuer.

So etwas könnte von einem großen Kriegsmann stammen, aber die zarte Frau aus Siena mit dem ausgemergelten Körper und dem stahlharten Willen meint etwas anderes. Ihr Blut ist das Opfer, und ihr Feuer ist die Liebe zu Gott und den Menschen.

Wer in der wunderbaren Landschaft der Toskana den Blick zum Himmel hebt und dem Wind in den Kronen der Pinien und Zypressen lauscht, der kann das sanfte Lied vom Blut und Feuer vielleicht hören.

Caterinas Lied.

Zeittafel

1308 Klemens V. entscheidet sich für den Sitz des Heiligen Stuhls in Avignon

Bis 1317 ereignen sich in Europa in wechselnder Folge Wetterkatastrophen von extremen Kältewintern und Dürresommern. Sie sind der Auftakt der „kleinen Eiszeit", einer Klimaveränderung, die bis in die Mitte des 19. Jahrhunderts dauert

1313 – 15 Große Hungersnöte in weiten Teilen Europas

1328 – 30 Hungersnöte in Italien

1339 Beginn des Hundertjährigen Krieges zwischen England und Frankreich

1347 Geburt Caterinas in Siena. Das genaue Datum der Geburt ist historisch nicht gesichert
Die Pest erreicht mit genuesischen Schiffen den Hafen von Messina. Die erste Pestwelle in den nächsten vier Jahren wird in ganz Europa 25 Millionen Tote fordern

1348 In Siena fordert die Pest zwei Drittel der Stadtbevölkerung. In ganz Europa beginnen die sogenannten Geißlerzüge

1354 Erste Vision Caterinas. Gelübde der Jungfräulichkeit
8. Oktober: Der Volkstribun Cola di Rienzo wird in Rom bei einem Aufstand erschlagen

1364 Caterina tritt in Siena bei den Bußschwestern des heiligen Dominikus ein

1367 Mystische Vermählung Caterinas
Papst Urban V. kehrt nach Rom zurück

1368 Caterinas Vater, der Färbermeister Jacopo Benincasa, stirbt
Aufstand in Siena
Caterina rettet ihre politisch engagierten Brüder. Ihr Freundeskreis, die *famiglia*, beginnt sich zu formieren

1370 Urban V. ist nach Avignon zurückgekehrt und stirbt dort
Sein Nachfolger wird Gregor XI.
Caterina beginnt mit Briefen ihre „politische" Tätigkeit

1374 Im Mai besucht Caterina das Generalkapitel der Dominikaner

in Florenz. Raimund von Capua wird als ihr Beichtvater
bestimmt

Im Sommer bricht wiederum die Pest in Siena aus. Caterina
pflegt unerschrocken Kranke. Sie verliert viele Familienangehörige

1375 Caterina begibt sich im Interesse des Papstes nach Pisa und
Lucca. 1. April: mystische Stigmatisierung in Pisa

1376 Am 18. Juni trifft Caterina als Gesandte der Stadt Florenz am
päpstlichen Hof in Avignon ein. Am 13. September verlässt
Papst Gregor XI. Avignon und zieht am 17. Jänner des folgenden Jahres feierlich in Rom ein

1377 Caterina beginnt mit der Abfassung des *Dialogs*

1378 Caterina vermittelt im Krieg zwischen Florenz und dem Papst

27. März: Gregor XI. stirbt

8. April: Wahl Urbans VI.

20. September: Wahl des Gegenpapstes Klemens VII. Das
Schisma der Kirche beginnt

Im Oktober beendet Caterina den *Dialog*. Am 28. November
kommt sie zur Unterstützung Urbans VI. nach Rom

1380 Caterina stirbt am 29. April in Rom. Am 12. Mai wird
Raimund von Capua zum Ordensmeister der Urban-treuen
Dominikaner gewählt

1385 Am 5. Oktober wird Caterinas Kopf als Reliquie von Rom
nach Siena übertragen

1414 – 18 Das Konzil von Konstanz beendigt das Kirchenschisma

1461 Am 29. Juni spricht Papst Pius II. Caterina heilig

1866 Pius IX. erklärt Caterina zur Mitpatronin von Rom

1939 Pius XII. erklärt Caterina zur Mitpatronin von Italien

1970 Am 4. Oktober erklärt Paul VI. Caterina zur Kirchenlehrerin

Die Reinheit des Feuers

Auf der Piazza della Signoria
in der freien Stadt Florenz
A. D. 1497, am 7. Februar,
dem Karnevalstag (Faschingsdienstag) abends

Auf ein Zeichen des Priors werden brennende Fackeln gegen die Pyramide geworfen. Gierig fressen sich die ersten Flammenzungen nach oben. Jubel braust auf, und von allen Seiten des großen Platzes vor dem Palazzo della Signoria, dem Palast der Stadtregierung, ertönen inbrünstige fromme Gesänge. Tausende Menschen haben sich hier eingefunden, die mit hoch erhobenen Fackeln den Platz taghell erleuchten. Viele Kinder sind dabei, überwiegend Knaben in weißen Chorhemden. Kaum zehn Jahre alt die meisten, aber in strenger Ordnung wie Soldaten angetreten und mit derben Stöcken bewaffnet. *Angeli custodi* werden sie genannt, die Schutzengel des Priors von San Marco, dem sie begeistert folgen, ja hörig sind.

Dieser Frate Girolamo Savonarola steht dicht umdrängt von seinen Mitbrüdern aus dem Konvent San Marco, dem Reformkloster der Dominikaner in Florenz. Seit er 1482 zum ersten Mal als Mönch nach Florenz kam, seit er 1491 der Prior von San Marco wurde, streben er und seine Mitbrüder, im Gegensatz zum größeren Florentiner Konvent Santa Maria Novella, die Rückkehr zu den alten Ordensregeln, zu den strengen Observanzen der Dominikanermönche an. Denn vieles von den Regeln des Ordensgründers Dominikus hat sich in den letzten hundert Jahren gelockert. Besonders das Gebot der Armut wird nicht mehr so ernst genommen, auf Erlass des Papstes Martin V.

von 1425 dürfen die Dominikanerklöster sogar schon Grund-besitz haben. Und generell kann man sagen, dass der Orden reich geworden ist. Die Ordenshäuser sind auch meist schon mit Kunstwerken geschmückt und prunken mit eindrucksvollen Fresken und Deckengemälden. Ein Gräuel für einen echten Fundamentalisten.

Doch jetzt befindet sich der Prior Fra Girolamo auch auf dem Höhepunkt der Auseinandersetzungen um die Macht in Florenz. Er will hier einen Gottesstaat errichten und fühlt sich als prophetischer Führer des rechtmäßigen Glaubens bereits unmittelbar vor dem Sieg stehend. Denn die Stadt scheint ihm zu gehören.

Dieser Karnevalstag geht mit der hier zelebrierten „Ver-brennung der Eitelkeiten" zu Ende. Er begann mit einer Messe samt donnernder Predigt im Dom, mit Hunderten, die zur Kommunion gingen, mit einer Prozession zum Kloster San Marco und einer anschließenden großen Almosensammlung durch die ganze Stadt. Seit Anbruch des Abends haben sich aus allen Richtungen Züge von Betern mit Fahnen, Kruzifixen und Büscheln von Olivenzweigen in den Händen zur Piazza bewegt. Viele haben dabei in religiöser Verzückung Tränen vergossen, und Mönche sollen sogar auf den Straßen vor Hingabe getanzt haben. Ab morgen herrscht die strenge Fastenzeit, und die Sittenwächter des Savonarola werden die Stadt und ihre Bürger noch mehr an die Kandare nehmen.

Seine Predigten im Dom werden gegen „das Elend der Welt, die Bosheit der Menschen, die Unzucht, die Ehebrüche, die Räubereien, den Hochmut, den Götzendienst und die rohen Gotteslästerungen" hallen, und er wird seine Zuhörer in Grund und Boden wettern und seine Anhänger vor Fanatismus rasen lassen. Denn er ist ihr Idol, ihr Schrecken und die Faust Gottes, die sie mit frommem Schauder über ihren Häuptern wähnen. Und hier und jetzt sehen sie es vor sich – das lodernde Feuer, die Kraft der Tugend.

Seit Tagen haben Zimmerleute mit Billigung und auf Kosten der Stadt diesen besonderen Scheiterhaufen errichtet. Im Zentrum steht ein Mast von dreißig Ellen – zwanzig Metern – Höhe. Der trägt starke Querhölzer an der Spitze, und von dort gehen nach allen Seiten kräftige Stämme schräg nach unten, sodass sie das Grundgerüst eines mächtigen Kegels mit dem Umfang von siebzig Metern bilden. Der ist vollständig mit Reisig ummantelt, das man mit Pech, Ölen und Fetten bestrichen hat, damit es auf alle Fälle gut Feuer fängt. Auch Schießpulver wurde stellenweise eingemischt, um das Aufblitzen und Hochschießen der Flammen zu verstärken.

Rund um den Kegel sind dann in sieben Stufen große Borde angezimmert, auf denen fein säuberlich alles gestapelt und geschlichtet wurde, was dem Feuer zum Opfer fallen soll. Sieben Stufen, das sind nicht die sieben Stufen des babylonischen Tempels, sondern das Symbol für die sieben Todsünden.

Auf der untersten Stufe sind grellbunte Karnevalskleider und Masken aus den vergangenen Jahren angehäuft. Aber auch Ballen von Stoffen mit unzüchtigen Mustern. Da finden sich edle Brokate und Damaste genauso wie auch einfach gewebte Narrenkittel.

Eine Stufe höher sind unsittliche Werke heidnischer Autoren, wie Ovid, Aristophanes und Lukian, aber auch christlicher Dichter, wie Boccaccio und Petrarca und Pulci. Darunter neben feinen venezianischen Drucken auch handgeschriebene Kostbarkeiten, Schriftrollen und kunstvolle Buchmalereien. Alles anstößig.

Eine Etage höher finden sich verführerische Kosmetika, Duftsalben, Badeessenzen, Puder, Schminken, Perücken, Schleier, Kämme, Spiegel und allerlei zierliches Gerät, das Damen und Herren zur Verschönerung ihres Äußeren dient. Darüber Musikinstrumente und Liederbücher mit frechen Canzoni. Neben Cembali türmen sich Harfen, Lauten, Gitarren, Dudelsäcke und Gamben. Bei den Musikalien gibt es auch reich verzierte Spieltische mit Karten, Würfeln und allerlei Schachbrettern.

141

Kunstwerke versammeln sich auf der sechsten Stufe. Solche, die nicht gottgefällig sein können, denn sie zeigen nackte Figuren und Menschen in verführerischen Kostümen, seien es Zeichnungen oder Gemälde. Auch Büsten schöner Frauen und eitler Jünglinge aus Antike und Gegenwart sind darunter zu finden. Die obersten Schandobjekte sind dann Bildnisse und Statuetten von alten Göttern, Helden und Philosophen; seien sie aus Holz, Wachs oder Marmor. Das rasende Feuer soll alles vernichten.

Auf der Spitze des Kegels ist eine grässliche Figur aufgesetzt. Monströs, mit Ziegenbeinen und wildem Bart. Sie soll den gotteslästerlichen Karneval darstellen, der – gelobt sei der Herr! – in den letzten Jahren in dieser Stadt nicht mehr veranstaltet werden durfte.

Aber noch ein Bildnis ist da oben zu finden. Immerhin hat alles, das hier herangeschleppt wurde, auch seinen Wert. Und für weltliche Augen ist vieles sogar sehr kostbar. Daher hat vor Tagen ein venezianischer Kaufmann der Signoria zweiundzwanzigtausend Goldflorin in bar angeboten, wenn sie ihm alles pauschal überlässt. Der Signoria steht in diesem Monat Francesco Valori vor. Und der ist ein ergebener Anhänger des Savonarola. Zur Warnung beauftragte man daher einen mittelmäßigen Maler, den Venezianer zu porträtieren. Und dessen Bildnis hängt nun ebenfalls an der Spitze des Feuerkegels ...

Es hat die ganze Karnevalszeit gebraucht, um alle diese Güter zur Verbrennung zusammenzutragen. Und es war das Werk der „Schutzengel", der Kinder, die Savonarola mobilisiert hat. Denn er hat für Florenz eine eigene Polizeitruppe aufgestellt, einen Staat im Staate, eben diese Kinderpolizei mit den Chorhemden, den Stöcken und den Klingelbeuteln. Fra Girolamo Savonarola, der Diktator Gottes, ist nicht nur ein Besessener, ein Fanatiker des Glaubens, er ist auch ein hervorragender Stratege, Organisator und Seelenkenner. Er weiß, dass man nichts so leicht manipulieren kann wie Kinderherzen. Immer wieder hat er sich in seinen Predigten im Dom oder im Konventsgarten von San

Marco direkt an die Kinder gewendet. Ihre soziale Stellung in den kleinbürgerlichen Familien und im öffentlichen Leben ist gering beziehungsweise überhaupt nicht gegeben. Daher ist es nicht verwunderlich, dass sie jeden – noch dazu einen frommen Gottesmann – bewundern und ihm nachlaufen, der in ihnen das sieht und lobt, was sie hervorhebt: Unschuld, Reinheit, Engelsgleichheit. Im Dom hat Savonarola eigene Stufentribünen errichten lassen, damit die Kinder seinen Strafpredigten gegen die verdorbene Welt der Erwachsenen auch gut folgen können. Es ist klar, dass Fra Girolamo Knaben den Mädchen vorzieht, denn Letztere werden sehr bald schon zu jungen Frauen. Frauen aber findet der fromme Diktator grundsätzlich als minderwertig.

In jedem der vier Viertel der Stadt ist im wahrsten Sinne des Wortes eine Kinderpolizei installiert. Ein kindliches Oberhaupt hat vier Berater, denen Kinder mit weiteren Ämtern untergeordnet sind. Da gibt es die „Friedensstifter", die die Aufrechterhaltung der Eintracht sichern sollen. Da gibt es die „Mahner", die Zurechtweisungen erteilen. Die „Almosensammler" sind besonders lästig. In Gruppen überfallen sie förmlich die Passanten, und wer nicht spendet, kann mit groben Stockhieben rechnen. Da es in Florenz an den Hauswänden auch freche Sprüche und frivole Bilder gibt, hat die Gruppe der kindlichen „Säuberer" die Aufgabe, solche Anstößigkeiten zu übertünchen.

Es ist ein ausgebautes und ausgedehntes Denunziationssystem, das der Prior von San Marco über Florenz ausgebreitet hat. Niemand wagt es, sich diesen frommen Kinderbanden zu widersetzen. Er würde es wahrscheinlich mit dem Leben bezahlen. Niemand wagt es mehr, auf der Straße ein fröhliches Lied zu singen, einer Belustigung nachzugehen. Frauen dürfen keine auffälligen oder luxuriösen Kleider tragen. Studenten haben den Blick zu Boden zu senken. Hochzeitszüge sind wegen deren sittlicher Gefahr verboten. An höheren Schulen dürfen nur mehr Homer, Vergil und Cicero unterrichtet werden, ein Durchschnittsmensch braucht ohnehin nur Kenntnisse der Grammatik, gute Sitten und vor allem Religionsunterricht. In den Wissenschaften sollen nur einige wenige ausgebildet werden, um Auseinandersetzungen mit feindlichen Gelehrten führen zu können. Mütter sollen keine Ammen bestellen, damit nicht die Gesinnung der niederen Menschen in ihre Kinder einfließt. In der Kunst sind Darstellungen nackter Körper unkeusch und verderblich, Porträts von Privatmenschen hoffärtig und eitel. Jede realistische Darstellung nach der Natur ist als „sinnliche, heidnische Richtung" gottlos. Nur Bilder oder Plastiken, die der göttlichen Verehrung und der Besinnung dienen, können geduldet werden. So wie die religiösen Fresken des Dominikanerbruders Fra Angelico, die die Räume des Klosters San Marco zieren.

Aus vielen Bürgerhäusern werden daher zu verbrennende *vana glorie*, also Eitelkeiten, freiwillig abgeliefert, in andere dringen die Kinder einfach ein. Manchmal wehren sich die Besitzer gegen den Raub, deshalb schickt die Signoria zum Schutz der Kinder auch bewaffnete Männer mit. Schließlich darf den „Engeln", die mit ihren Stöcken so gerne das Mobiliar gleich an Ort und Stelle zerschlagen, doch kein Haar gekrümmt werden!

Als die mächtige Pyramide im Vollbrand prasselt und funkenstiebend mit Getöse in sich zusammenstürzt, steigt ein gewaltiger Schrei der Begeisterung von der Piazza in den Nachthimmel über Florenz.

Der Frate Girolamo hält in der hoch erhobenen Rechten ein Kreuz und starrt unverwandt auf seine geöffnete linke Handfläche. Darauf liegt ein winziger, aus Elfenbein geschnitzter Totenkopf, den er stets mit sich führt. In Momenten des Triumphes oder in stundenlangem Schweigen betrachtet er ihn mit höchster Konzentration. Damit nicht er selbst dem Hochmut und der Eitelkeit verfällt.

Geboren wurde der nun fünfundvierzigjährige Mönch 1352 als dritter von fünf Söhnen des Kaufmanns und Bankiers

Niccolo Savonarola und seiner Frau Helena in der Stadt Ferrara. Savonarolas Großvater, Michele, war ein berühmter Arzt und medizinischer Schriftsteller, der aus Padua stammte. Als Humanist und Wissenschaftler lehrte er an der Universität von Ferrara, die bereits 1391 gegründet worden war. Als er stirbt, ist sein Enkel Girolamo, der später den Humanismus verteufeln wird, gerade sechzehn Jahre alt und mit dem Studium der *artes liberales* beschäftigt. Er soll ebenfalls Arzt werden. Der Medizinstudent Girolamo ist ein lebenslustiger junger Mann. Er beschäftigt sich auch mit der Schönheit der italienischen Literatur, mit der Kunst des Lautenspiels und der Dichtung. Die Savonarolas haben ihr Haus in Ferrara neben dem der Strozzis. Die Strozzis sind schon 1434 aus Florenz hierher gekommen. Von dort wurden sie als Gegner der mächtigen Medici in die Verbannung getrieben. Der junge Girolamo verliebt sich unsterblich in Laudomia, das Mädchen aus dem Nachbarhaus. Die ist zwar nur die uneheliche Tochter des Roberto Strozzi, aber sie scheint ihm unendlich begehrenswert. Als er sich ihr erklärt, erfährt er eine eitle Antwort, die sein Leben prägen wird:

„Wie, du bildest dir ein, das vornehme Blut und Geschlecht Strozzi lasse sich zu einer Verbindung mit dem Hause Savonarola herab?"

Diese Ablehnung, diese die Ehre verletzende Abfuhr und Zurechtweisung trifft ihn wie ein Dolch. Als er träumt, dass ihm ein eiskalter Wasserfall auf den Kopf herabstürzt, ist seine Auslegung voll auf diese Kränkung fixiert. Das eiskalte Wasser der Reue und der Reinigung von Eitelkeiten, das irdische Triebe auslöscht, zeigt ihm, dass er nicht ein Arzt für den Körper, sondern ein Arzt für die Seele werden muss. Er ist berufen, gegen das „Verderben der Welt" und das „Verderben der Kirche" anzutreten. So betitelt er auch seine beiden polemischen Gedichte, die er gegen den Herzog von Ferrara und gegen die Kurie richtet, kurz bevor er in Bologna am 27. April 1475 in den Orden des heiligen Dominikus eintritt. Seinen Taufnamen behält er als

Ordensbruder bei. Vier Jahre später kehrt er nach Ferrara zurück und studiert hier Theologie.

1482 gibt es zwischen Ferrara und Venedig Krieg. Der Dominikanerkonvent in Ferrara wird vorsichtshalber geräumt, die Brüder werden in sicherere Städte geschickt. Fra Girolamo kommt nach San Marco in Florenz. Den innerhalb des Konvents mehrheitlich fundamentalistisch eingestellten Brüdern in San Marco schließt er sich sofort an. Aber die Florentiner schätzen den neuen Dominikaner überhaupt nicht. Seine Predigten werden ganz wenig besucht, aber umso häufiger bespöttelt. Was sind das für Manieren? Diese rohe, ungebildete lombardische Redeweise, dieser raue Akzent, diese ungewählten Sätze, diese plumpen Gesten, dieses hastige und gewaltsame Eifern. Welch ein Provinztölpel! Wie herrlich ist doch der Prediger Fra Mariano in Santo Spirito dagegen! Mit seiner sonoren Stimme, dem gewählten Ausdruck, der kunstvollen Redewendung und der Harmonie der Kadenzen ...

Fra Girolamo fühlt sich in jedem Punkt seiner Vorurteile gegen diese Stadt der Banken und Paläste, der Bordelle und Straßenfeste bestätigt – Florenz, das ist ein Sündenpfuhl. Er verlässt die Stadt, sooft es ihm erlaubt wird. Als er 1487 nach Ferrara zurückkehren kann, beginnt er sich speziell in der Redekunst auszubilden. Verbissen feilt er an seiner Rhetorik, er lernt mühsam den toskanischen Dialekt, aber er wird sich nie wieder von diesen aufgeblasenen Florentinern beschämen lassen. Nach Aufenthalten in Brescia, Pavia und Genua kehrte er 1490 als Lektor in das Kloster San Marco, nach Florenz zurück. In die Stadt des Lorenzo de' Medici, des ungekrönten absoluten Herrschers, den man *il magnifico*, den Prächtigen, nennt.

Diese Medici sind für Savonarola im wahrsten Sinn des Wortes das rote Tuch, mit dem sie sich auch fürstlich kleiden. Einst nichts als Kaufleute und Krämer, haben sie sich zu Bankiers aufgeschwungen, und durch geschickte Schachzüge, vor allem als Bankiers der Päpste, wurden sie übermächtig. Cosimo, der Großvater des Magnifico, hat dann als politischer Anführer der Popolanen, der guelfischen Volkspartei, auch die Stadtregierung übernommen. Ohne die Republik anzugreifen, ist es ihm gelungen, mit Geld und Einfluss alles in Florenz in den Griff zu bekommen. Eine kurze Verbannung der Medici blieb ein Zwischenspiel, politische Intrigen, Mordanschläge, Verschwörungen, alles überstanden sie wundersam. Und nun regiert dieser Schöngeist, dieser Universalkünstler, dieser Förderer der Platonischen Akademie, der Literatur, der Steinmetzkunst, der Musik und Philosophie. Dieser Lorenzo.

Im Juli 1491 wird der nun redegewaltige Fra Girolamo zum Prior von San Marco gewählt. Und er verweigert dem Lorenzo de' Medici, dessen Großvater Cosimo das Kloster San Marco wieder aufgebaut hatte, auch gleich die gebührende Reverenz eines Antrittsbesuches. Gott habe ihn zum Prior bestellt, nicht der Magnifico, lässt er alle wissen. Und er prophezeit den Tod des Tyrannen. Der Papst, König Ferdinand von Neapel und dieser Medici, sie würden bald sterben, sagt er voraus. Kein großes Kunststück der Weissagung, meinen Spötter. Denn es ist bekannt, dass alle drei sehr krank sind. Aber der florentinische Mittelstand, die vielen Handwerker, die kleinen Kaufleute, die Wollfärber, die einfachen Leute, sie beginnen dem neuen Prior bei seinen Buß- und Fastenpredigten zuzulaufen. Der Hof von San Marco wird oft zu klein, um alle aufzunehmen, die Fra Girolamo predigen hören und vor allem sehen wollen. Wenn er wie mit Naturgewalt in Redefluten ausbricht, wenn seine Gestik den kleinen schmächtigen Mann scheinbar emporwachsen lässt, wenn sich sein schmales Raubvogelgesicht mit der markanten Hakennase in Leidenschaft verzerrt und seine dunklen Augen zu brennen beginnen.

Als Lorenzo auf dem Totenbett liegt, lässt er den Prior von San Marco zu sich rufen. Er hat dessen Polemik gegen sein Haus mit Nachsicht geduldet. Savonarola, der bis dahin jede Begegnung mit Lorenzo bewusst vermieden hat, bleibt nun nichts anderes übrig, als ins Landhaus des Medici in Careggi, wo er sich zum Sterben zurückgezogen hatte, zu gehen. Nach dem 8. April 1492, dem Todestag des Lorenzo, schwirren Gerüchte durch die Stadt. Über die Forderungen, die der Dominikaner gegenüber dem Sterbenden erhoben hat. Und über die Frage, ob er ihm nun die Sterbesakramente gespendet hat oder nicht. Die Forderung, zu bereuen, hätte Lorenzo akzeptiert, die Forderung nach Aufgabe seines Vermögens erst nach längerem Nachdenken. Aber die Forderung nach Aufgabe der Herrschaft über Florenz hätte er verweigert, indem er sich einfach im Bett zur Wand umdrehte und schwieg. Savonarola hätte daraufhin das Zimmer verlassen. Andere wiederum sagen, die beiden hätten doch miteinander gebetet und es wäre alles nach den Gesetzen des Glaubens und der Kirche geschehen. Am 26. Juli 1492 stirbt der greise Papst Innozenz VIII., dessen Sohn Franceschetto Cibo mit Lorenzos zweiter Tochter Maddalena verheiratet ist. Im August wird der Spanier Rodrigo de Borja zum Papst gewählt. Als Alexander VI. wird er samt seiner Familie als „die Borgia" berühmt werden.

Noch zwei Jahre kann sich Piero, der Sohn des Lorenzo de' Medici, in Florenz halten. Aber der Magnifico hatte mit seinem riesigen Aufwand für Kunst und Kultur das Bankhaus wirtschaftlich geschwächt, und Piero ist nicht der Diplomat wie sein Urgroßvater Cosimo und auch nicht der glanzvolle Herrscher wie sein verstorbener Vater. Am 9. November 1494 werden die Medici gestürzt, und Piero sowie sein Bruder Giovanni, der mit seinen neunzehn Jahren bereits Kardinal ist – Lorenzo hat dieses Amt für seinen Sohn gekauft –, müssen flüchten. Die Volksversammlung am 2. Dezember berät und beschließt eine Verfassung, die am 23. Dezember erlassen wird. Fra Girolamo hat alle seine Möglichkeiten ausgeschöpft – Reformen und Verfassungsänderungen diktiert er förmlich mit seinen Predigten von der Kanzel herab. Außerdem prophezeit Savonarola die Ankunft eines neuen *kyros*. Für ihn ist es eine religiöse Vision, aber König Karl VIII. von Frankreich hatte schon längst beschlossen, in Italien einzumarschieren. Ihm ging es um Macht, denn persönlich war er eine gefährliche Mischung aus mangelnder Intelligenz und Größenwahn. Savonarola rät den Florentinern, die Franzosen ungehindert in die Stadt einmarschieren zu lassen. Die bleiben nur ein paar Tage, dann ziehen sie südwärts. Doch vorher war der Prediger dem französischen König entgegengeeilt und hat ihn inmitten seines Feldlagers über seine wahre Aufgabe und Bedeutung für die Kirche und den rechten Glauben belehrt. Furchtlos hat er den König eine halbe Stunde lang angebrüllt. Wäre Karl VIII. nicht auch noch abergläubisch gewesen, hätte er den unbedeutenden Mönch sofort an den nächsten Baum hängen lassen. So verdankt Florenz dem Savonarola die Schonung durch die bestens bewaffneten Franzosen. Und was später auch immer über ihn Schlechtes gesagt werden kann, so doch nicht, dass er je feige gewesen wäre. Karl, der später auch Rom erobert und im Königreich Neapel seine Ansprüche durchsetzt, bringt mit seinen Truppen auch ein anderes hässliches Geschenk nach Italien – die sogenannte französische Krankheit. Diese Seuche wird ebenso wie die Pest die nächsten Jahrhunderte in Europa mitbestimmen. Sie kommt über Spanien aus der Neuen Welt, die erst vor zwei Jahren betreten wurde – die Syphilis.

Im Juli 1495 zitiert Papst Alexander VI. den „schwatzenden Bruder", wie er Fra Girolamo Savonarola zu Florenz nennt, vor den Heiligen Stuhl in Rom. Der Brief ist freundlich gehalten, der Borgia möchte angeblich nur über die visionären Eigenschaften des Priors näher Bescheid wissen. Aber Savonarola riecht den Braten – und entschuldigt sich ebenso formvollendet wegen gesundheitlicher Probleme. Im Oktober erteilt der wütende Papst ein Predigtverbot für den Frate. Der hält sich nur kurz daran, denn seine Gesinnungsgenossen, seine Anhänger und seine fanatische Jugend haben die Herrschaft in Florenz übernommen. Die Partei der *frateschi* bestimmt in Florenz das Leben. Aus dem Prior war der mächtigste Innenpolitiker von

Florenz geworden. Selbstverständlich gab es auch viele Gegner und politische Kräfte, die ihn gerne im ewigen Jenseits gesehen hätten. Besonders die *compagnacci*, eine Geheimgesellschaft junger Adliger, sind ihm feindlich gesinnt. Manche von ihnen haben Verbindung zu Piero de' Medici, der im Exil auf seine Chance lauert. 1495 und 1496 sind mehrere Attentatsversuche auf Savonarola fehlgeschlagen. Gerichtsverfahren gegen Attentäter gibt es keine, die aufgeputschten Anhänger des Priors haben diese zumeist an Ort und Stelle erschlagen.

„Verbrennungen der Eitelkeit" wie an diesem Karnevalstag sind aber nicht die Erfindung des Girolamo Savonarola. 1474 hat er so etwas in seiner Vaterstadt Ferrara bereits gesehen. Der Franziskaner Giovanni Capestrano, Inquisitor in Italien, wurde 1451 von Rom aus nach Österreich, Böhmen und Mähren entsandt, um die Hussiten in den Schoß der Kirche zurückzuführen. In deutschen Städten wie zum Beispiel Nürnberg hat Capestrano viele solcher Scheiterhaufen „gegen die Eitelkeiten" errichten lassen. Einer seiner Mitbrüder, Bernhardin von Siena, hatte schon zur Fastenzeit 1412 in Florenz und im selben Jahr nochmals im Juli solch einen Scheiterhaufen aufgeschichtet. Die predigenden Franziskanermönche waren die radikalsten und extremsten Bußprediger Europas. In Italien schürten sie mit größter „Volkstümlichkeit" den Hass gegen die jüdischen Menschen, die sie Blutsauger nannten. In Florenz hatte 1488 der Minderbruder Bernhard von Feltre sogar ein Pogrom gegen einen jüdischen Pfandleiher angezettelt. Aber die *otto di guardia*, die Polizeigewalt der Stadt, hat diesen radikal antisemitischen Franziskaner vor die Stadttore geworfen. Und was auch dem Dominikaner Girolamo Savonarola die Nachwelt einmal Übles anlasten wird – den Vorwurf des Antisemitismus darf keiner erheben. Wenn der Frate Predigten voll Donnergrollen gegen Wucherer und Zinsgeier erhob, dann meinte er stets die christlichen Kaufleute und Bankiers der Stadt. Ein böses Wort gegen

Juden hat er nie gesagt. Die von ihm ausgelösten Änderungen im Steuerwesen entlasteten die ärmeren Schichten – er ließ die allgemeine Salzsteuer aufheben – und belastete dafür das Großkapital. Ohne dass es noch laut wurde, wuchs hinter den schweren Türen der Palazzi der Reichen dementsprechend der Unmut.

Der Einfluss und die Ausstrahlung Savonarolas ging bereits über den Stadtstaat Florenz hinaus. In Ferrara, seiner Vaterstadt, versuchte Herzog Ercole d' Este, von Savonarolas Ideen entzündet, ebenfalls einen Gottesstaat einzurichten. Mit zweitägigem allgemeinem Fasten in jeder Woche, Pflichtbesuch im Dom für jedermann, Prozessionen zur Herbeiführung politischer Entscheidungen sowie strengen Strafen für Gotteslästerung und außerehelichen Geschlechtsverkehr. Der Briefverkehr zwischen dem Herzog und dem Prior in Florenz war rege.

In Florenz war es überdies schon seit langer Zeit eine Karnevalssitte, auf der großen Piazza Reisighütten zu errichten, die dann in der Nacht vor dem Aschermittwoch zur Belustigung verbrannt wurden. Aber da diente der Karneval ohnehin noch der Freude des Volks und dem Prunk und den Ausschweifungen der Patrizier und des Adels. *Carne vale* – Fleisch ade! Das waren die Festtage des Überflusses, der Völlerei und der Trunksucht vor der Fastenzeit. Mit belebten Straßen, öffentlichem Tanz, frechen Liedern und herrlichen Maskenzügen. Niemand konnte schönere und teurere veranstalten als Lorenzo il magnifico. Dessen Geschmack und Bildung so vollendet war, dass jeder Karnevalswagen, der durch die Stadt fuhr, ein geniales Kunstwerk aus edelsten Stoffen war. Die glühenden Augen des Dominikaners, des noch unbeholfenen Predigers von San Marco, die diese Umzüge voll Abscheu verfolgten, nahm kaum einer ernst. Der Bruder im schwarzen Mantel starrte dann wieder stundenlang auf seinen elfenbeinernen Totenkopf, um seine Wut und seinen Ekel in der gekränkten Seele niederzukämpfen.

Die in sich zusammengesunkene Feuerpyramide inmitten des großen Platzes ist noch immer von beachtlicher Größe. Sie wird noch stundenlang schwelen, die nur langsam verglühenden Holzbalken werden so viel Hitze abstrahlen, dass man in weitem Umkreis die empfindliche Kühle der Nacht nicht spürt. Und nur langsam wird der Wind die beißenden Rauchschwaden auseinander treiben und auflösen. Die Ordensbrüder, die Schaulustigen, die aufgebotenen Formationen von Kindern und Jugendlichen beginnen sich wieder in ihre Stadtviertel zurückzubegeben. Neben stillen Betern gibt es hysterisch Kichernde, viel schwatzhaftes Raunen und schon wieder einigen frommen Gesang. Die Bewaffneten der Stadtwache bleiben aber aufmerksam. Wer weiß, ob unter den vielen Menschen nicht auch solche sind, die auf die Gelegenheit eines schnellen Dolchstoßes, eines ausbrechenden Tumults, einer handfesten Schlägerei warten.

Das flackernde Licht der Fackeln zeichnet schnelle Schatten in die Gesichter der Menschen. Man kann sie nicht immer sofort erkennen. Ist der junge Mann mit den kühlen Augen im runden Gesicht da drüben, ja, der im schwarzen Mantel, nicht Messer Niccolò, der talentierte Notarius und Sohn des angesehenen Juristen Machiavelli? Und der da eben vorbeiging, der schön gewachsene Mittvierziger mit den langen Haarlocken, der sah aus wie Meister Leonardo, der Festungsingenieur. Wie kann das sein? Dient der nicht schon seit vielen Jahren am Hofe des Herzogs Ludovico Sforza in Mailand? Es gibt ein Gerücht, dass er wieder nach Florenz zurückkehren will. Besucht er hier einflussreiche Freunde? Der dort drüben im groben Umhang, der immer Marmorstaub in den zerrauften Haaren hat, dessen Bauerngesicht mit der gebrochenen Nase kennt man trotz seiner Jugend schon ganz gut in Florenz. Der erst zweiundzwanzigjährige Messer Buonarroti, den man Michelangelo ruft, hat die Steinmetzarbeit noch in der Schule des Lorenzo gelernt. Es gibt schon einige schöne Arbeiten von ihm in Florenz. Da ist der Meister Sandro Botticelli, jetzt dreiundfünfzig Jahre alt, doch von frömmerem Geiste. Er ist ein Schüler des Fra Filippo. Und wenn auch seinerzeit von den Medici gefördert, ist er doch ein überzeugter Anhänger des Priors von San Marco. Kann man so malen, wie Fra Girolamo fromm ist?

Kann man so Politik machen?

Am Himmelfahrtstag, dem 4. Mai 1497, wird Savonarola im Dom predigen. In der Nacht zuvor verschmutzen Eindringlinge die Kanzel, sodass sie abgehobelt werden muss, bevor der Frate sie besteigt. Während der Predigt wird im Dom durch Lärm ein Tumult ausgelöst, und Savonarola muss die Predigt abbrechen. Im Mai exkommuniziert der Papst den Prior von San Marco, im Juni wird die Exkommunikationsbulle in Florenz verkündet. Aber noch steht die Signoria, in der Mehrzahl *frateschi*, hinter Savonarola und richtet eine Petition an den Papst, die Exkommunikation zurückzunehmen. Die Kaufleute gehen aber auf Distanz. Savonarola zieht sich zurück. Im Jänner und Februar 1498 ist die Signoria wieder mehrheitlich aus Anhängern Savonarolas zusammengesetzt. Der beginnt erneut zu predigen und führt am Karnevalstag, dem 17. Februar 1498, eine weitere „Verbrennung der Eitelkeiten" durch. Papst Alexander VI. geht nun voll in die Offensive. Er verlangt die Auslieferung Savonarolas. Florenz lehnt zunächst ab, verbietet aber dem Savonarola das Predigen. Der publiziert eine Abhandlung *Über die Regierung der Stadt Florenz* und predigt noch einmal, ein letztes Mal, öffentlich: am 18. März.

Jetzt fordern die Franziskaner, die sich plötzlich stark fühlen, die Dominikaner heraus. Eine Feuerprobe soll stattfinden. Aber die streitenden Parteien gehen am Abend des 7. April auseinander, ohne dass der Holzstoß, durch den die Mönche gehen sollen, entzündet worden ist. Am nächsten Morgen predigt Savonarola in San Marco. Am Nachmittag, zur Zeit der Vesper, kommt es dann im Dom zu einem Tumult. Gegner des Savonarola rotten sich zusammen, bewaffnen sich und stürmen nach San Marco. Ein Gerücht wird schnell verbreitet: Wer Savonarola fängt, wird tausend Goldgulden erhalten.

Der Kampf tobt die ganze Nacht, bis endlich das Klostertor in Flammen aufgeht. Savonarola und zwei seiner Mitbrüder werden verhaftet. An die zwanzig Tote soll es gegeben haben. Eine Verhaftungswelle geht durch die Stadt, die Stadtregierung wird umgebildet. Savonarola hält das Verhör unter der Folter nicht lange durch. Nachdem man ihm mit einem Rollenzug die Schultergelenke ausgekegelt hat, gesteht und unterschreibt er, dass er kein Prophet ist, dass er seine Worte nicht von Gott hat und dass er gegen Gottes Geist gepredigt hat. Der Konvent von San Marco sagt sich in einem Schreiben an den Papst vom Mitbruder Savonarola los. Weitere Folterungen aller Verhafteten „verbessern" die Geständnisse nicht und werden daher eingestellt. Zwischen der Signoria von Florenz und Papst Alexander VI. wird ausgehandelt, dass Savonarola in Florenz hingerichtet wird. Aber der Borgia hatte sich vorher diplomatisch vergewissert, dass die Florentiner Savonarola wirklich töten würden. Zwei Gesandte des Heiligen Stuhls – der Generalobere des Dominikanerordens und ein spanischer Bischof – werden als Beobachter delegiert. Ihnen sagt Savonarola, dass sein Geständnis falsch und er doch der Bote Gottes sei. Er wird erneut gefoltert und gesteht daraufhin alles, was man von ihm hören will. Am 22. Mai wird endgültig das Todesurteil gegen die drei verhafteten Dominikaner verkündet.

Die Hinrichtung findet am nächsten Tag vor versammelter Stadtregierung, der Kirche und den Ordensleuten sowie einer riesigen Volksmenge statt. Zuerst werden die drei Verurteilten geistlich degradiert, der kirchlichen Gewänder entkleidet, an Haupt und Händen geschoren. Damit hat man sie auch der Priesterweihe enthoben. Ab jetzt vollzieht die weltliche Macht die Hinrichtung. An den Pfahl über dem Scheiterhaufen wird dann als Erster Bruder Silvestro gehängt, der sich lange quält, weil die Schlinge sich nicht zusammenschnüren will und der Strick nicht gut läuft. Der Zweite ist Bruder Domenico aus Pescia, und zuletzt wird der Frate aufgeknüpft. Bei diesen beiden

Savonarola in der Folterkammer

arbeiten der Henker und seine Gehilfen geschickter. Der Scheiterhaufen unter dem Galgen ist mit Reisig und Pulver errichtet, sodass er sich mit dem Krachen von Raketenschüssen entzündet. Als die Rümpfe nicht gut ins Feuer fallen, wird mit Steinen danach geworfen. Die Werfer sind dieselben Kinder und Jugendlichen, die dem Frate als Garden so eifrig dienten. Der Henker muss befürchten, dass man auch Teile der Körper heimlich als Reliquien oder zu magischen Zwecken retten will, und lässt daher den Pfahl, an dem die drei verkohlten Rümpfe hängen, umfallen. Schnell wird weiteres Holz gebracht, um endgültig die Körper zu Asche zu verbrennen. Dann kommen Karren, die auch den kleinsten Aschenrest zum Fluss Arno führen ...

Diese öffentliche Hinrichtung findet auf der Piazza della Signoria zu Florenz genau an der Stelle statt, wo einst Fra Girolamo Savonarola die Kraft des Feuers zweimal zur Reinigung der Stadt von allen Eitelkeiten eingesetzt hat.

155

Zeittafel

1436 Fra Angelico malt die Fresken im Kloster San Marco in Florenz

1444 Sandro Botticelli in Florenz geboren

1449 Lorenzo de' Medici in Florenz geboren

1451 Christoph Kolumbus und Amerigo Vespucci geboren

1452 Girolamo Savonarola wird in Ferrara geboren
Leonardo da Vinci geboren
Friedrich III. wird in Rom zum Kaiser gekrönt

1453 Mohammed II. erobert Konstantinopel. Ende des
Oströmischen Reichs
Ende des Hundertjährigen Kriegs zwischen England und
Frankreich

1455 Der Druck der Gutenberg-Bibel wird nach dreijähriger Arbeit
in Mainz vollendet. In den nächsten zwanzig Jahren beginnt
sich die schwarze Kunst in Europa rasch auszubreiten. Erstes
Zentrum des Buchdrucks in Italien wird Venedig

1459 Cosimo de' Medici gründet in Florenz die Platonische
Akademie

1469 Lorenzo de' Medici (il magnifico) wird Herr der Stadt Florenz
Niccolò Machiavelli in Florenz geboren

1475 Am 17. April tritt Savonarola in Bologna in den
Dominikanerorden ein
Michelangelo Buonarroti in Florenz geboren

1479 Savonarola kehrt nach Ferrara zurück

1481 – 84 Krieg zwischen Ferrara und Venedig

1482 Savonarola wird nach Florenz ins Kloster San Marco
geschickt, erste Predigten

1484 – 92 Papst Innozenz VIII.

1486 Maximilian I. wird zum deutschen König gewählt

1487 Savonarola wird aus Florenz abberufen

1490 Savonarola kehrt nach Florenz zurück

1491 Im Juli wird Savonarola zum Prior von San Marco gewählt.
Erste Predigten im Dom

1492 Am 8. April stirbt Lorenzo de' Medici

Papst Innozenz stirbt, Papst Alexander VI. (Rodrigo Borja; italienisch: Borgia) wird im August gekrönt (bis 1503)

Christoph Kolumbus erreicht Kuba und Haiti – er entdeckt die Neue Welt

1493 Maximilian I. wird römisch-deutscher Kaiser

1494 Savonarola prophezeit einen neuen *kyros*

Karl VIII. von Frankreich marschiert in Italien ein

9. November: Die Medici fliehen aus Florenz

17. November: Einzug Karls VIII. in Florenz

Florenz gibt sich eine neue Verfassung. Savonarola gewinnt den größten Einfluss

1495 31. Jänner: Karl VIII. besetzt Rom

21. Juli: Papst Alexander VI. zitiert Savonarola nach Rom, dieser lehnt ab

16. Oktober: Alexander VI. erlässt gegen Savonarola ein Predigtverbot

1497 7. Februar: Erste „Verbrennung der Eitelkeiten" in Florenz

13. Mai: Alexander VI. exkommuniziert Savonarola. Mehr als dreihundert Florentiner unterzeichnen eine Petition zu Gunsten Savonarolas an den Papst

1498 11. Februar: Savonarola beginnt wieder zu predigen

17. Februar: Zweite „Verbrennung der Eitelkeiten"

17. März: Die Signoria von Florenz untersagt Savonarola das Predigen. Die Forderungen des Papstes nach Auslieferung Savonarolas weist sie aber zurück

7. April: Die von den Franziskanern angestrengte „Feuerprobe" findet letztendlich nicht statt

Karl VIII. stirbt in Amboise

8. April: Sturm auf das Kloster San Marco, Savonarola und zwei seiner Mitbrüder werden gefangen genommen

9. April: Die Regierungskommissionen und die Signoria der Stadt werden umbesetzt und von den Anhängern Savonarolas „gesäubert". Savonarola wird unter der Folter verhört

19. April: Öffentliche Verlesung des unter der Folter erpressten Geständnisses

Anfang Mai Prozess gegen Savonarola und die beiden anderen Mönche

20. Mai: Savonarola wird erneut gefoltert und verhört

22. Mai: Verkündigung des Todesurteils aller drei Mönche

23. Mai: Deren Hinrichtung auf der Piazza della Signoria

19. Juni: Niccolò Machiavelli wird Kanzleisekretär

1500 Michelangelo vollendet die *Pietà*

1503 Michelangelo vollendet den *David*

Nach dem Tod Papst Alexanders VI. wird Julius II. Papst

1506 Leonardo da Vinci malt *Mona Lisa*

1508 – 12 Michelangelo malt die Decke der Sixtinischen Kapelle in Rom aus

1512 Die Medici erobern Florenz zurück und werden zu Herzögen erhoben

1513 Machiavelli schreibt *Il Principe*, um die Gunst der Medici zu gewinnen

Der Nachfolger von Papst Julius II. wird Giovanni de' Medici, der Sohn Lorenzos. Er gibt sich den Namen Papst Leo X.

1882 Am 25. Juni errichtet Florenz Savonarola ein Denkmal auf dem nach ihm benannten Platz

1898 Zu Savonarolas 400. Todestag wird am 23. Mai an der Stelle der Hinrichtung auf der Piazza della Signoria eine Gedenktafel im Pflaster eingelassen

BLUT UND ROSEN

DER VERSUCH EINES GESPRÄCHS
EINE MÖNCHSZELLE IM KLOSTER SAN TOMÁS IN ÁVILA
A. D. 1498, ENDE JUNI

Die Nacht ist stürmisch, mit einem sternenlosen Himmel, in dem immer wieder wilde Flammenzungen auflodern. Das Donnergrollen des Gewitters, das noch über der nahen Cordillera Central, dem Gebirgszug, der Kastilien teilt, hängt, kommt immer näher. Aber durch die dicken Klostermauern klingt das ferne Dröhnen und Rollen noch gedämpft, und der alte Mann am Schreibpult scheint es überhaupt nicht wahrzunehmen.

Der Raum ist klein und nur karg eingerichtet. Eine Bettstatt mit zwei Wolldecken, ein schmuckloser hölzerner Stuhl mit Armlehnen, ein Schreibpult mit kupfernem Tintenfass und einem Bündel zugeschnittener Federkiele. Der Raum wirkt noch kleiner, als er ist, weil die Wände entlang vom Boden hoch Aktenbündel aufgestapelt sind. Es müsste nach vergilbtem Papier und Staub riechen, aber die Luft, die sich mit der Elektrizität des herannahenden Gewitters aufgeladen hat, duftet nach Rosen. Das ist der einzige persönliche Luxus, den sich der alte Mann, ein Asket, der zeit seines Lebens nie Fleisch gegessen oder einen Tropfen Wein getrunken hat, gönnt – am Fenstersims seiner Zelle steht eine Schale, in der Wasser mit Rosenöl gemischt ist. Den Duft der jungen Rosen im Klostergarten wird er wohl kaum mehr genießen können, verlässt er doch seine Zelle nur selten und das Gebäude überhaupt nicht mehr. Der zweite auffällige Luxus für den nächtlichen Schreiber ist das halbe

Dutzend feinster Wachskerzen, deren Flammen eine außergewöhnliche Helligkeit bieten. Für jeden anderen hätte er eine
zweite Kerze schon als Verschwendung bezeichnet, denn er ist
ein sparsamer alter Mann. Aber seine Augen sind schon sehr
schwach geworden. Und schließlich ist er der *Juez principal
inquisidor*, der Oberste Inquisitionsrichter oder *Inquisidor general*, wie man jetzt sagt, der oberste Kopf der spanischen Inquisition.

Er steht jetzt im achtundsiebzigsten Lebensjahr, er ist trotz
der Anfeindungen seiner Gegner und aller Versuche, ihn aus seinem Amt zu drängen, noch immer der mächtigste Mann im
Reich der Katholischen Könige Isabella I. von Kastilien und
Fernando II. von Aragon, die ihre Königreiche verbunden
haben, vor sechs Jahren das letzte maurische Fürstentum Granada auf dem spanischen Festland eroberten und somit die
Könige von ganz Spanien geworden sind.

Er ist krank, und seine Kräfte gehen zu Ende. Und er spürt,
dass er bald sterben wird. Er will diesen Text noch heute Nacht
zu Ende bringen, damit er morgen von einem seiner Sekretäre
rein geschrieben und vielfach kopiert werden kann, damit er
allen Inquisitionsgerichtshöfen Spaniens zugeht. Er erlässt
Befehle, dass die Inquisitoren nicht mehr willkürlich Ver-
haftungen vornehmen dürfen, sondern mit Bedacht vorzugehen
haben. Er ordnet an, dass allen Beschuldigten binnen zehn
Tagen die Anklageschrift zu übergeben sei und dass das Verfahren nicht in die Länge gezogen werden dürfe. Um die Angeklagten zu schonen und die Gefängnisse der Inquisition nicht zu
überfüllen. Er verordnet die Altersgrenze für die Verantwort-
lichkeit bei Ketzerei. Bei Mädchen beginnt diese mit zwölf
Jahren, bei Knaben mit vierzehn. Den Erlass, dass jedem
Beschuldigten ein kundiger Mann als Verteidiger beizugeben sei,
hat er schon vor Monaten diktiert.

Der hagere alte Mann mit dem gebeugten Rücken, dem
schneeweißen Haarkranz und dem dünn gewordenen eisgrauen

Bart in einem scharf geschnittenen Gesicht mit gelber Haut murmelt während des Schreibens vor sich hin und zwingt seine zitternden Hände mit großer Anstrengung immer wieder zur Ruhe. Als ahnte er, dass diese seine Anweisungen für die nächsten Jahrhunderte wohl nur auf dem Papier stehen würden. Kalter Schweiß läuft ihm vor Mühe und Anstrengung über die Stirn, er sollte sich hinlegen und zu schlafen versuchen. Aber er will diese Arbeit noch heute Nacht unbedingt zu Ende bringen. Draußen duckt sich Ávila, die Stadt mit der starken Festungsmauer und den achtzig Wehrtürmen, die sie bewachen, unter den ersten peitschenden Regenschauern des heranbrausenden Gewittersturms. In den heftigen Windböen beginnen die kleineren Glocken der Kirchen zu schwingen, sodass sich in das Grollen des Donners, das Heulen des Windes und das Prasseln des Regens unregelmäßiges helles Kirchengeläute mischt.

Der Großinquisitor Tomás de Torquemada hört nichts davon. Aber als er spürt, dass außer ihm noch jemand im Raum ist, legt er den Federkiel weg und sieht sich um. Er kann niemanden sehen, aber er weiß, dass er nicht allein ist.

„Geben Sie sich zu erkennen, Señor. Ob Sie ein Dämon oder ein Bote des Herrn sind, ein Teufel oder der Tod.“

Der Großinquisitor spricht leise ins Leere, aber ohne Angst. Angst, die hat er seit langem schon aus seiner Seele verbannt.

„Ich bitte um Verzeihung für die späte Störung, Exzellenz. Ich bin nichts von alledem, nur jemand, der in späteren Zeiten einen Bericht über Sie geben soll. Darf ich höflichst darum bitten, ein paar ganz persönliche Fragen an Sie zu richten? Und ich bitte um Verständnis, dass Sie mich nicht sehen können, Exzellenz, denn ich bin im Leben sehr weit von Ihnen entfernt.“

„Nennen Sie mich nicht Exzellenz. Die korrekte Anrede ist Fray Tomás. Alles, was ich bin, ist ein Predigerbruder, ein Diener des Herrn und der Kirche und der Könige Spaniens. Titel und Würden haben mich nie interessiert, sondern nur meine Aufgaben und mein Amt. Ich verabscheue jede Form von Eitelkeit.“

Da der Großinquisitor die Stimme seines Besuchers nur im Kopf vernimmt, hat er sich wieder dem Schreibpult zugewendet, auf dem er sich mit beiden Händen abstützt. Und den Blick auf das Blatt Papier geheftet, das noch zu zwei Drittel unbeschrieben ist.

„Dass Sie von weit kommen, habe ich schon an Ihrem mangelhaften *castellano*, unserer schönen kastilischen Sprache, bemerkt. Und dass man Sie nicht sehen kann, ist wahrlich Ihr Glück. Mein Aufenthaltsort ist immer von einer königlichen Leibgarde gesichert. Auch hier im Kloster, das ich selbst gegründet habe, sind starke Sicherungskräfte eingesetzt. Zu oft hat man versucht, mich zu ermorden. Señor, wenn man Sie gesehen hätte, Sie wären kaum in die Nähe der Klosterpforte gekommen, geschweige denn in meine Zelle. Beim Herrn, was für eine Sprache sprechen Sie?"

„Spanisch, die Sprache Ihres Landes, wie sie einmal sein wird. Und außerdem nicht sehr korrekt, ich bitte um Verzeihung."

„Wenn mir der Herr noch die Kraft dazu gibt, werde ich mit dem König auch über unsere Sprache reden müssen. Neben unserem schönen *castellano* gibt es so viele Dialekte in den anderen Provinzen, so viele Durchmischungen mit jüdischen und arabischen Worten, und dazu noch dieses völlig fremde Katalanisch. Ich werde Fernando dringlichst auftragen, nun auch die Sprache des Landes zu einigen und zu reinigen. Wobei ich Ihnen gleich sage, Ihre gefällt mir weder vom Klang her noch vom Satzbau."

„Vergeben Sie mir, Fray Tomás, aber die Hauptsache ist doch, dass wir einander verstehen. Besser gesagt, verständigen können. Bei allem Respekt, Sie sind seit sechzehn Jahren Spaniens Großinquisitor. Den Chronisten zufolge sind in dieser Zeit von den Gerichtshöfen Ihres Amtes, das Sie 1483 als *Consejo de la Suprema y General Inquisicion* eingerichtet haben, 185.328 Menschen verurteilt worden. Davon wurden 16.220

Die Fahne der spanischen Inquisition

lebendig verbrannt, 6.860 als Leichen oder im Bild verbrannt, 97.321 haben Verurteilungen zur Ehrlosigkeit, lebenslangen Kerkerstrafen und Vermögenskonfiskation erhalten."

„Ich bin kein Buchhalter, aber in der *Suprema* wird es wohl gesammelte Aufstellungen geben. Ich kann mir vorstellen, dass es wahrscheinlich sogar mehr sind. Es hat eine Zeit lang gedauert, bis ich in die Organisation Ordnung gebracht habe. Zu Beginn meiner Amtszeit haben noch viele untergeordnete Inquisitoren ohne korrekten Amtsvorgang Menschen verurteilt und hinrichten lassen. Endgültig ordnen konnte ich das ein Jahr später in einer Konferenz der Vorsteher der vier Inquisitionsgerichtshöfe Spaniens, der drei Mitglieder des königlichen Rates von Kastilien und zwei hervorragende Rechtsgelehrte beigezogen waren. Es war in Sevilla, wo wir dann die endgültigen Satzungen der Inquisition und der Inquisitionsgerichte ausgearbeitet haben."

„Bei allem Respekt, Fray Tomás, ich will Sie eigentlich fragen, wie Sie diese Opferzahlen mit Ihrem Gewissen vereinbaren. Oder anders ausgedrückt: Können Sie nachts ruhig schlafen?"

„Wenn ich nicht schlafen kann, dann sind die Gebrechlichkeit meines Körpers und das quälende Stechen in der Brust die Ursachen dafür. Mein Gewissen ist rein, habe ich doch nur die schwere Aufgabe verfolgt, die Kirche und Spanien von Ketzern, Irrlehrern, Glaubensabtrünnigen und weiterem Bösen und Boshaften zu schützen. Außerdem haben wir nur die Urteile gefällt, deren Vollstreckung lag immer in weltlicher Hand. Das ist kein Herausreden, denn selbstverständlich hat die weltliche Justiz in einer katholischen Monarchie auch die Aufgabe, kirchliches Recht zu vollziehen. Wenn Sie danach fragen, Señor, dann fragen Sie wohl danach, wie ich damit leben kann. Doch Sie sollten besser fragen, wie ich damit sterben kann. Ich werde gut damit sterben, denn ich kann zufrieden sein, meinem König und meiner Königin so gedient zu haben, dass Spanien an der Schwelle zur Weltmacht steht. Der Papst hat vor zwei Jahren Isabella und Fernando den Titel ‚Katholische Könige' verliehen. Und das bedeutet auch gegenüber der Kirche große Souveränität. Die Erbprinzessin Juanita hat im selben Jahr den Sohn Kaiser Maximilians, diesen Philipp, geheiratet. Das mächtige

Haus Habsburg hat sich mit uns verbunden. Und bald werden Neapel und Sizilien wieder ungeteilt unserer Krone gehören. Einer von Juanitas Söhnen, die ihr der Herr schenken möge, wird also spanischer König und römischer Kaiser sein. Soll ich meinem himmlischen Richter nicht voll Vertrauen entgegentreten? Obwohl wir doch alle in seinem Angesicht nur arme Sünder sind."

„Sie sehen also Ihr blutiges Wirken, die vielen Autodafés, die schrecklichen Folterungen von Männern und Frauen, Greisen und Kindern, die Massenverbrennungen, die Verbreitung von Angst und Schrecken, den Aufruf zu ungehemmtem Denunziantenwesen, den Raub gewaltiger Vermögenswerte zu Gunsten der Krone und teilweise auch der Kirche und Ihres Ordens ..."

„Ich habe mich nie auch nur mit einem einzigen Real persönlich bereichert!"

„Das habe ich auch nicht behauptet, aber dieses Kloster mit seiner kunstvollen und künstlerischen Ausstattung zum Beispiel haben Sie doch mit dem Geld von Inquisitionsopfern bauen lassen! Ich wollte Sie also fragen, ob Sie dies alles tatsächlich als rein persönliche Pflichterfüllung sehen. Denn in meiner Zeit behauptet man, Sie seien ein Mann des wütenden Hasses und teuflischer Verfolgungswut gewesen."

Der alte Mann im einfachen und schmucklosen Habit des Predigerordens lächelt müde.

„Wahrscheinlich betrachtet man mich auch heute so. Und vielleicht ist das auch ganz gut, weil dann die Feinde des Glaubens und Spaniens nicht so frech das Haupt erheben, um arme Seelen in die Hölle zu ziehen. Aber aus mir ein Monstrum zu machen, ist natürlich völlig falsch. Meine Sorge und Liebe gilt den Rechtgläubigen, meine Strenge und Unerbittlichkeit deren Feinden. So wie es schon der Vater unseres Ordens, San Domenico, selbst postuliert hat. In der Legende unseres Ordens steht doch geschrieben, dass er selbst der erste Inquisitor gewesen ist, der in Burgos viele Ketzer der gerechten Strafe zugeführt hat."

„Das ist historisch nicht haltbar."

„Aber vom Geist her richtig."

„Erlauben Sie mir, in diesem Zusammenhang eine ganz andere Frage zu stellen. Wenn Sie ins jenseitige Leben eintreten, werden Sie Ihren Opfern begegnen. Darunter sind bestimmt viele, die auch nach Ihren Gesichtspunkten unschuldig gemartert und ums Leben gebracht wurden. Wie werden Sie denen entgegentreten?"

„Die, die als Ketzer und ohne Reue gestorben sind, die werden im ewigen Feuer sein. Die werde ich bei der Liebe Christi also gar nicht zu sehen bekommen. Jene, die im Angesicht des Todes bereut und somit wieder in den Schoß der Kirche zurückgekehrt sind, werden die Seligkeit erlangen. Und wenn es solche gibt, die wirklich unschuldig am Scheiterhaufen starben – Gott weiß es, wir Menschen sind schwach und fehlerhaft –, die werden erst recht in der unendlichen Liebe und Barmherzigkeit des ewigen Lebens sein. Ich werde Ihnen demütig entgegentreten, und sie werden mir zujubeln. Aber auch das ist nur eine eitle Fantasie, zu der Sie mich verführt haben, und der Herr, in dessen Hände ich meine Seele lege, möge es Ihnen und mir verzeihen."

„Fray Tomás, Sie bestimmen schon sehr lange die Geschicke der Menschen in Spanien. Und man behauptet, dass Ihre Sichtweise von Ihrer Herkunft her geprägt sein soll."

„Selbstverständlich, ich bin durch und durch ein spanischer Mensch. Aus altem kastilischen Landadel. Meine Vorfahren nannten sich Turrecremata, die Herren vom verbrannten Turm. Ein Nachhall der maurischen Eroberung, die das christliche Spanien vor siebenhundert Jahren besiegt hat. Meine Familie war immer kastilisch und streng katholisch. Mein Onkel Juan war nicht nur Dominikaner, er war sogar Kardinal. Mich hat die Familie mit vierzehn Jahren für den Orden bestimmt ..."

„Also schon im Kindesalter ..."

„Mit vierzehn Jahren ist ein Spanier kein Kind mehr. Er kann Soldat werden, aber auch Mönch. Ich habe strenge Zucht und alle Ordensschulen durchlaufen, Theologie studiert und bin zum Priester geweiht worden. Ich bin später, da war ich schon zweiunddreißig Jahre alt, Prior im Kloster Santa Cruz in Segovia geworden und dies zweiundzwanzig Jahre lang geblieben. Die Königin habe ich bei ihrer Hochzeit 1469 zum ersten Mal gesehen. Sie war schon damals, mit ihren achtzehn Jahren, eine durch und durch fromme und gläubige Frau. Ich fand ihre besondere Huld, und seit dieser Zeit bin ich ihr persönlicher Berater. Dies war auch gut so, denn sie hatte große familiäre Auseinandersetzungen zu führen, bis sie endlich zur Königin von Kastilien gekrönt wurde. Sie hat in meine Hände das Gelübde getan, ein geeintes und rein katholisches Spanien zu schaffen. Eine Inquisition gab es schon, aber sie arbeitete nicht zielorientiert und Erfolg versprechend. Daher habe ich die erste *Compilacion de las instrucciones de la s. Inquisicion* geschaffen, und als zwei Jahre später Papst Sixtus IV. mit einer Bulle den spanischen Königen die Erlaubnis gab, in Aragon und Kastilien die Inquisitoren selbst zu bestellen, war dies von großem Nutzen."

„Ich wollte eigentlich eine andere Behauptung hinterfragen – eine Ihrer Großmütter soll Jüdin gewesen sein. Und, so behaupten Chronisten, dies sei der Grund, dass Sie mit besonderem Fleiß und aller Kraft gegen die spanischen Juden vorgegangen sind. Dass Sie aus einem Minderwertigkeitskomplex heraus ein glühender Antisemit seien."

„Ich verstehe Ihre Wortwahl und den Sinn dieser Überlegungen nicht. Ja, meine geliebte Großmutter war jüdischer Abstammung. Aber als getaufte Christin eine fromme und glaubensstarke Frau. Wer den Gedanken aufbrachte, ich hielte Juden und Mauren für minderwertig, der möge in der Hölle brennen. Schließlich ist die halbe spanische Bevölkerung aus dem Blut vieler Völker gemischt. Was ich vertrete, ist die Reinheit des Glaubens, und was ich verfolge, ist Abtrünnigkeit oder Rückfall derer, die die heilige Taufe empfangen haben. Juden und Araber, die ihrem Glauben anhängen, fallen nicht in meine Gerichtsbarkeit. Aber die, die zum christlich-katholischen Glauben übergetreten sind …“

„Zwangsgetauft wurden!“

„Nicht immer und alle. Viele wurden es auch aus heimtückischem Opportunismus, um Einfluss und Geschäfte zu behalten. Aber diesen Marranen und Morisken, getauften Juden und Arabern, traue ich nicht über den Weg. Heimlich spotten sie der heiligen Kirche und üben immer noch ihre alten Religionen aus. Wir haben sie aufgespürt, denn sie verraten sich selbst. Sie essen kein Schweinefleisch und legen am Samstag frische Kleider an. Oder sie trinken keinen Wein und beten freitags hinter verschlossenen Fenstern und Türen. Sie schneiden das Brot mit der Klinge nach außen, anstatt mit der Schneide zur Brust, wie es ein echter Christenmensch tut. Wir haben sie gefasst, überführt und gerichtet.“

„Durch anonyme Anzeigen und Folter!“

„Weil Anzeigen anonym sind – und das müssen sie sein, denn dies soll den Anzeiger vor der Rache der Angezeigten schützen –, heißt nicht, dass sie falsch sind. Wenn jemand falsche Anzeigen macht, verfällt er sowieso Gottes Strafgericht. Das wird sich wohl keiner trauen. Die Folter als Verhörmethode ist durch den Heiligen Stuhl nicht nur erlaubt, sondern bei Verdacht der Ketzerei sogar verlangt. Also völlig rechtens. Ist in Ihrer Welt, Señor, die Folter abgeschafft?“

„Ich muss leider gestehen, nur in Teilen der Welt. Und auch da nur gesetzlich, nicht wirklich. Dies gilt auch für die Todesstrafe. Wir sind von der Grausamkeit Ihrer Zeit leider noch nicht sehr weit entfernt.“

„Mit Milde und Güte lässt sich ein Königreich und eine Kirche, die aus so vielen alten Kulturen und Teilen besteht, auch nicht zusammenschmieden. Wissen Sie, dass es in den Bergen und in manchen versteckten Dörfern sogar noch Menschen gibt, die Bäume, Büsche oder Felsen anbeten? Wir haben den

Islam nach Afrika zurückgeworfen, aber die innere Festigkeit des christlichen Glaubens noch nicht erreicht. Ich habe Isabella überzeugen können, dass sie keine *conversos* – zum Christentum Übergetretene – in ihren Räten haben soll. Fernando, der viel mehr ein eiskalter Machtmensch als ein gläubiger Christ ist, lässt sich diesbezüglich von mir nicht überzeugen. Fast hätte er die Zahlungen angenommen, die ihm Juden geboten haben, um im Land bleiben zu können. Ich habe alle meine Autorität gebraucht und ihm sogar das Kreuz Christi vors Gesicht gehalten, bis er davon Abstand nahm."

„Sie haben erreicht, dass Ferdinand und Isabella am 30. März 1492 ein Gesetz unterschrieben haben, wonach alle Juden Spanien binnen vier Monaten zu verlassen hatten. Gold, Silber und was sie nicht mit sich tragen konnten, fiel an die Krone. Sie haben dieses Gesetz sogar noch verschärft, indem sie allen Christen verboten haben, den Auswanderern irgendwie behilflich zu sein, sie zu beherbergen oder ihnen Nahrungsmittel zu überlassen. Sie haben sechstausend Bände hebräischer Bibeln bei einem Autodafé in Salamanca verbrennen lassen. Ist dies Ihre Inquisitionsarbeit?"

„Die Ausweisung der Juden war eine notwendige politische Maßnahme, um Spanien zur Glaubenseinheit zu führen. Jede jüdische Familie hätte ja auch zum Christentum übertreten können und wäre nicht unter die Bestimmungen gefallen. Wohl aber als *conversos* unter die wachsamen Augen meiner Institution."

„Und der damit verbundene wirtschaftliche Schaden?"

„Zuerst einmal sind große Vermögen an die Krone gefallen. Und außerdem sind durch die Eroberung Granadas genügend neue Menschen Untertanen der Krone geworden, sodass deren Steuerzahlungen eine Art Ausgleich schaffen konnten. Ich gebe zu, dass Handwerk, Gelehrsamkeit, Handel und Wohlstand in den Händen der Juden lagen, dies für hohes Steueraufkommen sorgte und der Krone dienlich war, aber die Ziele der Christenheit sind höher zu schätzen als die der Wirtschaft. Ich bin gebildet genug, um zu wissen, welche Leuchten der Wissenschaft, der Medizin, welch Glanz der Architektur, welche Kunst des Städtebaus und der Feldwirtschaft wir mit den muslimischen Arabern aus dem Land getrieben haben. Aber Spanien wird seine Stärke und Kraft auch aus dem niedrigeren christlichen Lebensstandard zu schöpfen wissen. Spanien, das ist der Geruch von Blut und Rosen, für die Rechtgläubigen der Himmel und für Ketzer und Abtrünnige die Hölle auf Erden."

„Nach der Vertreibung der Juden gingen am 3. August 1492 drei Schiffe Ihrer Majestät Isabella von Palos aus in See. Wussten Sie als Beichtvater Isabellas von diesem Unternehmen des Admiral Colón?"

„Nur am Rande. Die Königin lässt sich manchmal leicht beeinflussen und war so glücklich über den Sieg in Granada und die Auswanderung der Juden. Die Ideen dieses Cristóbal Colón, dieses genuesischen Krämers, erscheinen mir etwas abstrus. Aber andererseits ist er Angehöriger der Bruderschaft des Franziskanerordens. Sollten seine Vorstellungen ketzerisch sein, müssten sich schon aus diplomatischen Gründen zuallererst die Minderbrüder darum kümmern. Nun hat er ja schon zwei Reisen hinter sich und, wie ich hörte, heuer die dritte angetreten. Viel hat es nicht gebracht. Ein paar Inseln im Westen des Ozeans hat er entdeckt, ein paar bunte Vögel, ein paar Eingeborene mitgebracht. Und bei der Palmsonntagsprozession 1493 in Sevilla vorgeführt. Ob er wirklich Indien entdeckt hat, wissen wir nicht. Das Gold, das er bis jetzt zurückbrachte, war enttäuschend wenig. Aber sollte er wirklich für Spaniens Krone ein neues Reich erobern, dann wird die Heilige Inquisition wohl rechtzeitig zur Stelle sein. Schließlich ist den Inselmenschen, wenn es Menschen sind, der Glaube zu bringen. Über den wir zu wachen haben. Ich habe meine Arbeit getan, ich bin müde, der Herr sei meiner Seele gnädig. Und den Arbeitern im Weinberg, die nach mir kommen."

„Fray Tomás, ich danke für das Gespräch."

Dem hageren alten Mönch am Schreibpult ist der Kopf auf die Brust gesunken. Mit einem Ruck richtet er sich wieder auf, greift nach dem Federkiel und beginnt mühsam weiterzuschreiben. Er muss wohl kurz eingeschlafen sein. Ob er geträumt hat? Er kann sich an nichts erinnern. Während die Feder übers Papier kratzt und er die Sätze seines Textes leise vor sich hin murmelt, ist das Grollen des abziehenden Gewitters nur mehr leise und von ferne zu hören. Am Himmel haben sich kleine Wolkenfenster gebildet, und Kastiliens Sterne funkeln vereinzelt herab. Der Generalinquisitor Tomás de Torquemada sieht nie aus dem Fenster. Ihm genügt der satte Duft der Rosen.

Zeittafel

1420 Tomás de Torquemada wahrscheinlich in Valladolid, vielleicht auch in Torquemada (Kastilien) geboren

1434 Torquemada tritt in den Dominikanerorden ein

1451 Isabella von Kastilien, spätere Königin von Spanien (Isabella I.) geboren

In Sevilla wird der erste Gerichtshof der Inquisition eingesetzt. Er besteht aus zwei Dominikanermönchen, einem gesetzeskundigen Beisitzer und einem königlichen Steuerbeamten

1452 Ferdinand von Aragonien geboren

Torquemada wird Prior des Klosters Santa Cruz in Segovia (bis 1474)

1469 Isabella heiratet den Thronerben von Aragonien, Ferdinand V. (später Ferdinand II.)

Erste Begegnung Torquemadas mit Isabella

1474 Am 13. Dezember wird Isabella zur Königin von Kastilien gekrönt

1476 Torquemada schreibt seine *Compilacion de las instrucciones de la s. Inquisicion*

1478 Am 1. November sendet Papst Sixtus IV. die Bulle *Exigit sincerae devotionis* nach Spanien, mit der Erlaubnis für die Könige, in Aragon und Kastilien Inquisitoren zu bestellen

1479 Ferdinand V. wird als Ferdinand II. König von Spanien durch Vereinigung der Königreiche Kastilien und Aragonien

1480 27. September: Die Dominikanermönche Miguel de Morillo und Juan de San Martin stehen der Inquisition vor.

Am 1. Jänner 1481 beginnen sie in Sevilla (Andalusien) mit ihrer Arbeit. Dort ist ein bedeutendes Zentrum der Juden

1481 – 88 wurden über 700 *conversos* verbrannt. Mehr als 5.000 wurden durch Strafen wieder in die Kirche rückgeführt

Torquemada amtiert als Visitator der reformierten Dominikanerklöster von Aragon

1482 Torquemada wird Generalinquisitor

1483 Torquemada wird offiziell Beichtvater von Isabella und
Ferdinand.
Die Inquisition von Aragon wird von ihm neu organisiert

1484 Konferenz der Vorsteher von vier Inquisitionsgerichtshöfen.
Konferenz unter Vorsitz Torquemadas in Sevilla. Erarbeitung
der Satzungen der Inquistion als Grundlage aller späteren
Inquisitionsgerichte
Am 5. Dezember erlässt Papst Innozenz VIII. die Hexenbulle
Summis desiderantes für Süddeutschland

1487 Die Spanier erobern Malaga von den Arabern

1489 Der „*Hexenhammer*" (*Malleus maleficarum*) wird von den
Dominikanerinquisitoren Heinrich Institoris und Jakob
Sprenger veröffentlicht

1491 Miguel de Morillo, Günstling von Papst Innozenz VIII., wird
vom Papst zum Großinquisitor von Kastilien und Aragon
ernannt und so Torquemada gleichgestellt, ohne dessen
Macht jemals ausüben zu können

1492 Isabella und Ferdinand erobern das letzte Maurenreich
Granada und beenden damit die Reconquista
Am 30. März unterzeichnen Isabella und Ferdinand auf
Betreiben Torquemadas das Gesetz, wonach in den nächsten
vier Monaten alle Juden entweder zur Taufe kommen oder bei
Androhung der Todesstrafe das Land verlassen müssen
Über 160.000 Juden verlassen Spanien
Columbus sucht im spanischen Auftrag den westlichen Seeweg
nach Indien. Er entdeckt dabei Kuba und Haiti
Der spanische Kardinal und päpstliche Kanzler Rodrigo Borja
(ital. Borgia) wird zum Papst mit dem Namen Alexander VI.
gekrönt

1493 Teilung der Neuen Welt zwischen Spanien und Portugal
durch Papst Alexander VI.

1494 Aufgrund von Klagen über Torquemada setzt Papst
Alexander VI. im Juni vier Inquisitoren ein, die ihn in
Schranken halten sollen

1496 Der Papst verleiht Isabella und Ferdinand den Titel „Katholische Könige"
Der Habsburger Philipp der Schöne (Sohn Maximilians I.) heiratet die spanische Erbtochter Johanna (die Wahnsinnige). Damit kommt später die spanische Krone an das Haus Habsburg

1498 Am 23. Mai wird Savonarola in Florenz verbrannt
Am 16. September stirbt Torquemada im Kloster San Tomás in Ávila, Kastilien

ZORNIGE SEGEL

A. D. 1547, NACH DEM FEST DER HEILIGEN DREI KÖNIGE
AN BORD DER CARAVELLE „SAN PEDRO" IHRER KATHOLISCHEN
MAJESTÄT CARLOS I. VON SPANIEN,
IN DESSEN REICH DIE SONNE NICHT UNTERGEHT

Das Schiff ist mit dem ersten Morgenlicht und bei günstigem Wind ausgelaufen. Die Hafenbucht von Santo Domingo, Hauptstadt der Insel Hispaniola, das „kleine Spanien" in der Neuen Welt, liegt schon weit hinter ihm. Der Mann auf dem Achterdeck steht fest, wie mit den Schiffsplanken verwurzelt. Das rhythmische Stampfen des Schiffes in der langen Dünung des karibischen Meeres scheint er überhaupt nicht zu spüren. Den schwarzen Mantel des Dominikanerhabits hat er wegen der scharfen Seeluft und der Morgenkühle eng um sich geschlagen. Die Kapuze ist über dem kahlen Kopf fast bis zu den Augen heruntergezogen. Und diese Augen sind über das Kielwasser des Schiffes noch immer auf die Stadt gerichtet, deren weiße Kirchen, Amtsgebäude und Häuser für die Reichen, deren elende Strohhütten für die Armen, deren Fülle an Farben, Gerüchen und Leben schon nicht mehr auszumachen sind. Aber dieser Blick auf Santo Domingo bedeutet für Fray Bartolomé, den Bischof von Chiapa, einen Blick auf sein Leben.

Mit achtzehn Jahren hat er hier zum ersten Mal den Boden des Neuen Spanien betreten. Als Soldat, angeworben vom Gouverneur der Insel. Um gegen die rebellierenden Indios zu kämpfen, die sich dem Diktat, der Zwangsarbeit, dem Sklavenschicksal und den Peitschen der spanischen Herren wieder einmal nicht fügen wollten. Das war im Jahr des Herrn 1502. Mit achtzehn Jahren war aber der ehemalige Bäckergeselle und Lateinschüler Bartolomé de Las Casas aus Sevilla kein einfacher Soldat mehr, er trug schon die Schärpe des Tenjente, wenn auch nur eines zweiten Leutnants. Denn zum Kriegshandwerk war er schon zwei Jahre früher gekommen. Zur Armee verdingte er sich anlässlich der Niederschlagung eines Aufstands der Morisken in Granada. Das waren zwangsgetaufte Mauren, die in Spanien unter der Härte des christlichen Schwertes lebten und versucht hatten, ihren für sie rechtmäßigen Glauben in Freiheit wieder zurückzugewinnen. Der Feldzug dauerte nur wenige Monate. Doch sie genügten, aus dem glaubenseifrigen und abenteuerlustigen Jüngling mit den breiten Schultern und den starken Armen einen erfahrenen, kampf- und todesmutigen Heidenschlächter zu machen. Das Blut der Feinde, das er strömen ließ, hatte ihm den niederen Offiziersrang eingebracht, und er war so stolz darauf gewesen, als er wieder nach Sevilla zurückkehrte.

Der nun im 63. Lebensjahr stehende Dominikanermönch am Achterdeck des spanischen Schiffes hat diese Erinnerungen schmerzvoll in seinem Denken. Kampflärm, Gebrüll und Todesschreie, Brennen, Plündern, Niedermetzeln von Frauen und Kindern, das alles sollte ihn sein Leben lang begleiten. Und wie oft hatte er persönlich oder in Gedanken dabeigestanden, ohne es verhindern zu können.

Scharfe Kommandos des Steuermanns schallen über das Deck. Die Matrosen haben auf Rahen und in den Wanten alle Hände voll zu tun, um die Segelkommandos auszuführen. Wer nicht schnell genug ist, dem hilft schon die Peitsche des Bootsmannes nach. Derbe Flüche und gotteslästerliche Antworten durch zusammengebissene Zähne, das gehört zum Alltag eines spanischen Seglers. Der Wind hat umgeschlagen, das Schiff muss nun kreuzen, um auf seinen richtigen Kurs in dem großen Ozean zu kommen. Bei den Halse- und Wendemanövern knattern die Segel zornig im Wind. Manchmal klingt es wie Salven aus Musketen. Der Dominikaner steht immer noch unbeweglich, scheint seine Umwelt, die manchmal heftigen Stöße des Schiffes, den Wind und die schrillen Rufe der Seevögel nicht zu bemerken. Er kämpft mit dem Zorn, der in ihm hochsteigt. Er ahnt, dass es seine letzte Reise nach Spanien ist, dass er die Neue Welt nicht wiedersehen wird. Und dass er verloren hat.

Rund 4000 Seemeilen gefährlicher Schiffsreise liegen vor ihm. Und es wird drei Monate oder länger dauern, bis er auf der „San Pedro" den Hafen Sanlucar de Barrameda erreichen wird, an der Mündung des Guadalquivir. „Großer Fluss" bedeutet dies im Maurischen. Und flussaufwärts kommt man mit den kleineren Schiffen vom Ozean bis nach Sevilla, der Perle Andalusiens, seiner Vaterstadt. An die Mutter kann er sich nicht erinnern, sie ist nach der Geburt der jüngsten Schwester früh gestorben. Aber sein Vater Pedro de Las Casas, der wohlhabende Hausherr und Bäcker, steht noch vor seinen Augen wie ein frisches Gemälde. Ein stolzer Mann, herrisch und aufbrausend, mit dem Blut des Abenteurers in den Adern. Seit der Admiral Cristóbal Colón, der genuesische Handelskaufmann, der für die spanische Krone im Westen des großen Ozeans Indien erreicht hat, nach Sevilla zurückgekehrt ist, hatte der Vater nichts anderes mehr im Sinn, als auch dorthin zu segeln. Fast neun Jahre war Bartolomé damals alt, und auf den Schultern des Vaters hat er den bejubelten Umzug des Admirals erlebt. Am Palmsonntag des Jahres 1493 war dieser Admiral Colón mit seiner Schiffsbesatzung an der Spitze der großen Büßerprozession durch die Stadt geschritten. Schließlich war er doch Laienbruder, ein Terziar, im Orden der Minderbrüder, die man Franziskaner nannte. Wie immer in der Karwoche führten die Bruderschaften mit ihren weißen und schwarzen hohen, spitzen Hauben, die auch das Gesicht verdeckten, die traditionellen Bußprozessionen durch. Der Admiral und seine Mannschaft hatten ihre besten Feiertagskleider angelegt. Fremde Menschen hatte er mitgebracht, sieben Indios, die sehr erstaunt und auch erschrocken die gaffende Menge in den Straßen betrachteten. Auch große bunte Vögel in Käfigen, vergoldete Masken, allerlei totes Getier und getrocknete Pflanzen, die noch nie ein Mensch gesehen hatte, war auf den Schiffen des Colón gewesen und wurde jetzt gezeigt. Und Gold, viel Gold soll er gefunden haben, das ging wie ein Lauffeuer durch die Stadt. Bartolomé war aufmerksam genug, auch die abgezehrten Gesichter und die ausgemergelten Gestalten der Seeleute zu bemerken und die tiefen Falten, die das große Abenteuer ins Gesicht des Admirals gezeichnet hatte.

Wochen später, im Herbst 1493, traf es ihn hart, dass sein Vater Pedro an Bord eines der Schiffe ging, mit denen Admiral Colón neuerlich nach Indien aufbrach. An die zweitausend Siedler für die Neue Welt, mit Gerät und Vieh, sollen an Bord der Schiffe gewesen sein. Die Bäckerei stand nun unter Aufsicht und Geschäftsführung eines Onkels. Für Bartolomé und seine jüngeren Schwestern Catalina, Marina und Isabel de Sosa begann ein schweres Leben. Denn der Onkel ließ die Kinder wie maurische Sklaven im Haus und in der Backstube schuften. Er hielt das für die beste Erziehung und beklagte oft, dass Pedro seinen Sohn Bartolomé viel zu sehr verwöhnt und verweichlicht habe, da er ihn doch zuvor zu den geistlichen Herren in die Lateinschule geschickt hatte. In den nächsten sechs Jahren gab es für Bartolomé des Las Casas nichts mehr zu Lesen und zu Schreiben. Sondern Säcke zu schleppen, zu Mischen, zu Kneten, zu Formen, zu Heizen und in der Hitze der Backöfen Brotlaibe einzuschießen und im genau richtigen Moment die runden, goldbraun gebackenen Brote wieder kunstvoll aus dem Ofen herauszuholen. Schwerarbeit, auch für erwachsene Männer. Bei Gluthitze und Mehlstaub, die einem fast den Atem nahmen. Als Knabe konnte man davon erkranken und sterben. Oder es aushalten und durch die schwere Arbeit am Backtrog jene breiten Schultern und muskulösen Arme bekommen, die Fray Bartolomé, den Bischof von Chiapa, auch mit seinen über sechzig Jahren noch auszeichnen.

Als 1499 der Vater völlig überraschend aus dem fernen Indien mit den Schiffen des Admirals heimkehrt, erkennt er seine herangewachsenen Kinder fast nicht mehr. Und auch er steht da wie ein Fremder – braun gebrannt, mit verwegenem Bart und merkwürdigen Kleidern. Von Hispaniola, dem schönsten Land der Welt, käme er zurück, dröhnt er durchs Haus. Und außerdem hat er eine Hand voll Indiosklaven mitgebracht – ein persönliches Geschenk des Admirals. Die sprechen nur wenige Worte Spanisch. Aber in der Backstube packen sie tüchtig zu, denn das scheint ihnen Pedro de Las Casas in Hispaniola und an Bord des Segelschiffes bereits beigebracht zu haben. Bartolomé wird sofort wieder auf die Lateinschule geschickt, wo es lange dauert, bis er sich wieder zurechtfindet. Die Schwestern, von der Arbeit eckig geworden, mit schwieligen, rauen Händen, sollen rundgefüttert und wohlerzogen werden, damit man sie standesgemäß verheiraten kann. Pedro lässt sich jetzt Don Pedro nennen, aber das ist reine Hochstapelei.

Das Zwischenspiel dauert nicht lange, den Vater hält es in der Heimat nicht mehr. Neuerlich übergibt er die Bäckerei einem Verwandten und schifft sich wieder nach der sagenumwobenen Insel ein. Diesmal wird er Gold mitbringen, ruft er dem jungen Mann zu, der am Hafen noch lange dem Schiff nachschaut, bis die Segel hinter dem Horizont verschwinden. Bartolomé de Las Casas hat nie wieder etwas von seinem Vater Pedro gehört. Noch ein knappes Jahr studiert er lateinische Texte, Evangelien und Bibelstellen aus den alten Propheten. Die harten Hände des Jünglings haben wieder gelernt, die Feder zierlich zu führen. Aber da erwacht auch in ihm das heiße Abenteurerblut, und er meldet sich bei den Werbern freiwillig als Fußsoldat zur Armee.

An Bord der „San Pedro" lässt ein Capitan, ein Hauptmann, seine Seesoldaten antreten. Zur Musterung und zur Übung an

den Geschützen. Denn selbstverständlich ist eine spanische
Caravelle, die heimsegelt, auch militärisch gerüstet und bewaffnet. Schließlich hat sie einiges an Kostbarkeiten von Waren und
Gütern an Bord sowie eine eisenbeschlagene Kasse mit Tribut-
zahlungen an die Krone. In blankem Gold. Da wäre es fatal,
unbewaffnet einem englischen oder französischen Kriegsschiff
nahe zu kommen. Nein, Krieg gibt es derzeit nicht, aber so
mancher Kapitän macht auch gerne Prisen auf eigene Verant-
wortung und Rechnung. Vorsicht ist also immer geboten, obwohl solche Gefahren erst jenseits des Ozeans, nahe dem afrikanischen Festland, drohen.

Mancher Blick der Soldaten mit den glänzenden Helmen
schweift kurz hinauf zu dem Mann im schwarzen Mantel, dessen Namen sie alle kennen. Und einige dieser Blicke sind gar
nicht freundlich. Nennt man diesen Bischof nicht *protector y
defensor de indios*, den Fürsprecher und Verteidiger der wilden
Eingeborenen? Verlangt der nicht deren Gleichstellung und Behandlung wie Christenmenschen? Obwohl man doch weiß, dass
diese braunhäutigen Nackten am liebsten Menschenfleisch essen
und dass ihr Verstand wohl kaum mehr als der eines Papageien
ist. Aber einige Dominikaner und vor allem dieser Bischof predigen die Freiheit der Indios, die die spanischen Herren doch
dringend als Arbeitskräfte brauchen. Es soll sogar Gesetze für die
Gleichstellung der Indios als spanische Untertanen geben. Was
für eine Lächerlichkeit! Gott sei Dank gibt es in Hispanien und
in der Neuen Welt noch genügend aufrechte Männer, die so etwas zu verhindern wissen. Wer sollte diesen Fray Bartolomé, diesen Bischof de Las Casas, verstehen? Der doch selbst einmal Soldat und Großgrundbesitzer war ...

1502 ging also der Tenjente Bartolomé de Las Casas, achtzehn Jahre alt, an der Spitze seiner Kompanie nach langer und
stürmischer Überfahrt in Santo Domingo, Hauptstadt der Insel
Hispaniola, zum ersten Mal in der Neuen Welt an Land. Nie

wird er diese glückliche Freude vergessen, die ihn nach der quälenden Seereise erfüllte. Und den ersten Eindruck dieses unendlichen Grüns, den die bewaldete Insel ihm bot. Ein Grün von einer Leuchtkraft, wie er es sich bisher nicht hätte vorstellen können. Eine Welt von so faszinierender Schönheit, Blütenpracht und leuchtend bunten, handtellergroßen Schmetterlingen, dass er in diesem Paradies fast vergaß, für welch blutiges Handwerk er hergekommen war.

Der erste Vorstoß in die Tiefe des unendlichen Grüns, ins Innere des Urwalds, erfolgte unter Führung einiger wegkundiger Siedler. Und arglos folgten ihnen die Soldaten, die sich erst langsam von den Strapazen der Überfahrt, vom fauligen Wasser und dem von Maden zerfressenen Proviant an Bord des Schiffes erholt hatten. Bald mussten sie erkennen, dass ihre Führer, die sich benommen hatten, als wären sie die uneingeschränkten Herren des Landes, sich keineswegs im teils undurchdringlichen Dschungel zurechtfanden. Die spanischen Soldaten, geschult und gewohnt, mit Klinge und Pulver im offenen Gelände zu kämpfen, fühlten sich vom Urwald verschlungen. Meter für Meter mussten sie sich mit blankem Schwert den Weg freischlagen. Sie litten unter Hitze, Durst, Insekten, die Feuchtigkeit machte das Pulver unbrauchbar, aber es fand sich ohnehin kein Feind, kein Ziel, auf das man einen Schuss aus der Muskete hätte abfeuern können.

Für die Schönheiten der Natur hatten sie keinen Blick mehr. Ein paar Fußmarode und Fieberkranke mussten sie zurückschicken, aber sie sollten sie später niemals wiedersehen. Es dauerte lange, bis sie lernten, auf die Stimmen des Urwalds zu hören, das Kreischen der Vögel, das Rauschen der Blätter, das Brechen von Ästen im Unterholz und, als wären sie Jagdhunde, auch ihren Geruchssinn einzusetzen. Nahe einem Flusslauf stießen sie dann auf ein Dorf der Indios. Es war verlassen, seine Einwohner hatten sich rechtzeitig in die Tiefe des Landes, ins Gebirge geflüchtet. Das Dorf aus Hütten, die kunstvoll aus

Zweigen geflochten waren, wurde sofort niedergebrannt. Die Pflanzungen der Indios konnte man nicht so leicht zerstören, sie hätten alles umackern müssen, um die Maniokwurzeln zu vernichten. Dazu hatten sie aber kein Gerät bei sich. Schon diese angelegten Pflanzungen hätten ihnen sagen müssen, dass sie auf eine Siedlung der an und für sich friedlichen Tainoindios gestoßen waren. Die gehörten zur großen Gruppe der Arahuac, was „Mehlesser" bedeutet, denn sie ernährten sich hauptsächlich vom Mehl des Maniok. Jagd und Kampf waren ihre Sache nicht, das pflegten vielmehr die Caribal. So hatte sie der Admiral Colón getauft, denn *cariba* heißt „tapferer Mann". Die Caribal liebten Fleisch und hassten pflanzliche Nahrung. Schon bald nach den ersten Begegnungen mit ihnen hieß es, dass sie auch gerne Menschenfleisch aßen. Daher wurden sie von den Spaniern auch als *canes*, Hunde, beschimpft. Aus cariba und canes entstand so später das Wort Kannibale. Mit ihren Keulen und Speeren waren die Caribal den Spaniern mit ihren Rüstungen, Schwertern aus Stahl und Schusswaffen im offenen Kampf natürlich unterlegen. Doch wo gab es in diesem Dschungel schon offenen Kampf? Die Wilden kannten hier jeden Fußbreit Boden und verschmolzen förmlich mit dem Dickicht, die Spanier tappten wie blinde Bären durch den Wald. Der Leutnant de Las Casas verlor auf seiner ersten Expedition keinen Mann im direkten Kampf. Aber alle, die zurückkehrten, hatten gelernt, dass Erschöpfung, Krankheit und die Natur der Insel Hispaniola die gefährlichsten Gegner waren. Ein paar Monate später ist die Truppe auf knapp zwei Dutzend Männer zusammengeschmolzen, aber die haben ihr brutales Handwerk auf dem neuen Boden gut gelernt. Sie sind Meister im Niederbrennen von Siedlungen, im Zerstören von Pflanzungen der Indios, im Fangen und Verschleppen von Männern und wehrlosen Frauen und Kindern geworden.

Der Aufstand der Einheimischen – war es wirklich je einer gewesen? – war jedenfalls gebrochen.

Vorerst wagte niemand der gefangenen Arbeitssklaven, sich unwillig zu zeigen, zu fliehen oder gar aus dem Schutz des Urwalds heraus die spanischen Herren anzugreifen. Dem Bartolomé de Las Casas konnte der Gouverneur von Hispaniola daher zur Anerkennung und Belobigung ein schönes Geschenk machen – Land und Menschen! Nahe der Residenz La Concepción am Janiqui-Fluß lag die *encomienda*, das „anheim gegebene Land" des neuen Gutsherrn. Und Anteile an den Goldminen von Cibao dazu. So war er für die nächsten Jahre ein *encomendero* geworden, ein Lehensherr der Krone, ein Pflanzer und Minenbeteiligter mit hunderten Eingeborenenhänden, die für ihn schufteten. Und auch Offizier geblieben, der bei Bedarf immer wieder zum Einsatz gerufen werden konnte.

Die wirtschaftliche Ausbeutung der von den Spaniern eroberten Länder der Neuen Welt war an und für sich in genauen Rechtsordnungen festgelegt. Das Land gehörte der Krone, die Indios waren tributpflichtige Untertanen. Ein Vizekönig und Gouverneure regierten die eroberten Gebiete – und so fühlten sie sich auch, als *conquistadores*, als Eroberer. Reichtum sollten die neuen Länder bringen, vor allem in Form von Gold und Silber. Den Reichtum des neuen Agrarlandes auszubeuten, dazu gab es ein in Spanien altes, bewährtes System. Schon bei der Rückeroberung spanischen Landes von den islamischen Mauren, der Reconquista, hatten die in den Schlachten überlebenden Kleinadligen und Tapferen den Boden als Lehen empfangen. Als Arbeitskräfte für die neuen Grundherren wurden gefangene Mauren und auch von den Portugiesen importierte Negersklaven eingesetzt. Man brauchte viele Arbeitskräfte, denn die Spanier verstanden nichts von der kunstvollen Agrarkultur und von den Bewässerungssystemen der besiegten Mauren. Ihre Methode war es, durch vermehrte Arbeitskraft gleich hohe Erträge wie früher die Muslime herauszuwirtschaften. Sevilla war so zu einem der bedeutendsten Umschlagplätze im Sklavenhandel geworden, und die Portugiesen machten mit gefangenen Schwarzafrikanern großartige Geschäfte.

In der Neuen Welt wurde unter etwas anderen Bedingungen nun dasselbe System benutzt. Spanische Siedler, verdienstvolle Kämpfer und natürlich auch die Conquistadores selbst bekamen die sogenannten Encomiendas: Ländereien, die natürlich zuerst urbar gemacht werden mussten. Mit diesem Land verbunden war auch die entsprechende Anzahl von Indio-Arbeitskräften. Die Indios waren rechtlich keine Sklaven, der Encomendero hatte sogar den Auftrag, sie zum Christentum zu erziehen und sie schonend zu behandeln. Denn ihre Arbeit war ihr Tribut an den spanischen König. Daneben gab es noch das Repartimiento-System. Diese Güter, vor allem Bergwerke, wurden von Beamten der Krone geleitet. Die waren keine Lehensherren mit Grund und Boden, sondern hatten nur den Auftrag, die Indios für die „Tributarbeiten" zu organisieren und zu überwachen.

Tatsächlich waren beide Systeme für die Indios nichts anderes als mörderischste Sklaverei. Die Encomenderos kümmerten sich keinen Deut um das Wohlbefinden ihrer Arbeitskräfte, von christlicher Missionierung konnte keine Rede sein. Die Indianer wurden auf die Felder und in die Bergwerke wie Vieh zur Arbeit getrieben und mit der Peitsche regiert, bis sie tot umfielen. Die Beamten in den *repartimientos* waren noch schlimmer, bei Ungehorsam und Widersetzlichkeit verhängten sie grausame Marterstrafen und ließen die Indios oft für geringe Vergehen hinrichten. Die Encomenderos fühlten sich wenigstens als Besitzer und Herren über Land und Eingeborene und waren daher manchmal sorgender für ihre Schutzbefohlenen.

Die Indios, die rechtlich keine Sklaven waren, aber wie Sklaven gehalten und behandelt wurden, hielten dieses Leben nicht aus. Psychisch und physisch waren sie für körperliche Schwerarbeit nicht geeignet. Sie hatten in dörflichen Gemeinschaften gelebt, unter der Führung ihrer Häuptlinge, hatten Feldbau und Jagd betrieben und standen in Familienverbänden zusammen. Jetzt waren die Indiofrauen Freiwild für die Spanier, die Familienstrukturen durch Zwangsarbeit auf den verschiedenen Gütern zerrissen, Dörfer zerstört und ihre eigenen Pflanzungen verwüstet. Viele Indios flohen in Gebiete, in die die Spanier noch nicht vorgedrungen waren. Noch mehr töteten sich und ihre Familien selbst. Tausende starben durch die Zwangsarbeit. Dazu kamen noch die Krankheiten, wie Pocken und Blattern, die die Weißen mitgebracht hatten und gegen die die Indios keine Abwehrkräfte besaßen. Als Bartolomé de Las Casas seine letzte Seereise nach Spanien antrat, war bereits mehr als die Hälfte der ursprünglichen Bevölkerung in den von Spanien eroberten Gebieten der Neuen Welt tot.

War auch er solch ein grausamer Despot gewesen? Langsam erst hatte er, der junge Encomendero Las Casas, gelernt, die Indios zu verstehen. Und sich bemüht, mit ihnen menschlicher umzugehen. Und so hat er es in seinen späteren Schriften formuliert:

In dieser Angelegenheit war zu jener Zeit der gute Padre genauso verblendet wie alle Laien, die er betreute ...

Der „gute Padre", wie sich Fray Bartolomé in seinen Erinnerungen selbst in der dritten Person nennt, der gute Padre musste er erst werden. 1506, nach drei Jahren Farmertätigkeit, nach ausgedehnten Brandrodungen und dem Anlegen von Zuckerrohrfeldern, nach ersten Handelserfolgen mit Getreide und dem mühsam raffinierten Zucker, mit erstem Wohlstand kehrte er nach Europa zurück. Eigentlich wollte er nur in Sevilla die Familie besuchen und bei dieser Gelegenheit auch seinen Erbteil in Anspruch nehmen. Dies sollte sich als schwieriger erweisen, als er ursprünglich dachte, aber schließlich gelang es ihm doch, sich auszahlen zu lassen. Das Geld wollte er in bessere Ackergeräte und in handbetriebene Maschinen für die Zuckerherstellung investieren. Aber es sollte ganz anders kommen. Die Überfahrt aus der Neuen Welt, aus „Westindien", wie man nun überall sagte, hatte er gemeinsam mit Bartolomé Colón gemacht. Dieser ältere Bruder des Admirals Cristóbal Colón war ein schweigsamer Mann. Seinen berühmten Bruder, der in Spanien bei Hofe in Ungnade gefallen war, traf er in der Heimat nicht mehr an. Der war eben verstorben. Und Bartolomé Colón sollte nach Rom gehen, um beim Heiligen Stuhl über die Missionierung der Indios in den spanischen Kolonien zu berichten. Den jungen Encomendero überredete er, mitzukommen. Dem kam es zupass, denn er hatte ein neues, ehrgeiziges Ziel – er wollte als Priester nach Westindien zurückkehren. Zuerst hatte er daran gedacht, sich die Weihe in Spanien zu kaufen, aber Papst Julius II. hatte von Rom aus eine derartig scharfe Bulle gegen die Simonie, den Handel mit geistlichen Ämtern und Würden, erlassen, dass das nun nicht mehr so einfach war. Er würde sich also direkt in Rom um die Erlangung der Priesterweihe bemühen. Das hatte er sich in den Kopf gesetzt.

Rom war für die beiden spanischen Pilger eine einzige verwirrende, laute und hektische Baustelle. Denn im April 1506 hatte der Baumeister Bramante mit der Errichtung einer neuen Basilika zu Ehren des heiligen Petrus begonnen. Die größte Kirche der Welt sollte sie werden. Und den ganzen Tag bis spät in die Nacht rumpelten schwere Ochsengespanne mit Steinen, Balken und Marmor beladen durch die Stadt. In den Straßen war man seines Lebens kaum sicher, sprengten doch auch unentwegt Landsknechtstrupps rücksichtslos in ständigem Hin und Her auf schweißbedeckten Pferden durch die Gassen. Papst Julius II. war mehr ein Cäsar als ein Pontifex, mehr Feldherr und Staatsmann als Heiliger Vater. Denn als Kardinal Guiliano della Rovere 1503 den römischen Thron bestieg, hatte er den Scherbenhaufen der vor ihm herrschenden Borgias vor sich. Mit eiskalter Diplomatie gegen die Interessen und die Intrigen Frankreichs und Venedigs, mit gepanzerter Faust und geworbenen Landsknechten gegen abgefallene Städte, so begann er seinen Staat wieder zusammenzuschmieden. Berühmt und gefürchtet waren seine tapfersten und treuesten Söldner, die er über den Alpen, im gebirgigen Helvetien, anwerben ließ. Zähe und knorrige Bauernburschen waren das, langsam und schwerfällig in der Sprache, aber schnell mit Schwert und Spieß. Julius II., den man in Rom fast nur im Harnisch zu Pferde sah und selten im Ornat, hatte seine Schweizer Garde prächtig ausstaffiert. Ein Künstler aus Florenz, der Bildhauer Michelangelo Buonarotti, soll die prächtigen Uniformen der Schweizer in Anlehnung an ihre ursprüngliche bäuerliche Tracht entworfen haben.

Julius hat für die beiden Emissäre aus der Neuen Welt wenig Zeit. Gelangweilt hört er nur mit halbem Ohr zu. Viele Papiere liegen vor ihm auf dem Tisch, und der scharfäugige Bartolomé de las Casas kann ausmachen, dass es sich um keine Schriftstücke, sondern um Skizzen handelt. Sind es Bauwerke oder Gemäldeentwürfe, denen der Heilige Vater mehr Aufmerksamkeit widmet als ihnen? Mit Problemen der christlichen Mission im fernen Westindien will sich der oberste Kriegs- und Bauherr Roms nicht eingehend beschäftigen. Ein kurzer Wink verabschiedet die Spanier. Und Bartolomé de Las Casas kommt nicht mehr dazu, seine Bitte um Priesterweihe und -amt auszusprechen, denn die Hofschranzen und Kleriker drängen sie förmlich aus dem Audienzraum hinaus.

Aber Geld hilft doch. Und auch einige Empfehlungsschreiben der Geistlichkeit Sevillas machen den Weg frei zur Aufnahme in ein Kollegium der römischen Kurie. Fast sechs Monate lebt nun der junge Gutsherr von der fernen Insel Hispaniola am anderen Ende der Welt in fast klösterlicher Zucht und Abgeschiedenheit, zum Studium und zur frommen Ertüchtigung und Erbauung. Mit Nachtwachen im Gebet, Fasten, schlechtem Essen und saurem Wein. Latein ist die einzige Unterrichtssprache. Das ist gut so, denn das römische Italienisch würde er zumindest bruchstückweise ja verstehen, nicht aber die Italiener sein hartes Spanisch, das sich noch dazu mit einigen indianischen Vokabeln aus Westindien gefärbt hat.

Überhaupt fühlt er sich als Spanier im priesterlichen Seminar und Kolleg isoliert. Auch hier spürt er, dass das einzige Interesse der europäischen Menschen an Westindien am Gold hängt.

Die Priesterweihe empfängt er mit vielen anderen gemeinsam in der Privatkapelle des Papstes. Diese Kapelle, die man die Sixtinische nennt, scheint ihm riesengroß. Vor allem ist sie gewaltig hoch, und die Decke ist tiefblau, mit goldenen Sternen bemalt. Da fühlt er wieder Sehnsucht nach der Hispaniola und dem dunklen, samtblauen Nachthimmel mit den strahlenden Sternen der Karibik. Bartolomé entgeht durch die Würde der Zeremonie und seine persönliche Ergriffenheit, dass Julius II., der der Priesterweihe gnädig beiwohnt, öfters unwillig zu eben dieser Decke der Sixtinischen Kapelle hinaufblickt. Schon lange denkt der Papst darüber nach, wen er damit beauftragen könnte, aus dieser für seinen Geschmack unproportionierten „Scheune" einen glanzvollen Kirchenraum zu machen.

Im Frühsommer 1508 geht der Weltpriester Las Casas von Spanien aus wieder auf See nach Westindien, dem er sich schon heimatlich verbunden fühlt. An Bord des Schiffes sind nicht nur neue Siedler, die auf Gold und raschen Gewinn hoffen, sondern auch Diego Colón, der älteste Sohn des verstorbenen Admirals und Vizekönig, der jetzt diese Ämter in Westindien antreten wird. Man kann nicht gerade sagen, dass er seinem berühmten Vater ähnlich sieht. Aber den Ehrgeiz und die Kühnheit des Conquistadors hat er zweifellos. Mit dem Priester und Gutsherrn Bartolomé schließt er rasch Freundschaft. Zwölf Stunden, nachdem sie in Santo Domingo glücklich an Land gegangen sind, erreicht ein Regensturm die Hispaniola, der drei Tage lang so wütet, dass überall schwere Schäden in den Siedlungen und Pflanzungen entstehen. Es ist gut, einen Diener Gottes an Bord zu haben, sagt dazu Diego Colón. Denn allen ist klar, dass keiner die Reise überlebt hätte und von ihrem Schiff nicht eine Blanke heil geblieben wäre, wenn sie dieser Tropensturm mit seiner fürchterlichen Wucht, seinen nicht enden wollenden Blitzen und schmetterndem Donner auf See getroffen hätte.

Stürme hat der alte Mann im Habit des Dominikanermönches auf dem Achterdeck der „San Pedro" viele erlebt. Stürme, die über See und Land rasten und aus denen der Zorn Gottes über die Ungerechtigkeit der Menschen sprach. Stürme der Entrüstung, die in seinem Inneren immer wieder aufloderten, wenn sich sein cholerisches Gemüt an der Habgier, der Überheblichkeit und der Dummheit seiner Gegner und Widersprecher entzündete. Und Stürme der Zeit, denen auch ein in Demut Geübter sich hilflos ausgesetzt fühlt. Viele Stationen seines Lebens sieht er heute wie Blitze im Regensturm aufleuchten.

Die Vergrößerung der Plantagen am Janiquifluss. Messe lesen und Spenden der Sakramente für spanische Herren. Erfolglose Versuche, seine Indios zu bekehren. Die elenden Hütten der ersten Predigerbrüder, die aus Spanien gekommen waren. Der Sonntag nach dem Allerheiligenfest in Concepción im Jahr 1510. Und die große kathechetische Predigt des Fray Pedro de Cordoba für die Indios. Die Stimme des Rufers in der Wüste am vierten Adventsonntag 1511. Die Dominikanerprediger beginnen den Kampf gegen das Herrschaftssystem der Spanier über die Indios. Diesmal ist es nicht der Obere Fray Pedro, sondern Fray Antonio Montesino, der in der Hauptkirche von Santo Domingo den fast vollständig anwesenden spanischen Regierungsbeamten, einschließlich des Admirals Diego Colón, bei Beginn seiner Predigt die Worte des Evangelisten Lukas entgegenschleudert: Ego vox clamantis in deserto... Und die unbedingte Verurteilung der Spanier und des ausbeuterischen Encomienda-Systems als Todsünde verkündet. Die flammende Entrüstung der Beschuldigten. Das Verlangen nach Widerruf. Die zweite Predigt des Fray Antonio am Sonntag danach. In der er nicht widerruft, sondern verstärkt. Und den Encomenderos die Lossprechung, das Sakrament der Beichte, verweigert. Die Eroberung Cubas. Admiral Colón und Diego Velázquez, der ernannte Gouverneur, verlangen Las Casas' Begleitung als Feldkaplan. Schließlich ist er ein erfahrener Soldat. Wieder die Schreckensbilder von Erschlagenen, Vertriebenen und Gefangenen. Messe lesen für die Soldateska, Beichte hören für die Offiziere, Trost und Letzte Ölung für die Sterbenden, wenn sie Christen sind. Beim Feldzug lernt er einen besonders ehrgeizigen Conquistador kennen, den studierten Rechtsgelehrten Hernán Cortés; mutig, raffgierig, skrupellos ist der. Die unerschütterliche Miene des ehrwürdigen Dominikanerpriesters, der ihm, dem Weltpriester Las Casas, nach der Rückkehr auf die Hispaniola die Absolution verweigert. Der beharrlich darauf hinweist, dass ein Encomendero, trage er auch Weihen was man wolle, in Todsünde lebt und von ihm keine Sakramente empfangen kann. Die neue Encomienda nahe der cubanischen Hafenstadt Xagua mit dem ganzen Dorf Canarreo am Arimaofluss als Lohn für seine treuen Dienste beim Feldzug. Der zunehmende Zweifel und die Zerissenheit der Seele. Gouverneur Velázquez bittet ihn, zu Pfingsten 1514 bei der Gründung der Stadt Sancti Spiritus die Messe zu lesen. Beim Studium der Bibel zur Vorbereitung der Pfingstpredigt stößt er auf die Worte des Jesus Sirach im Alten Testament.

Ein Brandopfer von ungerechtem Gut ist eine befleckte Gabe; Opfer der Bösen gefallen Gott nicht. Kein Gefallen hat der Höchste an den Gaben der Sünder, auch für ein Brandopfer vergibt er die Sünden nicht. Man schlachtet den Sohn vor den Augen des Vaters, wenn man ein Opfer darbringt vom Gut der Armen. Kärgliches Brot ist der Lebensunterhalt der Armen, wer es ihnen vorenthält, ist ein Blutsauger. Den Nächsten mordet, wer ihm den Unterhalt nimmt. Blut vergießt, wer dem Arbeiter den Lohn vorenthält.

Jetzt heult der tropische Sturm in seinem Gewissen, die Worte des Propheten haben ihn wie ein Blitz getroffen. Er zelebriert die Messe, hält seine Predigt, aber er weiß, dass er das Brot der Armen, der ausgebeuteten Indios, zum ungerechten Opfer macht. Er will dem Gouverneur Velázquez seine Encomienda zurückgeben, der beschwört ihn, den bereits laufenden Konflikt mit den Dominikanern nicht noch zu verschärfen. Bedenkzeit bis Mariä Himmelfahrt. Doch an diesem Tag, am 15. August 1514, verkündet der nun dreißigjährige Priester Las Casas seinen Verzicht und seinen bedingungslosen Rücktritt von den verliehenen ungerechten Gütern.

Es scheint ihm in seiner Bitterkeit, als wäre dies vor nun fast 33 Jahren sein einziger Sieg gewesen. Ein Sieg des eigenen Gewissens. Und der Beginn eines endlosen Bemühens und Kämpfens um die Gerechtigkeit. Wie viel Hoffnung hatte es in dieser Zeit gegeben, wie viele Rückschläge, wie viele Verhandlungen, Briefe, Disputationen, Intrigen, Verrat, gleichgesinnte Freunde, erbitterte Gegner und jene, die er am schwersten ertrug – die Gleichgültigen.

Die Dominikaner Fray Pedro und Fray Antonio waren nach ihrer Menschenrechtspredigt im Advent 1511 gemeinsam mit den schriftlichen Anklagen gegen sie nach Spanien gereist. Immerhin konnten sie dort vor einer eingesetzten Kommission und gegen die Meinung ihres eigenen Ordens in den *leyes de Burgos*, den Gesetzen von Burgos, kleine Fortschritte erzielen. Das Encomienda-System, „diese vom Satan erfundene moralische Pestilenz", wurde bestätigt, jedoch die schlimmsten Übergriffe gegen die Indios verboten. Es blieb natürlich Papier, niemand in der Neuen Welt scherte sich auch nur im Geringsten darum. 1515 ging Las Casas selbst an den spanischen Hof. Er hatte Pedro de Córdoba in Santo Domingo versprochen, sich so einzusetzen, dass weitere Reformen erlassen würden. Es gelingt ihm sogar, eine Audienz bei König Ferdinand zu erreichen, der sich beeindruckt zeigt, um Bedenkzeit bittet, aber kurze Zeit danach stirbt. Bis der Enkel des Königs, der sechzehnjährige

Carlos, inthronisiert werden kann, wird Las Casas mit den
Interimsregenten die Reformverhandlungen weiterführen. Kar-
dinal Jiménez de Cisneros ist Franziskaner und ihm nicht un-
freundlich gesinnt. Schließlich hat ihm Las Casas damals aus
Rom den Brief zur Erhebung in den Kardinalsstand als Bote des
Papstes gebracht. Aber zögerlich ist der Kardinal, diplomatisch
und vorsichtig. Der zweite Mitregent, Kardinal Hadrian von
Utrecht, spricht kein Wort Spanisch. Las Casas muss daher seine
Memoranden und Anklageschriften ins Lateinische übertragen.
Wieder monatelange Kommissionsarbeit, juristische, theologi-
sche und politische Auseinandersetzungen, in der die Gegner
nicht nur zu widerlegen, sondern auch zu betrügen suchen.
Doch es kommt wenigstens zu einem Reformvorschlag. Las
Casas bekommt seinen Titel als „Beschützer und Fürsprecher“,
und Cisneros schickt ihn mit einigen Hieronymitenmönchen
und spanischen Siedlern wieder in die Neue Welt zurück. Die
Hieronymiten hätten in Spanien große Erfahrungen in der
Verwaltung von Landgütern und würden mit ihren Bauern die
Reformansätze bestimmt beispielhaft umsetzen.

Es wird ein Desaster. Kaum in der Neuen Welt angekom-
men, laufen die Bauern den Mönchen davon, weil sie als
Sklavenjäger mehr Geld verdienen. Und die guten Padres finden
sich in Amerika mit ihren Ansichten und Methoden nicht
zurecht. Las Casas bekommt mit diesen bockbeinigen und starr-
sinnigen Mönchen offenen Streit. Wieder segelt er nach
Spanien, wieder Verhandlungen mit dem Kardinal, doch
Cisneros ist bereits schwer krank und stirbt. Drei Jahre bleibt
Las Casas in Spanien. Der spanische König Carlos wird Kaiser
Karl V., Hernán Cortés erobert mit rund 600 Mann das riesige
Aztekenreich, in dem nun Ströme von Blut und Gold für
Spanien fließen. Der Kaiser gibt den Franziskanern und Domi-
nikanern ein großes Missionsgebiet in Venezuela, das auch in
Blut untergeht. Denn genau dort hatten spanische Sklavenjäger
so gehaust, dass sich die Indios gegen ihre Missionare auflehn-

ten. Die Vorstellung von einer friedlichen Missionierung, das von den Dominikanern erdachte Verapaz, das Friedensmodell, ist damit zum zweiten Mal vernichtet worden. Schon sieben Jahre früher hatte es Fray Pedro an der Küste Venezuelas versucht. Auch ihn haben die Indios wegen damals beute- und blutgierigen spanischen Conquistadores vertrieben.

Die christliche Missionierung der Indios soll – so die dominikanische Idee – in sogenannten Reduktionen vor sich gehen. Das sind Gebiete, in die außer den Missionaren kein weiterer Spanier, sei er Siedler oder Soldat, Händler oder Glücksritter, eindringen darf. In denen die Eingeborenen ihr Leben unter der Verwaltung ihrer Kaziken, ihrer Häuptlinge, in ihren Dorfgemeinschaften führen. Auch Reduktionen sind tributpflichtig, aber die Tribute und Abgaben müssen so niedrig sein, dass sie die Menschen und das Land nicht ausbeuten und zerstören. Aber wie soll so etwas gelingen? Denn überall, wo ein friedlicher Missionar den Fuß an Land setzen möchte, überall dort sind die blutverschmierten Hände der Weißen schneller. Und deren Grausamkeiten sind so unbeschreiblich, dass auch die friedlichsten Indios zu Kriegern werden und ihre Unterdrücker angreifen. So kommen auch fromme Brüder zu Tode. Es war ein unendlich weiter Weg bis zur ersten geglückten Reduktion. Und der Dominikaner Las Casas begann dieses Projekt mit einem Geheimvertrag. Am 2. Mai 1537 schloss er mit dem Gouverneur von Guatemala, Maldonado, die Vereinbarung, dass in einem künftigen Missionsgebiet kein weiterer Spanier außer den Missionaren leben durfte.

1521 war Las Casas zum vierten Mal nach Amerika gesegelt. In Puerto Rico wollte er mit 70 Laienmissionaren eine friedliche Kolonie zur Missionierung gründen. Bereits vorher geplante Militäraktionen gegen die Bevölkerung der Insel konnte er aber trotz aller Beredsamkeit nicht abwenden. Ein Gouverneur der Neuen Welt wollte eben lieber Indios erschlagen als ein friedliches Experiment zulassen. Im selben Jahr starb Fray Pedro de

Córdoba, der erste Obere der Dominikaner in Amerika. Sein Nachfolger wurde Domingo de Betanzos, dem es letztlich gelang, den streitbaren, aber verzweifelten Priester Las Casas in den Dominikanerorden aufzunehmen. 38 Jahre war Las Casas damals gewesen. Bereits kahlköpfig, aber trotz der Strapazen seiner vielen Überseereisen körperlich bei vollen Kräften und ungebrochen. Alle waren froh über seinen Ordenseintritt, erinnert er sich sarkastisch. Die Brüder, weil sie einen wichtigen Mitstreiter für ihre Sache hereingeholt hatten. Die anderen, weil man diesen lästigen Aufrührer und gefährlichen Moralapostel endlich hinter Klostermauern verschwinden sah.

Tatsächlich holt ihn das Ordensleben für die nächsten zehn Jahre aus seiner „politischen" Arbeit für die Indios heraus. Fray Domingo scheint dies auch zu beabsichtigen. Später wird er einer seiner gefährlichsten Gegenredner werden. Aber jetzt macht er ihn zum Prior eines neu gegründeten Konvents. An der Nordküste der Hispaniola, in Puerto de Plata, kann dieser – nun Fray Bartolomé de Las Casas – wenig Aufruhr bewirken. Ausgenommen in den Sonntagspredigten für die wenigen Weißen, die dort leben. Kann schon sein, dass er das eine oder andere Mal von der Kanzel gerissen wird, dass ihm auf offener Straße Steine nachgeworfen werden, aber das sollte er ja gewohnt sein. In der Stille des Konvents beginnt Las Casas aber auch seine wichtigsten Werke zu schreiben. Die Bücher *Historia de las Indias* und *De unico vocationis modo*. Fray Bartolomé wird erst im Jänner 1531 aus „dem Schlaf erwachen", wie er es später ironisch kommentiert. Kaiser Karl V. hatte im Jahr zuvor wieder einmal die Sklaverei verboten. Etwas, das in der Neuen Welt niemanden zu Veränderungen veranlasste. Der wütende Brief des Dominikaners an den *consejo de indias*, den Indienrat des Kaisers in Spanien, war Auftakt zu den wieder aufflammenden Auseinandersetzungen.

Seit der Eroberung Mexikos sah man die Indios in Spanien und Europa mit anderen Augen. Führten frühere Berichte sie ab

D. FR. BARTHOLOME DE LAS CASAS
Del Orden de Predicadores, Obispo de Chiapa
Varon apostolico, y el mas zeloso de la felicidad
de los Indios.
Nació en Sevilla el año de 1474, y murió en Mad
el de 1566.

Verteidiger der Indios: Bartolomé de Las Casas

195

und zu auch einmal als friedliche Menschen an, deren geistige Anlagen völlig entwickelt wären, so werden sie nun zu monströsen Ungeheuern umstilisiert. Als primitive, schmutzige, schamlose, mordende und Menschen fressende Bestien, deren Geist nie an den eines europäischen Christenmenschen heranreichen könne. Schließlich brauchte es ja auch moralische Rechtfertigung für die Zerstörung, Unterjochung und rücksichtslose Ausblutung eines einst so großen Reiches. Die Menschenopfer, die die Azteken ihren Göttern gebracht hatten, waren aus christlicher Sicht selbstverständlich abzulehnen, doch wo blieb die Verurteilung der spanischen Gräuel? In Europa verfasste der spanische Humanist Juan Gines de Sepulveda, der eifrig mit Erasmus von Rotterdam korrespondierte, ausführliche Argumentationen gegen eine Gleichstellung der Indianer mit europäischen Menschen, insbesondere mit Spaniern. Sein Wissen bezog er ausschließlich aus überseeischen Berichten, persönlich war er nie in die Neue Welt gereist und sollte es auch nie tun. Inzwischen hatte ein anderer großer spanischer Eroberer, Francisco Pizarro, mit einem Häufchen goldgieriger Männer das Reich der Inkas in Peru erobert, den Herrscher Atahualpa umgebracht. Und unermessliche Kunstwerke aus Gold zu Barren eingeschmolzen.

Las Casas wurde 1536 vom Bischof Francisco Marroquín nach Guatemala eingeladen. Er reiste nun in das Land, das im selben Jahr erobert worden war, als er in Santo Domingo seine Profess abgelegt hatte. Die nächsten Jahre widmete er sich seinem vorerst wichtigsten Projekt, der Errichtung der ersten Reduktion. Bis ihn neuerlich die europäische Politik zu einer Rückreise nach Spanien zwingt. Denn in der Zwischenzeit waren erneute Hoffnungen wieder zerschlagen worden. Fray Bernardino Minaya, einer der besten Mitstreiter um die Rechte der Indios, war 1535 nach Europa gesegelt, um die immer mehr zunehmende Versklavung der Eingeborenen zu bekämpfen. Sein schlimmster Gegner in Amerika war inzwischen Domingo de Betanzos geworden, der jetzt Provinzial der Dominikaner in der

Provinz Mexiko war. Betanzos war es gewesen, der Las Casas in den Orden geholt hatte. Aber nun war er ein wilder und scharfer Verfechter einer indianerfeindlichen Einstellung, die wortwörtlich darin gipfelte, die Indios hätten nicht mehr Verstand als die Papageien. Solche Berichte und Darstellungen stützten in Spanien einen der mächtigsten Dominikaner – Fray García de Loaisa, Ordensmeister, Erzbischof von Sevilla, Kardinal und Präsident des kaiserlichen Indienrates. Auch er war stets indianerfeindlich gewesen. Trotzdem war Minaya mit Erlaubnis des Kaisers und einem Empfehlungsschreiben der kaiserlichen Gemahlin nach Rom gereist. Und hat beim Heiligen Stuhl erreicht, dass Anfang Juni 1537 Papst Paul III. eine Bulle über die vollen Menschenrechte der Indios erließ. Dazu die nötigen Sendschreiben, die Breven. Diese Bulle *Sublimis Deus* hielt nur ein Jahr, dann musste sie der Papst zurückziehen. Kardinal Loaisa war letztlich stärker geblieben. Er hatte den Kaiser bewogen, die Bulle in allen spanischen Ländern beschlagnahmen und aufheben zu lassen. Der Papst habe sich nicht in die Belange der spanischen Krone einzumischen.

Zwischen den Predigerbrüdern, den Dominikanern, fand also ein innerer Krieg statt, eine Auseinandersetzung zwischen der Neuen und der Alten Welt. Der mutige Fray Bernardino Minaya, der schon glaubte, einen entscheidenden Sieg errungen zu haben, musste auch persönlich die Konsequenzen tragen. Er wurde aus Übersee zurückbefohlen und in ein unbedeutendes Kloster verbannt. Schließlich trat er aus dem Orden aus und wurde ein Augustiner-Chorherr. Las Casas zog ab 1540 in Spanien alle Register der Verhandlungskunst. Sein ungestümes und jähzorniges Temperament hatte der nun Sechsundfünfzigjährige im Interesse der Sache fest im Griff. Ein „Heilmittel für ganz Indien" verspricht er dem Kaiser, neue Gesetze – *leyes nuevas* – strebt er an. Und der fast allmächtige Gegner, der Kardinal Loaisa, schwenkt langsam um. Offensichtlich spürt er den sich anbahnenden Machtverlust. Er muss einen indianerfreundlichen

Koadjutor akzeptieren, er muss sein Amt als Generalgouverneur der Länder in Übersee an den spanischen Kronprinzen Philipp abgeben. Trotzdem scheint es für Las Casas eine unendliche Dauer zu sein, bis am 4. Juni 1543 Prinz Philipp die vom Kaiser huldvollst bestätigten und dann neu überarbeiteten Gesetze, die *leyes nuevas,* am Hof in Valladolid unterzeichnet. Die neuen Gesetze verbieten jegliche Versklavung und Misshandlung der Indios, jede Verschleppung, jeden Menschenhandel bei Todesstrafe. Das Encomienda-System ist ebenfalls so gut wie aufgehoben. Der Kaiser schlägt wohlwollend Las Casas zum Bischof von Chiapa in Guatemala vor, 1544 wird der Sechzigjährige im Dominikanerkloster San Pablo in Sevilla zum Bischof geweiht. Im Juli dieses Jahres geht der Bischof Bartolomé de Las Casas wieder an Bord eines Schiffes, das ihn über den großen Ozean bringt. Er fühlt sich glücklich und erfolgreich. Schon von Spanien aus hat er die dominikanische Mission in Tezulutlan organisiert, jenem Gebiet in Guatemala, dem die Spanier den Namen „Kriegsland" gegeben haben. Jetzt hat Prinz Philipp diesem Land den offiziellen Namen Vera Paz gegeben. Aber die *leyes nuevas* sind verloren.

Die Erinnerung daran sitzt dem Mann auf dem Achterdeck der „San Pedro" wie ein Dolch in der Brust. Unter dem Jubel der indianischen Bevölkerung war er in seine Bischofstadt Ciudad Real de Chiapa eingezogen, auch die Liebe der Mitstreiter und Gefährten im Orden und in der Mission hatte ihn förmlich überschwemmt. Er wollte damals nicht zur Kenntnis nehmen, mit welcher Eiseskälte ihm die Beamten, das Militär, die Kirche, die Siedler, also das offizielle Spanien in der Neuen Welt, entgegentraten. Dass er von diesem gemieden und behandelt wurde wie ein räudiger Hund. Die Huld des Kaisers, die Würde eines Bischofs, das konnten sie doch nicht wegwischen, die erbitterten Gegner? Es entging ihm, wie groß der Proteststurm war, der gegen die Neuen Gesetze entfesselt wurde.

Und es traf ihn wie ein Keulenschlag, als er erfuhr, dass im Oktober 1545 der Kaiser das Gesetzeswerk widerrufen hatte. Denn zu groß war die Furcht des Kaisers, die unverzichtbaren Einnahmen, das Gold Amerikas, zu verlieren.

Las Casas hat seine Diözese verlassen.

Er hat resigniert?

Er hat sich lange mit seinen Brüdern und Mitstreitern beraten.

Er hat die Reise angetreten, weil er hofft, in Spanien mehr tun zu können.

Er muss stark im Glauben bleiben, aber der Schmerz nagt an ihm.

Er wird sein Bistum wohl zurückgeben.

Er wird Schriften verfassen, Streitgespräche führen, predigen.

Wahrscheinlich wird man ihn sogar wegen Hochverrats anklagen.

Er muss seinen Kampf für die Indios weiterführen.

Und er wird zusätzlich einen neuen Kampf aufnehmen müssen – den gegen die Versklavung der Schwarzen. Denn der Sklavenhandel mit afrikanischen Menschen beginnt gerade aufzublühen.

Hatte er nicht selbst damals im Jahr 1517, während des gescheiterten Unternehmens mit den Hieronymitenmönchen, den Vorschlag gemacht, das Leiden der Indios durch den Einsatz von wesentlich kräftigeren und duldsameren afrikanischen Sklaven zu lindern? Obwohl Kaiser und Päpste sich mehrfach gegen den Sklavenhandel ausgesprochen hatten? Der, wie die Bulle Papst Leos X. sagt, „nicht allein durch die christliche Religion, sondern auch durch die Natur selbst verdammt ist". Doch wo blieb das christliche Gewissen der Portugiesen und der Spanier in dieser Frage? Sie stützten sich auf ihre eigene Bibelauslegung. Die Neger, so behaupteten sie, seien die „Kinder des Ham", von denen im Buch Genesis doch geschrieben steht, dass sie „die Knechte ihrer Brüder" sind. Afrikanische Sklaven durften daher nicht schreiben und lesen lernen, nicht zu Christen gemacht werden. Also wurden sie nicht als wahre Menschen betrachtet, und ihre Gefangennahme, ihre Verschleppung und ihr Verkauf waren in dieser Lesart christliche Geschäfte. Und doppelt profitabel geworden für Kaufleute und Kapitäne, die Schiffe voller in Ketten geschlossener schwarzer Männer, Frauen und Kinder nach Amerika verkauften. Und mit denselben Schiffen das Gold, die Baumwolle, den Zucker nach Spanien zurückbrachten. Welch ein Hohn gegen Gottes Liebe und Barmherzigkeit!

So schnell wie die Helligkeit des Morgens über dem Meer aufgestiegen ist, so schnell ist sie in der letzten halben Stunde auch wieder verflogen. Sturmwolken bedecken den Himmel, scharfe Böen peitschen über das Meer. Im Halbdunkel leuchten die Schaumkronen der Wellen, und Gischtfahnen sprühen über den Bugspriet der „San Pedro". Die Matrosen müssen Segel reffen und schicken Stoßgebete zum Himmel. Auf den alten Mann am Achterdeck achten sie nicht. Der hat sein Brustkreuz ergriffen und streckt es mit der Rechten in jene Richtung, in der er die zurückliegenden Küsten vermutet. Will er das Meer bannen, den zornigen Sturm? Er, der nun zum achten Mal den riesigen Ozean überquert.

„Cristos salva nos", betet der kleine, kahlköpfige alte Mann mit den brennenden Augen unter den buschigen Brauen im Heulen des Windes. „Der Herr erlöse und behüte euch. Und verzeihe mir Sünder, denn ich war zu schwach und habe gefehlt. Ich habe in Westindien Jesus Christus, unseren Herrn, gegeißelt, unterdrückt, erschlagen und gekreuzigt zurückgelassen, nicht einmal, sondern tausendmal."

Zeittafel

1484 Bartolomé de Las Casas wird in Sevilla geboren

1492 12. Oktober: Cristóbal Colón (Christoph Columbus) landet in San Salvador und entdeckt „Westindien"

1493 Der deutsche König Maximilian I. wird zum Kaiser gekrönt. Papst Alexander VI. überträgt der spanischen Krone die Herrschaft über die „neu entdeckten Inseln" und das Recht zur Mission

1493 – 99 Bartolomé de Las Casas' Vater Pedro nimmt an der zweiten Reise von Cristóbal Colón teil

1496 Durch die Heirat Philipps des Schönen (Sohn von Maximilian I.) mit der spanischen Erbtochter Johanna der Wahnsinnigen kommt die spanische Krone an das Haus Habsburg

1500 Bartolomé de Las Casas kämpft in Spanien gegen aufständische Morisken in Granada

1502 Las Casas reist als Soldat zum ersten Mal nach Westindien, nach Santo Domingo auf der Insel Hispaniola (heute Haiti und Dominikanische Republik)

1504 Der Reisebericht *Mundus Novus* von Amerigo Vespucci erscheint. Von da an wird der neu entdeckte Kontinent „Neue Welt" genannt
Las Casas hat für Verdienste im Kampf gegen aufständische Indios seine erste Encomienda erhalten

1506 – 08 Las Casas reist nach Europa zurück, wird in Rom zum Priester geweiht und kehrt wieder auf die Hispaniola zurück

1510 Ankunft der ersten Dominikaner in Santo Domingo, darunter Fray Pedro de Córdoba und Fray Antonio Montesino. Bau des ersten Dominikanerklosters in der Neuen Welt

1511 Vierter Adventsonntag: Menschenrechtspredigt von Fray Antonio Montesino

1512 Die spanische Krone erlässt die „Gesetze von Burgos"
Las Casas nimmt als Feldkaplan an der Eroberung Cubas teil

1513 Pedro de Córdoba versucht an der Küste Venezuelas eine Reduktion zu errichten. Der Versuch scheitert

1514 Las Casas bekommt auf Cuba eine neue, größere Encomienda zugesprochen. Am 15. August dieses Jahres verzichtet er endgültig darauf. Zusammentreffen mit Pedro de Córdoba in Santo Domingo. Reise nach Spanien. Am 23. Dezember 1515 Audienz für Las Casas bei König Ferdinand in Plasencia

1516 Nach dem Tod König Ferdinands im Jänner beginnt Las Casas Verhandlungen mit den Interimsregenten Kardinal Cisneros und Kardinal Hadrian von Utrecht um eine Gesamtreform. Er wird zum *protector y defensor de indios* ernannt. Ende dieses Jahres Rückreise nach Amerika mit einigen Hieronymitenmönchen und Siedlern, um die besprochenen Reformen umzusetzen

1517 Die Reformversuche scheitern. Konflikt zwischen Las Casas und den Hieronymiten. Las Casas segelt wieder nach Spanien, um die Verhandlungen mit Cisneros weiterzuführen. Am 8. November dieses Jahres stirbt der Kardinal

1519 Der neue spanische König Carlos I. wird zum Kaiser – Karl V. – gewählt
Cortés beginnt die Eroberung des Aztekenreiches in Mexiko

1521 Im Februar tritt Las Casas seine vierte Amerikareise mit 70 Laienmissionaren nach Puerto Rico an. Auch dieser Missionsversuch scheitert. Nach dem Tod von Pedro de Córdoba wird Domingo de Betanzos neuer Oberer der Dominikaner in Übersee

1522 Las Casas tritt in Santo Domingo in den Dominikanerorden ein

1523 Eroberung Guatemalas durch Pedro Alvarado

1526 Las Casas wird Prior in Puerto de Plata an der Nordküste der Hispaniola

1530 Karl V. in Bologna von Papst Klemens VII. zum Kaiser gekrönt

1532 – 33 Francisco Pizarro erobert das Inkareich in Peru

1536 Las Casas reist auf Einladung des Bischofs nach Guatemala

1537 2. Mai: „Geheimvertrag" zwischen Las Casas und dem Gouverneur von Guatemala über die Errichtung einer Reduktion

2./9. Juni: Papst Paul III. unterzeichnet die Menschenrechts-
bulle *Sublimis Deus*

1538 19. Juni: Der Papst widerruft unter dem Druck der spani-
schen Krone die Bulle
Errichtung der ersten Reduktion in Guatemala durch Las
Casas

1540 Las Casas reist nach Spanien und setzt sich am Hof für
Verhandlungen über eine Gesamtreform ein

1542 20. November: Karl V. bestätigt die *leyes nuevas* zum Schutz
der Indios

1543 4. Juni: Unterzeichnung dieser Gesetze
16. Juni: Karl V. schlägt Las Casas zum Bischof von Chiapa in
Guatemala vor

1544 30. März: Las Casas wird im Dominikanerkloster San Pablo
zu Sevilla zum Bischof geweiht. Erneute Reise nach Amerika,
um sein Amt anzutreten. Gleichzeitig Beginn der Proteste der
in Übersee lebenden Spanier gegen die *leyes nuevas*

1545 Las Casas trifft in seiner Bischofstadt ein. Am 20. Oktober
widerruft Karl V. die wesentlichen Teile der *leyes nuevas*

1546 Las Casas resigniert und verlässt seine Diözese

1547 Las Casas kehrt Anfang des Jahres nach Spanien zurück

1550 Las Casas verzichtet endgültig auf sein Bistum. Beginn der
Disputation zwischen Las Casas und Sepulveda in Valladolid.
Die folgenden Jahre bringt Las Casas Schriften und Protokolle
der Disputationen heraus und sorgt für die Drucklegung mehrerer Traktate und seiner bedeutenden Schriften. Sein schriftli-
ches und persönliches Eintreten für die Befreiung und die
Rechte der Indios ist ungebrochen

Ab 1561 Las Casas lebt im Konvent „Nuestra Señora de Atocha" in
Madrid

1566 18. Juli: Las Casas stirbt im Alter von 82 Jahren. Er wird am
20. Juli beigesetzt. Der Ort seiner Begräbnisstätte ist heute
nicht mehr bekannt

– Giordano Bruno –

DER FÜRST DER KETZER

LONDON, HAUPTSTADT DES KÖNIGREICHS ENGLAND, BUTCHER ROW
IN UND UM DAS HAUS DES FRANZÖSISCHEN GESANDTEN
A. D. 1584, AN EINEM DER LETZTEN FEBRUARTAGE

Der Sturm auf das Haus und die blutige Prügelei kommen in
ihrer Heftigkeit doch überraschend. Mit Anpöbelungen war zu
rechnen gewesen, aber dass aus dem Straßenpöbel Londons, aus
dem Hafengesindel und aus an sich ehrbaren Handwerksbur-
schen eine förmliche Truppe aufgeboten wurde, das hat den
Marquis de Mauvissiere, Michel de Castelnau, Gesandter des
französischen Königs, denn doch fast überrumpelt. Schon am
frühen Morgen haben ihm Diener berichtet, dass in der Butcher
Row, der Straße, in der das Haus des Gesandten liegt, sich merk-
würdige Gestalten herumtrieben, die nicht in dieses bessere
Viertel passen. Vierschrötige Stauer und Schauerleute vom
Hafen, auffällige Galgenvogelgesichter, aber auch einige elegante
junge Herren mit Federhut und Degen, die mit diesem plumpen Gesindel tuschelten. Auch sollen schnell und verstohlen
Münzen von Hand zu Hand gegangen sein. Der Marquis hat
die Dienerschaft angewiesen, verstärkte Aufmerksamkeit walten
zu lassen, das Haustor zu sichern, die Fensterläden zu überprüfen, und die im Haus lebende Familie, die Gäste und die Diener
und Mägde angehalten, heute das Haus möglichst nicht zu verlassen. Noch wusste man nicht genau, worum es bei der offensichtlich vorbereiteten Straßenaktion gehen würde. Doch bevor
am späteren Vormittag dann ein Rudel Menschen lautstark die
ganze Straße verstopfte, war ein Bote von Sir Fulke Greville
noch ins Haus geschlüpft. Er berichtete atemlos, dass vor knapp

einer Stunde eine andere aufgewiegelte Menschenmenge die Druckerwerkstätte des Peter Blackmaster gestürmt und zerstört hätte. Der hätte mit seiner Familie fluchtartig das Haus und die Stadt verlassen müssen, er werde wohl schon auf dem Weg ins Exil im katholischen Schottland sein. In London, wenn er wiederkehrte, würden sie ihm jeden Knochen im Leib zerbrechen, hatte man ihm nachgeschrien. Oder ihn wie diesen Frevler, dessen Buch er gedruckt hatte, in Stücke reißen. Was man gleich anschließend besorgen wolle, und dann hatte sich der Mob zur Verstärkung der Meute in der Butcher Row in Marsch gesetzt. Nur weil die Rotte noch vorher in den umliegenden Schenken sich mit Ale und Wacholderbranntwein stärken musste, sei er, so der Bote, schneller vorangekommen. Übrigens ließe sein Herr ausrichten, dass dieses neueste Werk des Mister Bruno denn doch auch wirklich zu stark sei. Er fände es selbst ziemlich schockierend. Und sei deshalb auch in den letzten Tagen nicht zu Tisch im Hause des Gesandten gewesen.

Eine halbe Stunde später hat der Tanz auf der Straße begonnen. Wüstes Schreien und ordinäres Geschimpfe auf die welschen Papisten, die italienischen Hurensöhne, die gelbgesichtigen Spaniolen und alle katholischen Mörder und Blutsauger. Drohend geschüttelte Fäuste, schrilles Weibergekreische von mitgelaufenen Straßendirnen, ein Pflastersteinhagel gegen die Fassade, sodass man im letzten Moment die kostbaren Butzenfenster nur noch mit vorgezogenen Holzläden retten konnte, und vereinzelt sogar Armbrustbolzen, die sich mit dumpfem Aufschlag in die eichene Haustür bohrten.

Der Marquis ist nicht nur ein weit gereister und gebildeter Mann, er ist auch ein erfahrener Offizier. Für seinen König hat er in den Hugenottenkriegen in einigen Schlachten tapfer gefochten. Kriegswaffen hat man nicht im Haus, aber er formiert seine französischen Bediensteten, die schon als Soldaten unter ihm gedient haben, wie auch die loyalen englischen Hausknechte. Hinter dem Haustor, auf der Treppe und in der Vorhalle. Kräftige Holzprügel würden schon ihre abschreckende Wirkung tun. Denn sollten die ...

Schneller als er dachte, ist das Haustor eingerammt. Die eindringenden Randalierer verströmen Bierdunst, und ihre Augen blitzen mordlüstern aus verschlagenen Gesichtern. Das Getümmel auf engstem Raum, der Kampf Mann gegen Mann lässt, wie man auf dem Kontinent so sagt, kein Auge trocken. Aus den hinteren Zimmern des Hauses, wo der Marquis Frau und Kinder verbarrikadiert hat, hört man spitze Angstschreie und herzzerreißendes Kinderweinen. Das stachelt die Verteidiger zu Löwenmut an. Es wird gehauen, getreten, gewürgt und gerungen, es werden Nasenbeine gebrochen, Gelenke verdreht und Zähne ausgeschlagen, sodass kein Jabot, kein Wams, kein Fischerhemd und auch kein Lederlatz ganz oder ohne Blutspuren bleibt. Mit lateinischen Kampfrufen stürmen vom Oberstock noch zwei Männer nach unten in die Schlacht. Ein feingliedriger, zierlicher, von dem man kaum glauben möchte, dass er mit dem ausgerissenen Stuhlbein einen Londoner Matrosen niederschlagen könnte, bevor man es nicht staunend zur Kenntnis nimmt. Und ein romantischer, dessen Kleidung von der Liebe zum Süden erzählt, dessen Fäuste aber den echt britischen Faustkämpfer verraten. Der Philosoph Giordano Bruno und sein Freund, der Universitätslehrer John Florio, die ständigen Gäste des Hauses, kommen zu Hilfe. Fast alles Mobiliar geht in Trümmer, bis die Männer in der Botschaft das Gesindel zur Tür hinausgedrängt haben. Selbstverständlich hätten alle zusammen gegen diese vielfache Übermacht von der Straße her keine Chance gehabt, wenn nicht zu guter Letzt mit Hellebarden bewaffnete Konstabler, die Polizisten des Lord Mayors of London, in der Butcher Row aufgetaucht wären. Auch nur ein halbes Dutzend, aber der Londoner Mob, der an Respektlosigkeit, Rohheit und Wildheit keinem anderen Pöbel nachsteht, ist wenigstens so klug, dass er weiß, dass jeder am nächsten Galgen hängt, der einem Konstabler auch nur vor die Füße spuckt. Unerschütterlich, aber auch völlig unbeteiligt, scheuchen die Konstabler mit quer gedrehten Hellebarden die letzten Zeternden aus der Butcher Row. Keinem von ihnen würde es einfallen, sich darum zu kümmern, ob im Haus des Marquis vielleicht Hilfe nötig wäre. Schließlich sind sie zwar Ordnungshüter, selbst aber treue Briten. Mit diesen papistischen Ausländern vom feindlichen Kontinent wollen auch sie nichts zu tun haben.

Im Haus des Marquis, des französischen Botschafters am Hof Elisabeths I., beginnen die Verarztung der Blessierten und die gröbsten Aufräumungsarbeiten, bevor man in der Küche fragen lässt, was der Maître, der noch vor kurzem mindestens zwei große Kupferpfannen auf englischen Köpfen verbeult hat, unter solch unkomfortablen Bedingungen heute wohl auf den Mittagstisch bringen könne.

Der Dozent und sein Freund, der Philosoph, ziehen sich in ihre Kammern zurück, um die erhitzten Gesichter zu kühlen und die stark in Mitleidenschaft geratene Oberbekleidung zu wechseln. Nicht ohne innere Befriedigung, denn dem sechsunddreißigjährigen ehemaligen Dominikanermönch Giordano war es durchaus auch ein sinnliches Vergnügen, die ihm so ekelhaften Engländer aufs Haupt zu schlagen. Lieber jedoch hätte er die Lehrbefugten eines der Colleges von Oxford verdroschen. Denn die sieht er als noch schlimmere Feinde an als den Straßenmob.

Hätte man ihm in Oxford einen Lehrstuhl gegeben, hätte er nicht sein philosophisches Pamphlet *Das Aschermittwochsmahl* geschrieben und in Druck gegeben. Voller großartiger Attacken und satirischer Angriffe gegen diese anmaßende, selbstgefällige und dabei tölpelhafte englische Gelehrtenwelt und dieses in allen Bereichen unterentwickelte Land mit seiner düsteren, regnerischen und nebligen Hauptstadt. Ihm, dem Weitgereisten, der hier freie und fortschrittliche Geisteslehre erwartete, schien auch dieses London – angeblich die größte Stadt Europas – mit seinen niedrigen Häusern in grober Fachwerkbauweise, seinen morastigen, lichtlosen und trüben Straßen, seinen groben

Menschen eine einzige Beleidigung für Auge, Nase und Gemüt zu sein. Vor knapp einem Jahr war er im Gefolge des Marquis hier angekommen und hatte sich artig dem Vizekanzler der Universität Oxford angetragen. Mit seinem Buch über die Gedächtniskunst, der *Eplicatio trigiato sigillorum*, der Erklärung der dreißig Siegel, dem er eine persönliche Widmung hinzugefügt hat.

„Philoteus Jordanus Brunus aus Nola, Doktor einer tiefer ausgearbeiteten Theologie, Professor einer reineren und unschädlicheren Weltweisheit. An den bedeutendsten Akademien Europas wohl bekannter, anerkannter und ehrenvoll aufgenommener Philosoph. Nirgends, außer bei Barbaren und Unedlen, ein Fremder. Erwecker schlafender Geister, Bändiger anmaßender und widerspenstiger Unwissenheit. Einer, der in seinen sämtlichen Taten für allgemeine Menschenliebe eintritt, der den Italiener nicht mehr als den Briten, den Mann nicht mehr als das Weib, die Mitra nicht mehr als die Krone, die Toga nicht mehr als den Waffenrock, die Kutte nicht mehr als den Bürgerwams, der jeden friedlichen, höflichen, treuherzigen und nützlichen Umgang liebt. Der nicht auf das gesalbte Haupt, auf die besiegelte Stirn, auf die gewaschenen Hände, auf den beschnittenen Penis, sondern darauf Rücksicht zu nehmen gewohnt ist, wie das Antlitz des wahren Menschen, sein Geist, sein Gemüt, seine Bildung beschaffen ist. Den alle Eiferer der Dummheit und alle Heuchlerseelen verabscheuen, den die Redlichen und Fleißigen lieben, dem alle Herzen schlagen.“

Fast drei Monate hat er dann am Lincoln College zu Oxford Vorlesungen gehalten, hat mit seinem brillanten Wissen geglänzt, hat diesen bierschwammigen Tölpeln von Studenten und Professoren, diesen parfümierten Harlekinen mit ihren mühseligen Paraphrasen zu den Phrasendreschereien ihrer Meisteresel seine vollendete Gedächtniskunst demonstriert. Was sie ihm damit dankten, dass sie ihn wegen angeblichen Plagiats verstießen, weil einer dieser akademischen Tattergreise in der

Bibliothek ein altes Buch gefunden hat, in dem das, was er als neu vortrug, schon geschrieben stand. Wenigstens eines hat ihm das kühle Oxford gebracht. Die Bekanntschaft mit dem knapp dreißigjährigen John Florio, einem Universitätslehrer für Französisch und Italienisch, der mit ihm gemeinsam die Bootsfahrt von Oxford nach London antrat. Oxford, diese Witwe wahrer Wissenschaft, hat er im *Aschermittwochsmahl* mit all seinem Witz, mit aller Galle und aller Dialektik gegeißelt, und zusätzlich noch, aus Verachtung, nicht in Latein, sondern in Italienisch. Italienisch verstehen in London die Gebildeten. Er spricht dafür kein Wort Englisch, obwohl er sich im Erlernen von Sprachen von Kindheit an immer leicht getan hat. Doch dieses quäkende Schnattern, dieses blökende Rumpeln, dieses barbarische Erbe von Kelten, Germanen und Wikingern beleidigt seine Ohren. Wenn man ihn zu lesen wünscht, dann möge man Bildung haben, um überhaupt zu verstehen, wie seine Gedanken in die Unendlichkeit des Kosmos eilen. Darüber hinaus ist es ihm dann gleichgültig, ob sich ein biederer Engländer über die von ihm gewählten satirischen Sentenzen auf die Zehen getreten fühlt. Der englische Humor endet ja bekanntlich überall dort, wo es dem Löwen von Albion an den verlausten Pelz geht. Dass der angezettelte Aufruhr in Wahrheit sein Buch nur als Anlass benutzt, dass der aufgehetzte und bezahlte Pöbel, der dies weder lesen noch verstehen kann, gegen die katholische Macht Frankreich Eindruck machen sollte, das hätte den Giordano Bruno, würde man es ihm darlegen, schon wieder in der Seele gekränkt. Denn das durch seine Königin Elisabeth I. nun endgültig protestantische England steht in gespannter Auseinandersetzung gegen das katholische Frankreich, das noch katholischere Spanien und gegen den römischen Papst, der die „jungfräuliche Königin" bereits zur Ketzerin verurteilt hat. In diesem kontinentalen Machtspiel ist Giordano Bruno, der sich Jordanus Brunus Nolanus nennt, nur ein Steinchen im Geschiebe. Aber seinem Wesen nach sieht er sich stets als Eckstein des Anstoßes.

Geboren wurde er in einem ländlichen Vorort der Stadt Nola, die 13 Meilen von Neapel entfernt zwischen dem Meer und dem mächtigen Vesuv auf halbem Wege liegt. Am Berg Cicala, dem Hausberg von Nola, hat der Vater ein kleines Anwesen, einen Weingarten. Die Bruni haben vom Vater her ein regelmäßiges Einkommen, denn der ist Soldat in den Diensten des spanischen Vizekönigs Pedro de Toledo. Daher ist er viel und oft wochenlang auf Reisen, denn der spanische Vizekönig hat immer eine nicht zu kleine militärische Schutzmacht um sich. Die Menschen im Königreich Neapel, das zu Spanien gehört, leiden unter gewaltigen Steuerlasten der spanischen Krone, die das Land langsam ausblutet. Daher kommt es immer wieder zu Volksaufständen, die niedergeschlagen werden müssen. So auch im Jahr 1548, als der Sohn des Soldaten Giovanni Bruno und seiner Frau Fraulissa Salvolina geboren wird. Bei der Taufe erhält er den Namen Filippo, was dem spanischen Felipe, also Philipp, gleichkommt. Es ist der Name des spanischen Infanten, der einst König werden wird. Und ein braver Soldat weiß schon vorausschauend, wie man einem Herrscher wohlgefällig sein kann.

Filippo Bruno verbringt die Jahre der Kindheit in ländlicher Idylle, die er später in seinen Satiren ausführlich beschreiben wird. Ein Freund des Vaters, ein Offizier mit Bildung, ist sogar Dichter. Dieser Luigi Tansillo macht die Eltern aufmerksam, dass ihr Sohn ein besonders aufgewecktes Kerlchen sei. Beim Augustinerpater Teofilo de Varrano lernt der Knabe in Aufsehen erregender Geschwindigkeit lesen und schreiben und Latein. Als Filippo zwölf ist, nimmt ihn der Pater mit nach Neapel. Dort soll der hoch Begabte bei ihm im Privatunterricht Logik und Dialektik studieren. Und im Haus des Onkels Agostino, eines Samtwebers, wohnen. Mit vierzehn hört Filippo bereits öffentliche Vorlesungen an der freien Universität Neapel. Als er siebzehn ist, kann es sich unter den steigenden Steuerlasten weder Onkel Agostino noch Vater Giovanni mehr leisten, einen Studenten durchzufüttern.

Aber der junge Bruno ist der Wissenschaft verfallen und will keineswegs in die spanische Armee eintreten. Er lässt sich am 15. Juni 1565 im Konvent Santo Domenico Maggiore, im Kloster der Dominikaner zu Neapel, einkleiden. Immerhin gelten die Dominikaner als die gebildetsten Mönche. Und die Bibliothek des Klosters soll vorzüglich sein. Doch davon ist am Anfang keine Rede. Filippo, der den Ordensnamen Giordano angenommen hat, um damit den großen Ordensmeister Jordanus von Sachsen, den Nachfolger des heiligen Dominikus, zu ehren, muss über ein Jahr die vorgeschriebenen religiösen Übungen zur Demut und zum Gehorsam absolvieren – beten, beichten, wachen, fasten und das Abschreiben des gesamten Alten und Neuen Testaments sowie der Sentenzen des Petrus Lombardus. Er nimmt alles geduldig auf sich, obwohl in ihm bereits erste Fragen gären. Am 16. Juni 1566 endet sein Noviziat, und er legt die Profess ab. Wenig später entfernt er aus seiner Zelle alle Heiligenbilder, darunter das der Katharina von Siena. Nur das Kreuz duldet er um sich. Jetzt freuen sich einige Mitbrüder, die die besserwisserische Miene des Giordano schon in seinem Noviziat nicht ausstehen konnten, auf eine saftige Anklage wegen Ketzerei. Doch der Prior Ambrosio Pasqua zerreißt eine Anklageschrift und hält mit Fra Giordano ein eingehendes Gespräch über Thomas von Aquin, der ja demnächst, so munkelt man, zu einem offiziellen Kirchenlehrer erhoben werden soll. Die erste Schrift des Aquinaten, *De ente et de essentia*, „Über das Sein und das Wesen", lässt er ihm am nächsten Tag in der Bibliothek zum Studium herauslegen.

Giordano liest aber alles. Alles, was Kirche und Orden erlauben, und alles, was deren Meinung nach von Gott verboten ist. Alle antiken Philosophen, seien es Griechen oder Römer, Dichter wie Vergil, Horaz, Ovid, Lukrez, Plotin, die Kirchenphilosophen Augustinus, Duns Scotus, Nikolaus von Kues und die großen Italiener Dante, Petrarca, Ariosto, Tasso, Aretino. Thomas von Aquin, Aristoteles, Averroes, Platon sowieso.

Scheinbar spielerisch erlernt er zu seiner Muttersprache und Latein noch Griechisch, Spanisch, Hebräisch. Seine Mitbrüder ärgert er, weil er sie direkt und offen kritisiert, dass sie nur die alten Schinken wie das „Leben der Väter" eifrig studierten. Hatte nicht der heilige Dominikus selbst gesagt, dass ein Bruder stets wachen Geistes sein soll? Er macht sich wenig Freunde und vor allem Neider, denn er hat noch ein Buch gelesen, das *Ars magna et ultima*, das der katalanische Franziskaner Ramon Llull, latinisiert Raimundus Lullus, um 1277 verfasst hat. Darin entwirft der Philosoph, Lehrer und Missionar ein dem Averroes entgegengesetztes Denksystem, das aber eine überraschend moderne Methode zum Einsatz von Kombinatorik und Logik zeigt. Giordano entwickelt daraus im Lauf der Jahre ein Denk- und Merksystem von atemberaubender Präzision. Das verhilft ihm zu der Fähigkeit, aus allen gelesenen Büchern frei aus dem Gedächtnis und wortwörtlich zu zitieren. Nebenbei hat er aber auch eine ganz natürliche Entwicklung. Als Neunzehnjähriger pflegt er ein sehr intensives Verhältnis mit einer ebenso anziehenden wie erfahrenen Kaufmannsfrau, die schon Anfang der Dreißig ist. Seit dieser Zeit schreibt er auch Liebesgedichte, die er, bevor er sie überreichen kann, am Abtritt versteckt, wie auch jene Schriften, die ihm zu lesen verboten sind.

Anfang 1571, er ist jetzt dreiundzwanzig, wird er gemeinsam mit dem Prior zum Papst nach Rom eingeladen. Pius V., selbst aus dem Dominikanerorden kommend, möchte sich in einer huldvoll gewährten Audienz von der hohen Gelehrsamkeit und vor allem von den Merkleistungen dieses jungen Bruders persönlich überzeugen.

Für diese Audienz verfasst Giordano eine Schrift mit Widmung an den Heiligen Vater. Seiner weiteren Karriere im Orden ist dies gar nicht schädlich, denn schon im nächsten Jahr wird er zum Priester geweiht und „singt seine erste Messe in Campagna". Die nächsten drei Jahre studiert er Theologie. Und das zunehmend konfliktbeladen.

Aristoteles hält er schon lange für verstaubt, die Theologie des Thomas von Aquin, die Scholastik, für nicht mehr überzeugend. Dass die Philosophie der Theologie untergeordnet ist, will er nicht akzeptieren. Und er rüttelt an Glaubensgrundsätzen – die Dreifaltigkeit Gottes, die unbefleckte Empfängnis Mariens und die Transsubstantiationslehre, die Wandlung von Brot und Wein, kritisiert er offen. Und außerdem übernimmt er das Weltbild des Kopernikus, die Ansicht, dass die Sonne im Mittelpunkt steht und von den Planeten, also auch der Erde, umkreist wird. Schließlich sieht ja jedermann, dass es genau umgekehrt ist, weil sich doch die Sonne jeden Morgen im Osten erhebt und sie im Westen wieder sinkt, während die Erde stillsteht. Mit alldem bringt er sich für Kirche und Orden an den Rand des Zumutbaren. Wachsame Augen und gespitzte Ohren registrieren jedes Wort und jede Zeile, die er schreibt. Verfolgen jeden Disput und notieren die offensichtlichen Ketzereien. Das ist mehr als ein akademischer Richtungsstreit, das ist Gefahr für Leib und Leben.

1543, fünf Jahre vor der Geburt des Filippo Bruno, hatte Papst Paul III. die Inquisition in ganz Italien nach spanischem Vorbild neu organisiert und in Rom zentralisiert. Das San Uffizio, das Heilige Büro, war damit eine Schaltzentrale der Macht geworden. Das Konzil von Trient (1545–1563) hat beschlossen, der Kirche wieder die reale Macht und Führungsrolle in Europa zurückzuerobern. Schließlich wucherte allerorten der protestantische Unglauben, die reformistische Ketzerei des Martin Luther und seiner Spießgesellen. Die Anzahl brennender Scheiterhaufen war in den letzten zwanzig Jahren sehr groß geworden. Dazu war noch 1564 von Rom aus der *Index librorum prohibitorum*, das Verzeichnis der für katholische Christen verbotenen Bücher, eingerichtet worden. Giordano Brunos zukünftige Schriften sollten 1603 in diesen Verbotskatalog aufgenommen und erst 1965 (sic!) mit dessen Aufhebung wieder freigegeben werden.

Im Frühjahr 1576, der Student Fra Giordano ist achtundzwanzig Jahre alt, wird dem Ordensoffizial Domenico Vito eine Anklageschrift vorgelegt, in der hundertdreißig Anklagepunkte gegen Giordano fein säuberlich aufgelistet sind. Jetzt kommt er an der Inquisition nicht mehr vorbei. Jetzt lässt sich nichts mehr unterdrücken. Verhör und damit verbundene Folter – seit 1569 hat der Papst bei Häresie die Anwendung von Folter vorgeschrieben – sind unausweichlich. Aber Giordano Bruno erfährt gerade noch rechtzeitig davon und entzieht sich dem drohenden Unheil durch Flucht. Flucht aus dem Orden und Flucht aus Neapel.

Seine Odyssee hat begonnen. Der exkommunizierte, entlaufene Dominikanermönch geht nach Rom, gibt in Noli Privatvorlesungen, Savona, Turin, Venedig, Padua, Brescia, Bergamo und Mailand sind seine weiteren Stationen. Er tritt als Privatgelehrter auf, wechselt die Namen und muss stets darauf achten, nicht in die Hände der Inquisition zu geraten. Manchmal rät man ihm, zu seinem Schutz den Ordenshabit zu tragen, dann wieder rät man ihm dringend davon ab. Er will nach Lyon, aber plötzlich änderte er seine Reisepläne, und 1579 kommt er in Genf an. Dort immatrikuliert er im Mai an der Universität. Genf ist eine Hochburg der Reformation und vor allem des Calvinismus, obwohl Calvin schon vor fünfzehn Jahren gestorben ist. Sein Nachfolger Theodor Beza steht aber seinem Vorbild an Militanz und Fanatismus in nichts nach. Giordano Bruno, der sich geistige Freiheit und Weltoffenheit erwartet hat, erlebt dort wieder ein für ihn typisches Desaster. Am 6. August nimmt ihn und den Buchdrucker Jean Bergeon das Konsistorial-Gericht von Genf in Haft. Bruno hat eine akademische Kampfschrift gegen die Vorlesungen des Pastors Antoine de la Faye verfasst. Der Drucker muss fünfzig Goldflorin Strafe zahlen. Bruno muss sich reuig zeigen, sich öffentlich entschuldigen und alle seine Vorwürfe als Irrtümer zurücknehmen. Dabei vergreift er sich – seinem Temperament entsprechend – nochmals im Ton und wird von den „frommen Duckmausern, eifernden Muckern, geistlosen Buchstabenklaubern und Deformierten", wie er sie später nennen wird, wieder bedroht, sodass er sich endgültig unterwerfen muss. Eine ungeheure Schmach für den hochgebildeten Philosophen, als den er sich sieht. Und der er auch zu dieser Zeit bereits ist.

Er verlässt Ende August Genf und wendet sich nach Lyon. Aber weil er in Montpellier wieder verhaftet wird, geht er schließlich nach Toulouse. Toulouse, die Stadt, in der Dominikus seinen Orden gegründet hat, ist eine einzige Universität mit über zehntausend immatrikulierten Studenten. Das geistige Klima sagt Giordano ungeheuer zu. Er gibt Privatunterricht in Philosophie und Astronomie und gewinnt so einen guten Ruf, daher erhält er den *magister artium*, den untersten Lehramtstitel, und kann sich somit um den Lehrstuhl der Philosophie bewerben. Seine Vorlesungen kommen inhaltlich und stilistisch bei den Toulouser Studenten so gut an, dass er die Professur tatsächlich erhält. Jetzt will er sein Leben neu ordnen. Der Bruch mit dem Orden und die Exkommunikation sollen aufgehoben werden. Dazu wendet er sich an einen Jesuitenpater, legt seine Verhältnisse klar und bittet um Vermittlung. Der Jesuit lehnt aber entschieden ab. Ein Fall wie der des Bruno könne nicht mehr auf Ordensebene geregelt werden, er müsse zwangsweise vor die Inquisition. Darauf lässt sich Bruno natürlich nicht ein. Also muss er weiterziehen.

Wenn schon, dann an die berühmteste Universität, dann nach Paris. Ab 1581 gibt er in Paris private Vorlesungen, und es gelingt ihm, an der Universität eine Einführungsvorlesung zu halten – mit Erfolg. Eine angebotene Professur kann er aber nicht übernehmen, denn an der Universität herrscht für Professoren Messzwang. Eilfertig verfasst er ein Buch über seine Gedächtniskunst, widmet es dem französischen König Heinrich III. und gewinnt so die Gunst des Monarchen. Die italienischen Kolonie in Paris ist stark und einflussreich. Und der Nolaner, wie sich Bruno nennt, scheint ihnen ein höchst förderungswürdiger Gelehrter zu sein. Von Heinrich III. erhält Giordano Bruno ein Lehramt mit Gehalt – er wird außerordentlicher Professor am liberalen College de Cambrai.

Endlich eine gesicherte Existenz. Bruno schreibt eine Komödie, die er *Il Candelaio*, der Kerzenmacher, nennt. Darin verarbeitet er alle Jugenderinnerungen. Sie ist frivol, ja sogar obszön. Das Unterhaltungsbedürfnis des Hofadels ist jedenfalls erfüllt. Allerdings verstehen einige am französischen Hof das eine oder andere Symbol im „Kerzenmacher" auch als Anspielung auf den französischen König. Man fädelt daher für den Professor Jordanus eine vom Königshaus bezahlte Urlaubsreise ein. Bruno erhält ein Empfehlungsschreibens des Königs an den französischen Gesandten in London. Parallel schickt der Comte Angoulême eine Empfehlung an die schon in Haft befindliche Königin von Schottland, Maria Stuart: Jordanus Brunus Nolanus sei ein bemerkenswerter Philosoph, seine Religion sei aber ungewiss. Giordano Bruno lockt die Aussicht, sich an der berühmten Universität von Oxford einen Namen machen zu können. Also besteigt er Ross und Schiff und kommt im Frühjahr 1583 in London an. Im Haus des französischen Botschafters findet er einflussreiche Gönner, die ihm bei passender Gelegenheit in Oxford entrieren. Was er nicht weiß, ist, dass die Staatskanzlei Elisabeths I. auch einen kritischen Blick auf ihn geworfen hat. Denn die Empfehlung an Maria Stuart macht ihn der englischen Krone im ersten Moment nicht sympathisch.

Nun ist er im Haus des französischen Gesandten, des Marquis de Mauvissiere, in der Butcher Row zu London, so gut wie kaserniert. In den nächsten Wochen und Monaten wäre es nicht klug, die Botschaft zu verlassen.

Doch bis zur Abreise nach Frankreich im Gefolge des Botschafters und dessen Familie im Jahr 1585 werden die nächsten zwei Jahre seine sorglosesten und fruchtbarsten werden. In dieser Zeit entstehen sechs seiner bedeutendsten Bücher.

Brunos Rückkehr nach Paris steht unter keinem günstigen Stern. Er bereitet Vorlesungen gegen die Lehren des Aristoteles vor, eine Disputation gerät zum öffentlichen Eklat. Fluchtartig verlässt er Paris und geht nach Deutschland. Über Stationen in Mainz, Wiesbaden und Marburg kommt er im August 1586 nach Wittenberg und trägt sich am Zwanzigsten im Matrikel der Universität ein. Er erhält eine außerordentliche Professur für Philosophie. Als der Landesherr stirbt und sein Sohn, der Calvinist ist, ihm nachfolgt, führt das wieder zu geharnischten Auseinandersetzungen. Denn seit Genf kann Bruno die Calvinisten auf den Tod nicht ausstehen. Immerhin bleibt er doch eineinhalb Jahre und verlässt nach einer Abschiedsrede am 8. März 1588 Wittenberg.

Prag ist die nächste Station. Kaiser Rudolf II., erzkatholisch, als geisteskranker Einsiedler geltend, ist den Künsten und Wissenschaften gegenüber ein freizügiger Herr. Bruno widmet ihm ein Buch und erhält dafür huldvollst dreihundert Taler – viel Geld. Trotzdem reist er wieder ab. Diesmal nach Helmstedt an die Universtät, dann nach Frankfurt am Main, nach Zürich und wieder zurück nach Frankfurt. Im September 1591 bewirbt er sich erfolglos um einen vakanten Lehrstuhl für Mathematik an der Universität Padua. Ein Jahr später wird dieser Lehrstuhl schließlich doch besetzt. Mit dem achtundzwanzigjährigen Galileo Galilei, der bereits in Pisa als Professor der Mathematik gelehrt hat.

Aber schließlich hat Bruno ja schon längere Zeit eine Einladung des venezianischen Adligen Giovanni Mocenigo, ihn in der Gedächtniskunst zu unterrichten. Schon während seiner Bewerbung in Padua reist er immer wieder zwischen Venedig und Padua hin und her, weil er in Padua auch deutsche Studenten privat unterrichtet. Im März 1592 übersiedelt er endgültig in den Palazzo des Giovanni Mocenigo nach Venedig. Die Machtverhältnisse und die politische Lage, insbesondere in der Republik Venedig, dürfte er völlig falsch eingeschätzt haben, denn er fühlt sich sicher. Selbst als ihm der Mocenigo droht, bei allzu ketzerischen Reden ihn bei der Inquisition anzuzeigen, lässt sich Giordano Bruno in seiner antikirchlichen Argumentation nicht bremsen.

Schließlich liefert ihn sein Gastgeber doch ans Messer. Vor allem, weil er unzufrieden ist, dass er nicht gut unterrichtet werde, und Bruno ihm ankündigt, dass er wieder nach Frankfurt gehen wolle. In der Nacht vom 22. zum 23. Mai 1592 lässt er Bruno verhaften und zuerst in der Dachkammer und dann im Keller des Palazzo einsperren. Am nächsten Tag bekommt der Inquisitor von Venedig das Denunziationsschreiben, das zwanzig Vorwürfe enthält. Bruno wird von der Inquisition in die berühmt-berüchtigten „Bleikammern" hinter der Seufzerbrücke gebracht. Dann mahlen die Mühlen des Heiligen Büros in ihrer typischen Art – langsam, genau und unerbittlich. Bruno bricht kurzzeitig physisch und psychisch zusammen – eine Folge der Folter –, will bereuen und ein besseres Leben führen. Er begreift noch nicht, dass er nicht die geringste Chance hat davonzukommen, denn Rom fordert den „Fürsten der Ketzer" für sich, und im Februar 1593 wird Giordano Bruno in den Kerker der Inquisition in der Engelsburg zu Rom überstellt.

Der Prozess gegen ihn dauert fast genau sieben Jahre. Hauptanklagepunkte sind seine Ablehnung des christlichen Gottesverständnisses, seine Kontakte zu Ketzern auf seinen weitläufigen Reisen und die Behauptung vom unendlichen All mit seinen vielzähligen Welten. Das heliozentrische, kopernikanische Weltbild gehört nicht dazu. Schließlich muss in kirchlicher Logik das Urteil der Häresie gegen „den Abtrünnigen des Predigerordens, den unbußfertigen und hartnäckigen Ketzer, den verstockten Häretiker" so ausfallen, dass er dem Gouverneur von Rom, der weltlichen Macht, zum Tod in den Flammen übergeben wird. Bei der Urteilsverkündung ist Papst Klemens VIII., der zeitweilig selbst den Vorsitz in diesm Verfahren führte, allerdings nicht anwesend.

Am Morgen des 17. Februar 1600, es ist ein Donnerstag, wird Bruno zum Scheiterhaufen auf dem Campo dei Fiori in Rom geführt. Er ist zweiundfünfzig Jahre alt, sehr blass, mit tiefen Augenhöhlen, und er sieht sehr mitgenommen aus. Die Arme hängen ihm kraftlos herab, und als er entkleidet wird, sehen die Umstehenden schreckliche Narben von tiefen Wunden auf seinem Körper. Alles Folgen der mehrfachen Folterungen. Die begleitenden Ordensbrüder vom Haupt des Apostels Johannes singen Litaneien und beten laut für den „armen Dulder". Bis zuletzt verweigert dieser ein Wort der Reue oder des Widerrufs seiner Lehren. Im Gegenteil, er behauptet, schon bald im Paradies zu sein. Augenzeugen erzählen auch, dass er sich von einem ihm vorgehaltenen Kreuz mit einem Ausdruck des Unwillens abwendet. Da züngeln bereits die Flammen aus dem Holzstoß hoch. Die Zeitung *Avisi di Roma* schreibt in den folgenden Tagen einen Bericht über den Tod des „abscheulichen Sünders": „... e quivi spogliato nudo e legato a un palo fu bruciato vivo...". Nackt entkleidet, an den Pfahl gebunden, lebendig verbrannt.

Damit ist der Mann zu Asche verbrannt, der lange Zeit im Schatten seines jüngeren Zeitgenossen Galileo Galilei bleibt. Galilei, der als einer der Begründer der modernen Physik gilt und ein doch so ganz anderes Denksystem als das des großartigen Bruno hatte. Galilei und alle seine Nachfolger bis in die Neuzeit setzten auf Experiment, Beobachtung, Messung und Mathematik als Erklärungsmodell. Sie stellten also quantitative Theorien auf. Es brauchte Jahrhunderte, um auch in der Wissenschaft zu erkennen, dass die qualitativen Theorien des Giordano Bruno, der ja nicht einmal noch das Fernrohr kannte, nicht nur die selben bahnbrechenden Ergebnisse brachten, sondern auch eine höhere Qualität des philosophischen Denkens. Bruno hat erkannt, dass die von Kopernikus gedachte Kristallsphäre als äußere Begrenzung des Weltalls nicht existiert. Kopernikus hatte nämlich behauptet, dass darin die Fixsterne eingebettet seien. Bruno postulierte dagegen die Unendlichkeit des Weltalls, erkannte die Fixsterne als eigene Sonnen und verkündete daraus die Existenz vieler Welten. Bruno erkennt als Erster die polare Abplattung der Erde, die Achsendrehung der Sonne und behauptet, dass es hinter dem Saturn noch weitere Planeten geben muss. Erst zweihundert Jahre später wird Uranus entdeckt, erst 1935 Pluto. Weiters behauptet Bruno über die Planeten und deren Bahnen Eigenschaften, die die späteren Keplerschen Gesetze fast zur Gänze vorwegnehmen.

Skeptisch ist Bruno gegenüber der Mathematik und der daraus folgenden mathematischen Naturwissenschaft. Bruno weist energisch die angebliche Objektivität der Mathematik zurück. Im *Aschermittwochsmahl* schreibt er: „Ohne die herrliche Erkenntnis des Kopernikus ist die Kunst des Rechnens, Messens, Zeichnens und Entwerfens nichts als ein Zeitvertreib für findige Narren." Bruno geht hier von einer Überlegung aus, wie sie moderner nicht sein kann. Es ist nämlich so, dass astronomische Berechnungen und Vorhersagen mathematisch genauso gut funktionieren, ob sie nun mit der alten geozentrischen oder der neuen heliozentrischen Grundansicht verbunden sind. Da jeder sehen kann, wie sich die Sonne um die Erde dreht, es in Wirklichkeit aber umgekehrt ist, und da die Mathematik dies nicht entscheiden kann, geht Bruno davon aus, dass jede sinnliche Erfahrung und Wahrnehmung schlechthin als „Schein" angesehen und gewertet werden kann.

Philosophisch und theologisch betrachtet er den Kosmos nicht als Mechanik, als Maschine, sondern als lebendige Ganzheit. In dieser Einheit der Natur, in diesem „Weltorganismusgedanken" ist dann überall auch Gott enthalten. Bruno ist damit ein Vorläufer des späteren Pantheismus.

Alle diese Vorstellungen und Behauptungen rüttelten so mächtig an den Grundfesten der römischen Kirche, dass den ebenfalls intellektuellen Inquisitoren und Richtern im Durchdenken der Konsequenzen das Blut in den Adern gestockt haben

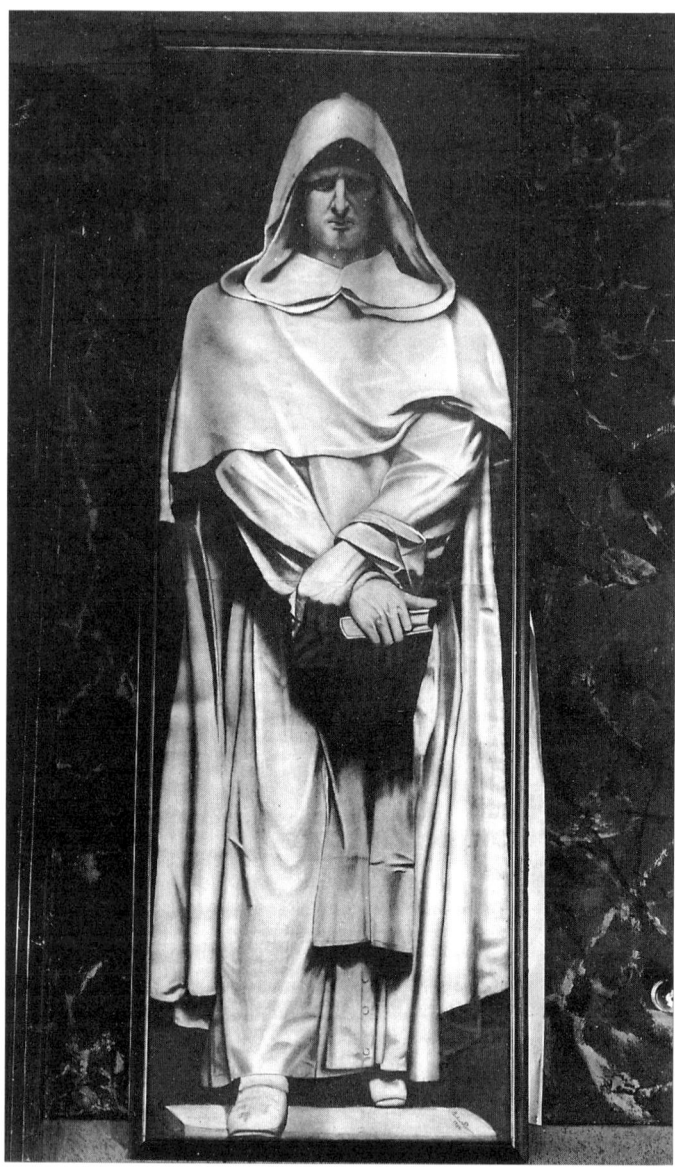

Die Furcht der Richter: Giordano Bruno

muss. Aus ihrer Sicht gab es nur eine Lösung – den Mann zu Asche verbrennen zu lassen, seine Bücher auf den Index zu setzen.

Als am 8. Februar 1600 in der großen Halle des Palastes des Kardinals Madruzzi das Urteil über Giordano Bruno gesprochen wird, erhebt sich der verurteilte Bruno und richtet an die anwesenden neun Kardinäle die Worte:

„Mit größerer Furcht verkündet ihr vielleicht das Urteil, als ich es entgegennehme."

Zeittafel

1517 Doktor Martin Luther veröffentlicht seine 95 Thesen in Wittenberg. Beginn der Reformation in Deutschland

1529 Erste Türkenbelagerung von Wien

1532 Der englische König Heinrich VIII. bricht wegen einer Ehescheidung mit der römischen Kirche

1543 Nikolaus Kopernikus (geboren 1473) stirbt

1545 – 48 Konzil von Trient

1547 – 53 Der englische König Edward VI. führt die anglikanische Kirche als Staatsreligion ein

1548 Filippo Bruno in Nola, in der Nähe von Neapel, Königreich Spanien, als Sohn eines Berufssoldaten geboren
Im selben Jahr Volksaufstand gegen die spanische Herrschaft in Neapel

1551 – 63 Zweites Konzil von Trient

1553 – 58 Maria I., die Katholische bzw. die Blutige (Bloody Mary), Königin von England. Sie heiratet 1554 den Infanten und späteren König von Spanien, Philipp II., versucht mit Gewalt, England zu rekatholisieren, und lässt in ihrer Regierungszeit über dreihundert Ketzerverbrennungen durchführen

1554 Der spanische Infant Philipp wird König von Neapel und Sizilien

1556 Philipp II. wird König von Spanien

1558 Elisabeth I. wird Königin von England. Sie stellt die anglikanische Staatskirche wieder her

1560 Filippo Bruno beginnt in Neapel mit dem Studium

1564 Galileo Galilei geboren, William Shakespeare geboren. Der schweizer Reformator Johannes Calvin gestorben

1565 Filippo Bruno tritt in Neapel in den Konvent der Dominikaner ein und nimmt den Ordensnamen Giordano (Jordanus) an

1566 Erster Verdacht und ordensinterne Anklage wegen Ketzerei gegen Giordano Bruno

1568 Tommaso Campanella in Stilo, Kalabrien, geboren

Maria Stuart, die katholische Königin von Schottland, wird in
England gefangen genommen

1569 Giordano Bruno wird wegen seiner Gedächtniskunst zur
Audienz bei Papst Pius V. geladen

Pius V. exkommuniziert König Elisabeth I. von England

Johannes Kepler geboren

1570 Papst Pius V. erklärt durch die Bannbulle die englische
Königin Elisabeth I. zur Ketzerin

1572 Bartholomäusnacht (Pariser Bluthochzeit). Ermordung von
protestantischen Hugenotten auf Anordnung der Königs-
mutter Katharina von Medici. Tausende Opfer

Priesterweihe Giordano Brunos, Beginn des
Theologiestudiums

Studium bis 1575

1576 Bruno flieht aus dem Ordenshaus in Neapel nach Rom wegen
einer drohenden Anklage der Ketzerei, dann weiter durch italienische Städte. Er wird von der römischen Inquisition exkommuniziert

1579 Bruno wird in Genf von den Calvinisten, die er kritisiert hat,
verhaftet und nach einer erzwungenen Entschuldigung ausge-
wiesen. Über Lyon geht er nach Toulouse. Er erhält in
Toulouse eine Professur an der Universität

Siebenter Krieg gegen die Hugenotten in Frankreich

1581 Bruno geht nach Paris. Erhält vom französischen König
Heinrich VIII. eine Lehrstelle an der École de Cambrai

1582 15. Februar: Papst Gregor XIII. setzt mit einer Bulle die
Kalenderreform (Gregorianischer Kalender) in Kraft

1583 Bruno reist mit Empfehlungsschreiben des französischen
Königs nach England

Sein Versuch, an der Universität Oxford Fuß zu fassen, scheitert. Bis 1585 lebt er im Haus des französischen Botschafters
in London und schreibt seine bedeutendsten Werke

1587 Maria Stuart wird in England hingerichtet

1588 Die englische Flotte schlägt im Ärmelkanal die spanische

Armada vernichtend. Damit wird England zur europäischen Führungsmacht des Protestantismus

Ab 1586 Rückkehr Brunos nach Frankreich, von dort nach Deutschland, Professur an der Universität von Wittenberg, kurzer Aufenthalt in Prag, danach nach Helmstedt, Frankfurt am Main, kurzer Aufenthalt in Zürich, dann wieder Frankfurt und 1591 Venedig

1592 Verhaftung und Denunziation an die Inquisition in Venedig

1593 Im Februar wird Bruno nach Rom überführt

1600 8. Februar: Bruno wird als Ketzer verurteilt

17. Februar: Bruno wird am Campo dei Fiori in Rom verbrannt, alle seine Bücher werden kirchlich verboten

1889 9. Juni: Auf dem Campo dei Fiori wird ein Denkmal Girodano Brunos enthüllt – als Märtyrer der Geistesfreiheit und der Wissenschaft

DIE WÄRME DES LICHTS

IN DEN KELLERGEWÖLBEN DES CASTEL NUOVO ZU NEAPEL,
DER HAUPTSTADT DES GLEICHNAMIGEN KÖNIGREICHES
UNTER SPANIENS KRONE
A. D. 1601, EINIGE TAGE VOR DEM PFINGSTFEST

„Tommaso, Tommaso!"

Er kann die Stimme deutlich hören. Aber er könnte nicht sagen, ob sie von ferne ruft oder ganz nahe an seinem Ohr ist. Und er könnte auch nicht sagen, ob es die Stimme eines Mannes oder die einer Frau ist. Ob es ein Engel, ein Dämon oder ein Teufel ist, der ihn ruft. Aber er kennt die Stimme, denn er hat sie schon mehrmals gehört. Sie ist sanft, eindringlich und in einer besonderen Art lockend. Er weiß nicht, wem sie gehört. Er weiß nur, dass er in höchster Gefahr ist, wenn sie ihn ruft.

„Ihr seid Giovanni Domenico Campanella, genannt Fra Tommaso?" Die Stimme des Inquisitors klingt völlig unbeteiligt, geradezu desinteressiert. Das Kratzen des Federkiels auf dem Papier wiederum ist unnatürlich laut. „Ich bin Fra Tommaso, Pater des Predigerordens und Philosoph."

Der dreiunddreißigjährige Gefangene im zerschlissenen und völlig verschmutzten Gewand eines kalabresischen Bauern ringt um Fassung. Viermal war er in den zwei Jahren dieser Gefangenschaft zum peinlichen Verhör gebracht worden. Den schaurigen Ort und den Geruch der Folterkammer aus Fackelrauch, Schweiß, Blut und Exkrementen sowie den Gluthauch der Kohlenesse würde er auch mit verbundenen Augen erkennen. Doch wer würde dem Delinquenten solch eine Gnade zuteil werden lassen? Im Gegenteil, schon der Anblick des schrecklichen Kellerverlieses mit seinen Rollenzügen, der Streckbank, den vielen spitzen und scharfkantigen Eisenwerkzeugen und den glühenden Brenneisen in der Holzkohlenglut soll den Hierhergebrachten so in Angst und Schrecken versetzen, dass die Geständnisse am besten ohne die Arbeit der Folterknechte protokolliert werden können. Oder es genügt nur ein bisschen Bekanntschaft mit einem heißen Eisen oder einer Würgschlinge, um den Redefluss des Verhörten in Gang zu halten. Niemand verlangt hier nach Wahrheit. Denn wenn die Folter fragt und der Schmerz antwortet, so geht es nur ums Geständnis. Um die detailgetreue Bestätigung der Anklage, um die Ausweitung des angeklagten Verbrechens, um die Denunziation von Mitschuldigen und Mitwissern, gleichgültig, ob es diese gibt oder nicht.

„Ihr seid angeklagt des Hochverrates und der Verschwörung gegen die Krone Spaniens, sowie der Ketzerei in Worten, Taten und Schriften, sowie Umgang mit Feinden des Christentums. Seid Ihr bereit, hier und jetzt zu gestehen, um der schmerzlichen Befragung zu entgehen, reumütig in den Schoß des Christentums zurückzukehren und durch die Gnade eines Richters den gerechten Tod zu finden?"

Der spanische Inquisitor spricht das Lateinische schnell und hart, das Neapolitanische mit dem kehligen Akzent der Spanier. Das Verhörprotokoll verfasst er in Spanisch.

Der Dominikanermönch in den Bauernkleidern, in denen er vor zwei Jahren auf der Flucht verhaftet wurde, schweigt. Er ist ein untersetzter, vierschrötiger Mann, mit einem mächtigen runden Schädel und groben Gesichtszügen. Die Tonsur ist unter struppigem Haupthaar verschwunden, ein ungeschnittener, vom Schweiß verklebter dunkler Bart verdeckt einige böse Narben. Bis heute hat er der Folter widerstanden. Man hat ihn mit Ruten und Peitschen geschlagen, mit Stricken gewürgt, bis ihm das Blut aus Augen, Mund und Nase geschossen ist, auf glühende Roste gestellt. Aber er hat seine Schmerzensschreie, sein Brüllen und Stöhnen nie gehört.

„Tommaso! Fra Tommaso!"

Es war immer diese Stimme, die zu ihm sprach und ihn weg-
holte aus der Folterkammer. Daher war es auch nie zu einem
Geständnis gekommen. Denn die strenge Gerichtsordnung verlangt einen Geständigen, der bei Sinnen ist. Auch wenn er nur
mehr ein zuckendes Bündel aus Menschenfleisch ist, er muss die
Fragen verstehen und verständlich antworten können. Der Gefangene Campanella war aber bisher jedesmal ins Delirium gefallen.

Die Logik und Methodik des Satans, des Inquisitors der spanischen Krone, wird es ihm daher dieses Mal noch schwerer
machen. Auf einen Wink des Vernehmungsrichters mit dem
spanischen Hut mit der schmalen Krempe und der stumpfen
Kegelform, mit dem blütenweißen Kragenkranz über dem
schwarzen Umhang, packen die drei Henkersknechte den Delinquenten und zerren ihn in eine Ecke des Schreckensraums, die
das Licht der rußenden Fackeln nicht erreicht. Schnell und fach-
kundig binden sie den sich aufbäumenden Körper über einen
Bock, aus dem ein spitzer Pfahl herausragt. An Händen und
Füßen gefesselt und fixiert, krümmt sich der Körper über dem
schrecklichen Stachel. Solange die Kraft reicht und die Muskeln
gespannt bleiben, fühlt er die Spitze nur. Wenn der Körper aber
erschlafft, wird sie ihm ins Fleisch dringen. Veglia, die Wache,
nennt man diese Langzeittortur. Denn wer die Kraft des Körpers, die Qual dieser Wachheit auch nur für kurze Zeit verliert,
der pfählt sich selbst. Wie lange kann ein geschundener und
gedemütigter, ein kranker oder erschöpfter Mensch sich über
dem grauenvollen Stachel in Schwebe halten?

„Tommaso! Tommaso! Wo bist du?"

Als er aus dem Dunkel des Waldes tritt, leuchtet vor ihm im
Glanz des Sonnenlichts eine herrliche grüne Ebene.

Es ist Mittag, denn die Sonne steht hoch am Himmel. Merkwürdig ist, dass sie in seinem Rücken steht, wenn er den Blick
vom Waldrand nach Süden über die Ebene richtet. Er weiß, dass
er von Norden kommt. Wenn aber am Mittag die Sonne im

Norden steht? Dann muss er wohl um die halbe Welt bis unter den Äquator geflogen sein! Vorsichtig und zögernd beginnt er seinen Weg durch sanfte Wiesen nach Süden. Den nachtschwarzen Wald mit seiner nassen Kälte und dem schaurigen Rufen und Schreien geheimnisvoller, wilder und Furcht erregender Tiere lässt er gern hinter sich. Vor ihm lockt die Stadt, von der er weiß, obwohl er sie noch nicht sehen kann. Und die er auch noch nie gesehen hat. Das Licht des Tages fällt aus einem azurblauen Himmel, dessen Farbe so rein und kräftig ist, dass der Wanderer seinen Blick nur kurz emporrichten kann. Denn es scheint ihm, als würde das Licht nicht aus dem strahlenden Auge der Sonne über das Land leuchten, sondern wie dichter Regen von überallher aus der Bläue des Himmels fallen. Aber diese ungeheure Fülle von himmlischen Strahlen lässt keine gnadenlose Tropenhitze entstehen, sondern es wärmt das Land und den Wanderer so angenehm, dass er meint, im herrlichsten Frühling der Toskana zu wandeln. Durch einen lichten, silbern flimmernden und wundervoll duftenden Olivenhain stößt er auf eine Landstraße und sieht sich im nächsten Moment von einer Schar Bewaffneter umringt, die hier gelagert hatte. Niemand spricht ein Wort. Und keiner der Krieger hat eine Lanze gegen ihn gerichtet, ein Schwert gezückt oder sonstwie eine bedrohliche Haltung eingenommen. Nur forschende Blicke fallen auf ihn. Aus ruhigen, festen und freundlichen Augen.

„Es sind Freunde, Tommaso. Vertraue und geh mit ihnen. Sie werden dich sicher geleiten."

Die Stimme umschmeichelt ihn wie eine sanfte Brise. Die Krieger haben ihn in einer Marschformation in die Mitte genommen, und nach einem hellen Befehlsruf des Kommandierenden marschieren sie die Straße nach Süden. Gleichmäßig tönt der Tritt der geschnürten ledernen Stiefel auf dem sauberen Ziegelpflaster der Landstraße. Sie richten das Marschtempo so darauf ein, dass er leicht mithalten kann. Er weiß nicht, was er mehr bestaunen soll. Da ist einmal die Straße – zwei Wagenspuren breit und fugenlos gepflastert. Zu den Rändern hin ist sie leicht gewölbt, damit das Regenwasser abfließen kann. Und so makellos, ohne Löcher, Sprünge oder Verwerfungen, dass das Marschieren geradezu ein sanftes Wandeln ist.

Die Truppe, es scheint eine halbe Kohorte zu sein, trägt über einem weißen Gewand leichte Rüstung – Brustharnisch, Arm- und Beinschienen und runde Helme mit angeschmiedeten halben Gesichtsvisieren. Werden sie nach unten gezogen, bedecken sie im Kampf Stirn, Wangen und Nase, aber jetzt sind sie nach oben gerückt, sodass es scheint, als hätten die Marschierenden zwei Gesichter, eines nach vorne und eines zum Himmel gerichtet. Über den Panzerungen tragen sie offene weiße Mäntel, nur ihr Anführer hat einen solchen aus purpurrotem Stoff und einen ebenso gefärbten leuchtenden Helmbusch. Kurzschwerter an der rechten Hüfte, leichte Rundschilder und mannshohe Stoßspeere sind ihre Waffen. Sind es Hopliten des großen Alexander oder Legionäre eines römischen Caesars, die ihn umgeben? Jedenfalls sind es wohlgewachsene junge Menschen mit sonnengebräunter Haut, fein geschnittenen Gesichtern, aus denen Augen in vielerlei Farben von dunklem Braun bis zu hellem Grau leuchten. Auch die Haare sind nicht von einheitlicher Tönung, sie spielen von Ebenholz bis zu leuchtendem Rotgold.

Als sie zu singen beginnen, erstaunt den Wanderer der melodische und volle Klang der Stimmen, die zwar fest und entschlossen wirken, aber so gar nicht zum rauen Ton des männlichen Kriegshandwerkes passen wollen. Und plötzlich fällt es ihm wie Schuppen von den Augen. Mindestens die Hälfte der Marschierenden sind nicht Jünglinge, sondern Frauen. Daher das helle Kommando des Centurio, der zum maßlosen Erstaunen des Wanderers eine Centuria ist. Aber er hat kaum Zeit, sich darüber zu wundern, denn am Horizont beginnt sich ihr Ziel immer deutlicher zu zeigen. Sie nähern sich einer Stadt, die ihnen wie ein geschliffener Diamant in funkelnden und verwirrenden Farben entgegenstrahlt.

Als der Wanderer, der den Blick vom Ziel am Horizont nicht mehr wenden kann, darüber nachdenkt, ob es noch ein oder zwei Stunden dauern wird, die Stadt zu erreichen, ziehen sie bereits durch das mächtige Nordtor ein. Es scheint nicht mehr Zeit verstrichen zu sein als wenige Herzschläge. Und seltsam ist es, dass der Wanderer unter dem Torbogen der äußersten Stadtmauer auch vermeint, die Stadt, die er noch nie betreten hat, in ihrer Größe und Anlage zu verstehen. Sieben gewaltige Mauerringe machen sie so gut wie uneinnehmbar. Sieben Mauerringe, die, nach den sieben Planeten benannt, eine starke Hügelkuppe so umfassen, dass zwischen ihnen die herrlichsten Paläste Platz haben und auf der Gipfelebene ein kunstfertiger Tempel von vollendeter Architektur thront. Sieben Meilen misst der äußerste Umfang der hügelan gebauten Stadt, zwei Meilen mag ihr Durchmesser sein. Von den vier Himmelsrichtungen führen gepflasterte Straßen heran und lassen durch vier mächtige Tore die Friedsamen ein. Sind aber die gewaltigen Torflügel, die lautlos in metallenen Angeln schwingen, geschlossen, so wird wohl das kampfstärkste Heer, und sei es auch mit mächtigen Sturmböcken gerüstet, keinen Weg und keine Bresche in die Stadt mehr finden oder brechen können.

„Die Stadt des SOL, der Staat der Sonne, ist unbezwingbar, wie du siehst. Vor vielen Generationen kamen unsere Vorfahren auf der Flucht vor Tyrannen, schwarzmagischen Priesterkönigen und räuberischen Eroberern aus Indien hierher auf die Insel Taprobana. Und begannen diese Festung zu bauen. Nicht um zu erobern, sondern um in ihrem Schutz ein philosophisches Leben in Frieden und Weisheit zu führen. Sei willkommen, Wanderer, der du aus der Finsternis kommst.“

Die Kriegerinnen und Krieger waren in die Stadt weitergezogen. PON, der Meister der Macht, überragt den Wanderer um Haupteslänge. Nichts an seinem Äußeren hebt ihn als Herrn über Frieden und Krieg, über Gesetz, Strenge und Milde hervor. Außer dem Sonnenzeichen an seinem schlichten Mantel trägt er keine Waffen oder Zeichen der Würde. Sie geht von ihm aus wie der Atem des Lichts.

„Ich bringe dich zu SIN, denn du bist ein Philosoph. Auch wenn du aus der Welt der Dunkelheit zu uns kommt."

Als PON sich umwendet, um voranzuschreiten, und der Wanderer ihm zu folgen versucht, rast ein Schmerz durch seinen Körper, der ihm fast die Besinnung nimmt.

Die in der Spannung erstarrten Muskel haben ihre Kraft verloren, der grausame Pfahl ist ins Fleisch gedrungen. Von irgendwoher ist ein grässlicher Schrei zu hören, zwei erbarmungslose Augen starren, schmale Lippen formen eine tonlose Frage, ein speicheltriefendes Maul ist wie zum Lachen aufgerissen, eine Faust reißt brutal an seiner Schulter.

„Tommaso, Tommaso! Bruder Tommaso! Wo bleibst du?"

Fast hätte er PON im lebhaften Treiben der Stadt aus den Augen verloren. Siebzig Schritte sind es vom äußersten Mauerring zur nächsten Umwallung, an die sich Gebäude schmiegen, die miteinander verbunden sind, als wäre um die Stadt ein Ring von nicht enden wollenden Palästen. Mit Arkaden, Marmorstufen, Säulenreihen und prachtvollen Friesen, weitläufigen Wandelgängen. Darin und davor geschäftige und fröhliche Menschen allen Alters, in einfacher weißer Kleidung, die ihrem Handwerk, ihren Aufgaben, ihren Pflichten und ihrem Spiel nachgehen. Viel Lachen und Singen erfüllt die Luft. In einer Sprache, die dem Wanderer zwar völlig fremd ist und doch ungemein vertraut scheint. PON, der nun neben ihm geht und ihn mit fester Hand an der Schulter geleitet, hat Lateinisch mit ihm gesprochen, als wäre er ein römischer Senator. Die Sprache der Menschen um ihn klingt aber wie Musik. Sie ist vokalreich, melodiös wie das Griechische und lebhaft wie das Italische.

Die Augen voll von Licht und Leben, die Ohren voll vom Klang und der Musik aus Lachen und Sprechen, ist es aber ein dritter Sinn, der den Wanderer verwirrt. Alle Städte, die er kennt, sind neben ihrer Macht, ihrem Glanz und Prunk auch

233

Zentren des Elends und der Not, des Leids und des Gebrechens, des Abfalls und des Gestanks der Kloaken. Wohin sich hier aber während des Gehens sein Blick auch richtet – wo sind hier Bettler, Krüppel, Taschendiebe, Huren und die schmutzstarrenden Kinder der Gosse? Riecht er das faulige Wasser von Straßenrinnsalen, den beißenden Rauch aus den Kaminen, den Pesthauch aus den Latrinen? Den säuerlichen Schweißgeruch, der aus den ungewaschenen Kleidern der Menschen strömt? Die penetranten Gerüche von verdorbenem Fisch und fauligem Fleisch, der wie Dunstglocken über Märkten liegt? Wo bleiben die allgegenwärtigen schwarzen Fliegen, die fettigen Küchengerüche, die krank machenden Miasmen und der scharfe Straßenstaub, den einem der Wind ins Gesicht bläst?

So wie das Licht wie Regen vom Himmel fällt, sodass der Wanderer den Eindruck hat, dass es in dieser Stadt keine schattendunklen Winkel und finsteren Gässchen gibt, umweht ihn auch eine zarte Brise, die so rein ist, als käme sie von der offenen See. Auch Blütenduft und ein Hauch von balsamischen Essenzen lässt sich spüren.

„Wir haben ausreichend gute Quellen in unserer Stadt. Und für das regelmäßige Waschen von Körper und Kleidung verwenden wir das weiche Regenwasser aus den Zisternen. Unsere Gossen und Kloaken werden in einem großen unterirdischen Sammelkanal aus der Stadt geleitet. Du solltest es wissen, weil dies dort, wo man die Stadt *urbs* nannte, doch in Vollendung schon einmal gebaut worden ist. Und Elende wirst du hier nicht finden, weil unser Reichtum niemandem gehört. Außer allen."

Kann PON Gedanken lesen? Oder hat er diese Fragen laut gestellt? Beim Tor der dritten Mauer wartet ein schlanker Jüngling in Tunika und Chiton. Erst als der Wanderer ihn von nahe sieht, erkennt er, dass er hier keinen siebzehnjährigen Epheben vor sich hat, sondern einen zumindest Vierzigjährigen, mit grauen Augen von leuchtender Helle. Der wiederum spricht Griechisch. So vollendet in Stil und Ausdruckskraft, als wäre er Platon in Person.

„Ich bin SIN, Administrator der Weisheit sowie aller freien und mechanischen Künste. Sei mein Gast, der du als Suchender, als Bruder und Philosoph zu uns gekommen bist. Es wird zur rechten Zeit entschieden, ob du bleiben musst oder wieder von uns gehen kannst. Wenn du es auch willst."

Während sie, das Gespräch beginnend, die belebte Straße entlanggehen, fällt der Blick des Wanderers staunend auf die Innenseite des dritten Mauerringes. Sie ist so bemalt, als würde er in einen botanischen Garten schauen. In naturgetreuer Abbildung und in den richtigen Größen finden sich die Bilder von Bäumen, Sträuchern, Kräutern und allen pflanzlichen Gewächsen der Erde mit all ihren Blüten, Früchten, Samen und Laubformen. Zwischen den Bildern gibt es auch Mauernischen, in denen kostbare Pflanzen in erdgefüllten Steinbottichen als lebende Exemplare zu betrachten sind. Es sind Bilder von leuchtenden Farben und so naturgetreu dargestellt, dass es dem Wanderer schwer fällt, zwischen gemalten und lebenden Pflanzen zu unterscheiden. Näher tretend erkennt er, dass zu jeder Pflanze auch eine geografische und botanische Erklärung geschrieben steht. Und obwohl er die Schriftzeichen nicht lesen kann, versteht er doch ihren Sinn und erkennt ihr vollendetes Versmaß.

„Jeder unserer sieben Mauerringe ist ein orbis pictus, ein allumfassender Bilderkreis, der alle Wissenschaften, alle Künste, alle Fertigkeiten, alle Wesenheiten und alles Leben dieser Erde darstellt und erklärt. Denn wir sperren unsere Erkenntnisse nicht in die lichtlosen Gewölbe der Bibliotheken und zwischen die Deckel verstaubter Folianten. Wir stellen sie allen Menschen des Sonnenstaates zur freien Verfügung. Wer unsere Stadt zur Gänze durchwandert, hat die Kenntnis über die Erde gewonnen. Die Außenseite der ersten Mauer zeigt die vollständige Beschreibung der Erde sowie aller Alphabete und der Schrift unseres Staates. Wer sie umwandert, hat die Kontinente, die Länder, die Städte und Staaten und die Schriften der Welt gesehen. Wer die

Innenseite der ersten Mauer umkreist, hat alle Mathematik verstanden.

Die Außenseite des zweiten Ringes ist den Flüssigkeiten und dem Fließenden gewidmet. Meere, Flüsse, Seen und Quellen werden hier gezeigt und erklärt. Und alle edlen Flüssigkeiten,

F. THOMÆ CAMPANELLÆ
Appendix Politica

C I V I T A S
S O L I S

I D E A
REIPVBLICÆ PHILO-
SOPHICÆ.

FRANCOFVRTI

Typis Egenolphi Emmelii , Impenfis vero Godofredi
Tambachii , Anno Salutis

M. DC. XXIII.

Titelblatt des Erstdrucks des „Sonnenstaates"

wie Weine, Öle und kostbare Essenzen, werden in Gefäßen auf-
bewahrt. Viele der Säfte, die wir zum Heilen benutzen, sind
schon über hundert und einige an die dreihundert Jahre alt.
Außerdem ist alles über die Erscheinungen des Wetters, wie
Regen, Hagel, Schnee, Donner, in Bildern und Versen dargestellt. Wir haben aber auch einen eigenen großen Raum, in dem
wir zum vollen Verständnis alle Wettererscheinungen hervor-
bringen können. Die Innenseite der zweiten Mauer zeigt alle
edlen und gewöhnlichen Steine, Mineralien, Erze und Metalle.

Am dritten Ring wirst du außen alles über die Lebewesen der
Gewässer dargestellt und beschrieben sehen, am vierten Ring,
dessen Außenseite wir von hier sehen können, sind die Kriech-
tiere und Insekten, an seine Innenseite die Vögel und Phönixe
gemalt. Der fünfte Ring zeigt alle hoch entwickelten Landtiere,
und weil es so viele davon gibt, braucht es dafür seine Innen-
und seine Außenseite. Der Innenring des sechsten Walles beschreibt alle mechanischen Künste, Werkzeuge, Maschinen und
Geräte des ganzen Erdkreises. Außen jedoch findest du die
Bildnisse aller Entdecker und Erfinder sowie der bedeutendsten
Gesetzgeber der Menschheit. Neben Caesar, Alexander und
Hannibal findest du dort Moses, Osiris, Jupiter und Merkur,
Lykurg, Pompilius, Pythagoras, Solon und Mohammed. Du ver-
misst euren Messias?

Selbstverständlich ist auch Jesus Christus mit seinen zwölf
Aposteln im Kreis der Großen dargestellt. Denn bei uns fehlt
niemand, der dem Menschen weise und gute Botschaften gegeben hat. Aber wenn du, Tommaso, den ich einen Bruder nenne,
in deiner Welt davon berichten solltest, dann erweise dich auch
als Diplomat. Sage deinen barbarischen Verfolgern und starrsin-
nigen Kritikern, dass wir Christus und die Apostel besonders
würdig zeigen, den Propheten Mohammed aber als lügenhaft
und schmutzig hassen. Denn deine Welt hinter den tiefen Wäldern der Finsternis hat noch nicht gelernt, Vergleiche zu ziehen,
ohne Urteile zu fällen."

„Demnach ist eure Stadt ein enzyklopädisches Wissensbuch, an dem die Menschen durch freien Zuspruch und Umgang große Weisheit erringen können?"

„Und doch sind wir kein Volk von reinen Philosophen. Wir treiben Ackerbau, Viehzucht, Handwerk, die Kriegskunst zu unserem Schutz und wenn es Not tut, aber auch – nur nach außen hin – Handel. Doch unsere Kinder erwerben unter der Anleitung durch die Älteren und Lehrer bis zum sechsten Lebensjahr die Schrift und volle Kenntnis unserer eigenen sowie zweier frei gewählter fremder Sprachen, bis zum zehnten Lebensjahr dann spielend alle Wissenschaften. Dabei wird die Jugend ihren natürlichen Neigungen und Talenten entsprechend angeleitet. Entscheidet einer sich zum Handwerk, sei es im Knabenalter oder später, so ist es nicht ungewöhnlich, es auch innerhalb von zwei Tagen zu erlernen. Denn alles Wissen liegt vor den Augen ausgebreitet auf den Mauern unserer Stadt."

Der Wanderer, der seine Augen kaum von den leuchtenden Gemälden und naturgetreuen Darstellungen abwenden kann und dessen Lippen die Verse der Erklärungen murmeln, setzt trotzdem seinen Zweifel dagegen. Die Fülle des Wissens, so denkt er, ist wertlos, ohne den Plan der Schöpfung zu verstehen. Was ist Wissen ohne Weisheit, was ist Philosophie ohne Widerspruch?

SIN nickt. Er hat jeden Gedanken des Wanderers gehört.

„Das Buch der Weisheit liegt am Altar unseres Tempels. An hohen Festtagen liest SOL, unser höchster Priester und Metaphysikus, der Herrscher über den Sonnenstaat, daraus dem Volk vor. SOL kennt alle Historien der Völker, alle ihre Sitten und Gebräuche, Religionen und Gesetze, seien sie republikanisch oder monarchisch. Er kennt die Ursachen aller Erscheinungen auf der Erde und am Himmel, die Physik, die Mathematik, die Astrologie. Alle Gewerbe und Künste, alle Erfinder, Entdecker und Gesetzgeber, alle Handwerke ..."

Alle Logik?

„Du hast in den Lehrhäusern deines Ordens zumindest so viel Wissen erworben, dass du dich gegen die Logik des Aristoteles stellst und zum Unwillen deiner Lehrer die Scholastik verwirfst. Wenn dein Vorbild Telesio – oh ja, wir kennen ihn, denn unsere Kundschafter sind überall – lehrte, dass der Kosmos zwischen Licht und Finsternis, zwischen Hitze und Kälte gespannt und mit den Sinnen erfahrbar ist, so erkennen wir ihn als großen Denker an. Wer könnte leugnen, dass die Welt fühlbar ist? Hier bei uns erfährst du die Wärme des Lichts. In deiner anderen Welt die Grausamkeit der Kälte ...“

Kälte, Starre, Gefühllosigkeit.

Den Schmerz der Fesseln an Händen und Füßen spürt er nicht mehr. Selbst wenn er die Augen öffnen könnte, würde er nicht sehen, wie tief die Stricke ins Fleisch schneiden. Wo er gebunden ist, scheint kein Leben mehr in ihm zu sein. Dort herrscht der Eishauch des Todes.

Wo der Stachel ins Fleisch drückt, tobt die Glut des Schmerzes. Das Brennen der blutenden Wunde, das Feuer des entzündeten Fleisches. Die Qual des Lebens.

Sind es Minuten, Stunden oder Tage, da er dieser Tortur unterworfen ist?

Er hat jedes Zeitgefühl verloren und stürzt mit einem grässlichen Schrei in die Schwärze der Nacht.

„Tommaso!“

Die Stimme fängt ihn auf.

MOR ist in die wallenden Gewänder des orientalischen Heilkundigen gehüllt. Dunkle Augen in einem morgenländischen Gesicht, Bart- und Haartracht nach Art der Levante zeichnen ihn aus. Eine Patriarchengestalt mit überraschend femininen Händen, die mindestens so lebhaft sprechen wie sein Mund. Der Wanderer weiß, dass er den dritten Triumvir des Sonnenstaates vor sich hat. So wie PON die Macht und SIN die Weisheit ist, so ist MOR der Regent alles Lebens zwischen Geburt und Tod.

Sie stehen auf der großen ebenen Fläche mit der die Hügelkuppe in der Mitte der Stadt abschließt. Und die der mauerlose Tempel in seiner unfassbaren Pracht und Harmonie krönt. Gewaltige Kuppeln und Bögen ruhen auf Säulen, sodass von allen Seiten freier Zugang in das Heiligtum besteht. Der große Platz ist aufs Feinste mit Halbedelsteinen gepflastert, und unter den Marmorbögen des Tempels hängen sieben goldene Ampeln mit ewigen Lichtern, die den Planeten gewidmet sind. Die Innenseite der Hauptkuppel aber ist ein monumentales Gemälde, eine Darstellung sämtlicher Himmelskörper und ihrer Bewegungen. Mit Versen über ihre Bedeutung und Deutung. Wer in diesem Tempel den Blick hebt, der erkennt das Gefüge und das Geschick der Welt. Am Altar sind aber zwei Kugeln zu finden – eine, die die Erde und eine, die den Himmel darstellt.

„Dass die Gesetze der Sterne auch die Gesetze des Lebens sind, ist dir nicht unbekannt, Wanderer!"

MOR holt mit großer Geste aus, als wolle er die Stadt und das umliegende Land umschließen.

„Nach den Gesetzen der Natur richten wir unser Leben aus. Den Ackerbau und die Viehzucht, die Aussaat und die Ernte, unsere Tische und Speisen, unsere Bekleidung, die Begattung und Fortpflanzung, die Säuglingspflege, die Heilkunde und die Pharmazie. Auch wenn dich vieles erstaunen wird, Wanderer, und in deiner Welt undenkbar ist, wir führen ein Leben in Erfüllung der philosophischen Anforderungen. Wir sind reich, weil wir alles haben, und arm, weil wir nichts besitzen. Alle gehorchen dem Gemeinwesen. So muss es auch mit unserer Fortpflanzung sein. Woraus folgt, dass auch kein Mann eine Frau für sich allein besitzen kann. Körperliche Liebe und Zeugung ist meinen Behörden unterworfen."

„So hat doch Platon recht, wenn er fordert …"

„So muss es sein. Bist du, Bruder Campanella, in deiner dunklen Welt nicht umgeben von hässlichen Kreaturen, Missbildungen, erbärmlichem Leben und schrecklichem Siechtum?

Anstatt von Gesundheit, Ebenmaß und ausgewogenem Temperament. Mir, dem MOR, dem Triumvir der Liebe, wirst du wohl verzeihen müssen, dass du selbst mit deinem plumpen Aussehen, der hässlichen Warze im Gesicht, deinem verwilderten, stinkenden Äußeren, deinem cholerischen, anmaßenden, ungestümen und widersetzlichen Charakter in keiner Weise zu uns passt. Und dass ich dir das in deine verzerrte Menschenfratze auch direkt hineinsage ...“

Das Grauen der Finsternis fällt über ihn. Ein Teppich aus Leichengeruch, der den Atem erstickt. Ein Nesselkleid, das die Haut verbrennt. Ein glühender Eisendorn, der vom After bis ins Gehirn dringt. Augen, die ihn mit erbarmungslosem Interesse prüfen. Eine Sanduhr, die fast abgelaufen ist. Und deren letzte rieselnden Körner wie glühendes Blut tropfen.

„Komm zurück, Tommaso, noch kannst du bleiben.“

Die Augen des MOR sprühen vor spöttischer Milde.

„Wer zu uns in die Sonnenstadt kommt, hat einen Monat Zeit, das Gastrecht zu genießen. Wer bei uns bleiben will, dem werden drei Monate gewährt, um sein Leben auf unseren Staat richtig einzustellen. So wie bei uns jeder arbeitet und nach seinem Können und seinen Kenntnissen dem Gemeinwohl dient, so ist auch die Erzeugung des Nachwuchses eine Leistung für das Gemeinwohl. Daher kennen wir keine Familie. Denn sie ist der Grundstein des Besitzes, der vererbt werden muss. Und somit der Grundstein zu allen Untugenden, wie Habsucht, Geiz, Neid und Zwietracht aller Art. Außerdem würden feste Bindungen zwischen Männern und Frauen Ungestalten und Krankheiten weitergeben, die wir nicht brauchen können. Daher gleichen wir sie zum Wohl der nächsten Generationen aus – dicke Männer paaren sich mit dünnen Frauen, sanfte Gemüter mit hitzigen Temperamenten, groß Gewachsene mit Kleinen, Hässliche mit Schönen, sodass mit den Kindern stets die ideale Mitte und der Ausgleich geschaffen wird. Nein, hier geschieht es nicht durch das scheinbar zufällige Los, das Männer und Frauen trifft, so wie Platon es gefordert hat. Und die Methode des Betruges beim Losen empfahl, um die Paarungen nach besten Gesichtspunkten zu treffen. Bei uns wird dies durch die obersten Priester, zu denen auch ich gehöre, die Beamten und Behörden offen entschieden. Wobei uns die Gestirne durch Beobachtung immer den besten Zeitpunkt und die richtige Auswahl angeben."

„Ohne Widerstand und Ablehnung? Bedenke die unstillbare Triebhaftigkeit der menschlichen Natur!"

„Das Triebhafte beobachten wir sorgfältig. Hast du nicht gesehen, dass unsere Kinder und die Jugend sich täglich gemeinsam in Leibesübungen ergeht? Nackt und ohne Scham zwischen den Geschlechtern. Für die Gesundheit und die Ertüchtigung mit den Waffen. Denn PON bildet sie völlig gleich ab dem zwölften Lebensjahr für den Kriegsdienst aus. Wenn wir da bei Einzelnen, meist Jünglingen, Hitze und Lüsternheit erkennen, so finden wir auch immer erfahrene oder allein stehende Frauen, die dies zu kühlen und zu stillen wissen. Kinder zeugen darf aber in unserem Sonnenstaat keine Frau unter neunzehn und kein Mann unter einundzwanzig Jahren. Die wichtigsten Entscheidungen treffen hier selbstverständlich unsere Ärzte, die auch die Ernährung überwachen. Wir kennen keinen Hunger, aber auch keine Völle, die Krankheiten und Laster bringen. Erwachsene essen zweimal täglich, und Kinder haben vier Mahlzeiten an jedem Tag. Dabei achten wir darauf, dass sich in jeweils drei Tagen die Nahrung abwechselt. Am ersten Tag gibt es Fleisch, am zweiten Fisch und am dritten nur pflanzliche Kost. Dann wieder Fleisch und so weiter. Niemand trinkt Wein bis zum neunzehnten Lebensjahr. Und darüber hinaus nur mit Wasser gemischt. Männer wie auch Frauen. Männer über fünfzig Jahre dürfen den Wein auch ungemischt trinken. So werden die meisten unserer Menschen hundert Jahre alt, manche sogar zweihundert. Da aber jeder zu jeder Lebenszeit und mit den ihm zu Gebote stehenden körperlichen und geistigen Mitteln arbeitet, arbeiten die Menschen nur vier Stunden am Tag. Und kennen doch keinen Müssiggang, denn der Tag verfliegt mit Lernen, Übungen und Spiel. Wobei wir jene Spiele verboten haben, die im Sitzen geübt werden, wie das Karten- oder Schachspiel."

Sie sind in eine Halle getreten, deren weiße Marmorsäulen von innen zu leuchten scheinen. Aber es ist wohl nur der Widerschein des alles umflutenden Sonnenlichts, das durch die offenen Bogengänge ins Innere des Tempels scheint. Vor dem Altar betet kniend ein Bürger der Sonnenstadt. Der Betende wird jede Stunde von einem anderen abgelöst, sodass Tag und Nacht der Sonne ein immerwährendes Opfer gebracht wird. Denn die Sonne ist Symbol und Verkörperung des obersten Gottes. Aus der Kraft der Sonne, der Wärme des Lichtes entsteht alles Leben. Und die Toten, die nicht begraben, sondern verbrannt werden, gehen über das Feuer, das die Sonne den Menschen geschenkt hat, wieder in die Sonne zurück.

„Das verhindert auch das Ausbrechen von Seuchen und Epidemien", ergänzt MOR geschäftig die heiligmäßigen Gedanken und Gefühle, die im Wanderer sich ausgebreitet haben. Der freie Blick über die Stadt, über die fast bis zum Horizont reichende Ebene mit ihren Feldern, Gärten, Weiden und Landgütern, die silberhellen Hornsignale, die den Wechsel der Wachen auf den Zinnen der sieben Mauerringe anzeigen, die Harmonie und die Pracht des Tempels, in dem sie wandeln – das alles verschwindet plötzlich aus der Wahrnehmung der Sinne, als eine Gestalt die Treppe aus den Räumen der vierundzwanzig obersten Priester herabsteigt. Eine Gestalt, die so klar ist, dass man sie nicht erkennen kann. Die im Näherkommen sich immer mehr zu entfernen scheint. Die so viel Macht ausstrahlt, dass sie zugleich Entzücken und Furcht, Verehrung und Schrecken in der Seele des Wanderers hervorruft.

„Tommaso! Tommaso, schäme dich nicht deiner Erbärmlichkeit und fürchte dich nicht. Du schaust SOL, den Herrscher des Sonnenstaats. Wirf dich zu Boden und lausche seinem Gesang ..."

Tröstlich ist sie, die Stimme. Eindringlicher und sanfter denn je. Ist der Tod so nahe? Das Lied des SOL aber steigt zu den Sternen, die in der Kuppel des Tempels leuchten.

Drei Übel zu bestehn, bin ich geboren:

Tyrannenmacht, Verdrehung, Heuchelei.
Ich habe mir zum Beistand frank und frei
Die Liebe, Macht und Weisheit auserkoren.

Sie hab' ich aus der Nacht hervorbeschworen,
die Pfeiler aller Leistung, diese drei
Heilmittel gegen jede Lügnerei,
darin die Erde knirschend sich verloren.

Krieg, Pest und Neid und Lüge, Teuerungen,
Verschwendung, Trägheit, Ungerechtigkeit
sind den drei Übeln allerorts entsprungen;

Die Eigenliebe zeugt sie allezeit,
sie, die geboren aus Unwissenheit
und die zu zwingen mir allein gelungen.

Der Schlag der schweren Zellentüre dröhnt in Campanellas Kopf, schmerzhaft wie das Rollen von Gongs, deren Echo sich in an- und abschwellenden Kaskaden steigert. Der Sturz aus dem Gesang des Lichts war quälend und kreiselnd, als fiele er endlos in die Tiefe eines Brunnenschachtes. Güsse von eiskaltem Wasser mit gallbitterem Geschmack und fauligem Geruch haben ihn durchnässt. Und er glaubte, wieder im Unheil des schrecklichen Waldes gefangen zu sein. Bis er nach Stunden begriff, dass das ferne Brüllen und die schaurigen Rufe der wilden Tiere in Wirklichkeit von Menschen stammten. Von Menschen, die in anderen Kerkerhöhlen des Gefängnisses um ihr Leben kämpften. Und dass das scheinbare Huschen der nächtlichen Jäger durch Dickicht und Unterholz nichts anderes war als das Getrippel und Rascheln der Ratten im Stroh, das auf dem Steinboden seiner Zelle aufgeschüttet ist. Und dass der eklig süßliche Geschmack, der ihn in der Kehle würgt, der Geschmack des eigenen Blutes ist, das von seinen zerbissenen Lippen rinnt. Der Rest seines Empfindens ist erfroren, und einen Augenblick lang kommt in ihm die Erinnerung auf, dass in Dantes Inferno die schrecklichste Strafe der Hölle im innersten Kreis als Gefangenschaft der Verdammten in Eisblöcken beschrieben war. Und ein bitteres Gelächter der Verzweiflung steigt in ihm hoch.

Da ihn die Stimme verlassen hat, weiß er, dass er diesmal überleben wird. Das kreischende Drehen der Zellentüre hört er wie von ferne, das Schlurfen des alten, hinkenden Schließers erkennt er sofort. Den neuerlichen Wasserguss über den Kopf empfindet er direkt tröstlich, obwohl er die Augen nicht öffnet und auch nicht mit der kleinsten Bewegung verrät, dass er bei neuem Bewusstsein ist.

„Du krummer Hund", murmelt der alte Giuseppe in seinem derben Guapa, der Sprache der Neapolitaner, vor sich hin „du starrköpfiger kalabresischer Idiot. Fast zwei Tage auf der Veglia, das hält nur so ein Ochse wie du aus. Alle Achtung, Söhnchen, aber auch dich werden sie auf der Piazza baumeln lassen, die spanischen Hurensöhne. Ja, ja, aber diesmal haben sie dich wieder nicht kleingekriegt. Hast im Delirium Lieder in fremden Sprachen gesungen, wie die Nachtigall im Vollmond, hast den Inquisitor zum Sonnengott erklärt, wolltest ihn küssen, hast verlangt, dass das Bildnis Jesu und der Apostel und der Päpste an die Mauern des Gefängnisses gemalt werden müssten, he, he. Also haben sie dich wie einen Sack alter Lumpen wieder hierher zurückgeschleift, damit ich dir weiterhin jeden Tag dein Essen bringe. Wirst es wohl die nächsten Tage wie ein Hündlein aus der Schüssel am Boden schlabbern müssen, bis du dich wieder aufrichten kannst. Sollst ja sonst ein kluger Kopf sein, ein Predigerbruder, einer der Hunde Gottes, ein Philosoph und Dichter, und bringst mir ein gutes Trinkgeld, wenn ich dir im Auftrag feiner Herren immer wieder heimlich Papier, Feder und Tinte hierher schmuggle. Wäre schade, wenn mir einmal einer ein besseres Trinkgeld gäbe, um dir die Kehle durchzuschneiden. Bei allen Heiligen, ich würde um dich trauern. Aber so ist es halt bei uns Elenden, die Tugenden sind nur den Reichen möglich. Die Moral kommt erst mit voll gefressenem Wanst, sagt man bei uns in Neapel. Ach ja, figliolino, so ist die Welt, und die wirst auch du und alle anderen Philosophen nicht ändern."

Der Alte wirft den leeren Holzeimer polternd in den Zellengang und drückt die Türe wieder zu. Das Rasseln von Kette und Riegel kann der am Boden Liegende noch hören, das sich entfernende flackernde Licht der Fackel mehr spüren als sehen.

Während er in den tiefen Gewölben des Castel Nuovo mit der Kälte der Finsternis wieder zu kämpfen beginnt, strahlt über der schneeweißen Stadt Neapel die Sonne vom azurblauen Frühsommerhimmel. Und gibt dem Land und dem Meer die Wärme des Lichts.

Zeittafel

1503 – 05 Ferdinand II. von Aragonien erobert Neapel und vereint damit Unteritalien mit Sizilien wieder unter der spanischen Krone. Die Herrschaft übt von da an ein spanischer Vizekönig mit Sitz in Neapel aus. Diese Herrschaft Spaniens wird bis 1713 dauern. Die Spanier halten die Kirche und den Adel steuerfrei und unterdrücken dafür umso mehr die Bürger und die Bauern mit Abgaben und Steuern aufs Schwerste. Es kommt immer wieder zu Volksaufständen. Diese zweihundertjährige Ausbeutung und Unterdrückung Süditaliens und Siziliens ist bis heute in den Sozialstrukturen des *mezzogiorno* spürbar

1516 Thomas Morus schreibt die *Utopia*

1568 Am 5. September wird Giovanni Domenico Campanella in Stilo, Kalabrien, geboren

1583 Im 15. Lebensjahr tritt Campanella in Stilo in den Dominikanerorden ein. Anlass dafür soll eine von ihm gehörte mitreißende Predigt sein. Campanella nimmt im Orden den Namen Tommaso an. In den folgenden Jahren absolviert er die ordenseigenen Schulen in San Giorgio, Nicastro, Cosenza. Mit fortdauerndem Studium wendet er sich von der Scholastik und dem Aristotelismus ab. Ihn begeistert die Philosophie des Italieners Bernardino Telesio. Dieser lehrt den Sensualismus, eine Erkenntnisphilosophie, die von den menschlichen Sinneseindrücken ausgeht. Der widerspenstige Tommaso wird von seinen Ordensoberen ins Kloster Altomonte strafversetzt

1589 Campanella verlässt unerlaubt das Kloster und geht nach Neapel, um als freier Philosoph zu leben

1591 In Neapel erscheint Campanellas Schrift *Philosophia sensibus demonstrata*
Verhaftung Campanellas in Rom, in einem Inquisitionsverfahren wegen Häresie wird er freigesprochen

1592 Klemens VIII. wird Papst (bis 1605)

Campanella bewirbt sich erfolglos in Florenz beim Groß-
herzog um einen Lehrstuhl in Pisa. Erneute Verhaftung, zweites Inquisitionsverfahren in Rom, wieder Freispruch und
Entlassung
In Bologna werden Campanella vom Dominikaner-General
heimlich Schriften entwendet und diese ins Inquisitionsbüro
nach Rom geschickt

1593 Campanella führt in Padua im Haus eines jüdischen Gelehr-
ten eine einwöchige Disputation über Fragen des christlichen
Glaubens. Dies führt zu einer erneuten Anzeige bei der
Inquisition

1594 Campanellas Schriften *De monarchia Christianorum* und *De
regimine ecclesiae* erscheinen. In diesen bestätigt er die
Herrschaft des Christentums im Staat und die Herrschaft des
Papstes über die weltliche Politik
Campanella wird erneut nach Rom geschickt, um sich vor der
Inquisition zu verantworten. Er widerruft und wird nach kurzer Haft wieder freigesprochen. Nach der Entlassung wird er
ins Kloster St. Sabina verwiesen. Dort verfasst er *Dialogo poli-
tico contra Luterani, Calvinisti ed altri eretici* und *Discorsi alli
Principi d' Italia*. Mit Letzterem empfiehlt er den italienischen
Fürsten, sich den spanischen Plänen nicht zu widersetzen,
wobei er aber die Oberhoheit des Papstes betont. Somit ist
dieses Buch als spanienfreundlich einzuordnen

1597 Im September verlässt Campanella Rom und geht nach
Neapel, wo er auch Unterricht erteilt

1598 Der spanische König Philipp II. stirbt
Campanella kehrt wieder in seine kalabrische Heimat, nach
Stilo, zurück. Beeindruckt von dem Elend der Bevölkerung,
schließt er sich einer geheimen Widerstandsbewegung gegen
die Spanier an. Durch die Verunsicherung der spanischen
Herrschaft nach dem Tod Philipps II. scheint die Zeit dafür
günstig zu sein. Die Aufrührer planen eine militärische Aktion
mit Unterstützung der Türken. Der türkische General Sinan

Bassa Cicala, ein gebürtiger Sizilianer, hat seine Unterstützung durch eine Landung von Truppen an der kalabrischen Küste versprochen

1599 Im September, knapp vor dem geplanten militärischen Aufstand, werden durch Verrat aus den eigenen Reihen die Köpfe der Verschwörung verhaftet. Beim Eintreffen der türkischen Flotte ist die kalabrische Widerstandsbewegung bereits zerschlagen. Die Verhafteten mit ihrem Anführer, dem Adligen Maurizio di Rinaldo, werden nach Neapel gebracht, gefoltert und nach der Nennung weiterer Mitverschwörer auf dem Platz vor dem Castel nuovo gehängt. Campanella versucht, verkleidet nach Sizilien zu fliehen, wird aber erkannt und festgenommen. In Ketten nach Neapel gebracht, wird er ebenfalls in Castel nuovo eingekerkert, wo ihm der Prozess wegen Hochverrats und Häresie gemacht wird. Er wird mehrfach der Folter unterworfen, entzieht sich aber immer einem Geständnis durch das Eintreten eines möglicherweise auch vorgetäuschten Deliriums

1600 Am 17. Februar wird Giordano Bruno in Rom verbrannt

1602 Verurteilung Campanellas zu lebenslanger Haft. Bis 1626 bleibt Campanella zuerst im Castel dell' Ovo, dem Gefängnis auf einer Insel vor Neapel, später in leichterer Haft in St. Elmo eingekerkert. Bereits im Jahr 1602 schreibt er im Gefängnis das Buch vom *Sonnenstaat*, zunächst in italienischer Sprache. Die Schrift wird 1612 und 1620 umgearbeitet und ins Lateinische übertragen. 1623 wird sie in Frankfurt zum ersten Mal gedruckt

1618 Beginn des Dreißigjährigen Krieges mit dem Aufstand der böhmischen Protestanten („Prager Fenstersturz")

1623 Urban VIII. wird Papst (bis 1644)

1626 Am 15. Mai wird Campanella von Papst Urban VIII. für ein Verfahren vor der Inquisition in Rom angefordert. Der spanische König Philipp IV. veranlasst daraufhin, dass Campanella vom spanischen Vizekönig, dem Herzog von Alba, vom

Hochverrat freigesprochen wird. Daraufhin wird Campanella nach Rom ausgeliefert. Dieser von Rom ausgelöste juristische Vorgang gehörte zu einer durchdachten Befreiungsaktion für Campanella. Durch die Huld des Papstes wird Campanella von der Inquisition entlassen und geht ins Kloster Santa Maria sopra Minerva, wo er weiter schriftstellerisch tätig ist

1634 Campanella fühlt sich auch im Kloster vor einer Verfolgung durch die Spanier nicht sicher. Er hat in der Zwischenzeit den französischen Gesandten beim Heiligen Stuhl kennen gelernt. Dieser schmuggelt ihn aus Rom und per Schiff nach Frankreich. Zuerst ist er Gast des Numismatikers Nicolas Peiresc in Aix, dann wird er nach Paris gerufen. König Ludwig XIII. nimmt den in Frankreich sehr populären Campanella freundlich auf und gewährt ihm eine Pension. Campanella wird an der Pariser Universität Sorbonne gefeiert und wirkt als Berater des Kardinals Richelieu. Unter dessen Schutz lebt er im Kloster Saint-Jacques, dem Pariser Dominikanerkonvent. Als Philosoph tritt Campanella mit dem Mathematiker Gassendi und dem „Mersenneschen Kreis" in Verbindung

1639 Am 21. Mai stirbt Tommaso Campanella als hoch geehrter und angesehener Mann in Paris

1648 Ende des Dreißigjährigen Krieges durch den Westfälischen Frieden
Frankreich gewinnt die politische Vormachtstellung in Europa

SPANIENS HIMMEL

Nach der herzlichen Einladung durch meinen verehrten Lektor Dr. Horst Trimmel, Lebensbilder über Menschen aus dem Dominikanerorden zu schreiben, war ich zuerst frohgemut und später sehr verzagt. Ich bin es durchaus gewohnt und es macht mir viel Freude, mich mit Menschen der Vergangenheit und der Geschichte zu treffen, mit ihnen schriftstellerisch Diskurs zu halten oder einfach nur „ein Stück des Weges mit ihnen zu gehen". Dies ist mir bei Menschen der Frühgeschichte und der Antike auch immer leicht gefallen, seien sie Persönlichkeiten aus dem Alten oder dem Neuen Testament. Ich bin mit Abraham unter den Eichen von Mamre gesessen, habe den Turmbau zu Babel scheitern sehen und konnte Paulus durch Kleinasien bis nach Rom begleiten. Es war nicht schwer, die Szenen zu sehen, die Menschen zu begreifen.

Aber schon nach dem ersten Studium von Heiligengeschichten, Biografien und historischen Quellen aus dem Hoch- und Spätmittelalter wie der Renaissance wurden mir die zur Beschreibung ausgewählten Persönlichkeiten immer fremder. Obwohl sie doch Menschen waren wie wir. Es gibt keine geistigen oder physiologischen Unterschiede zwischen Menschen des dreizehnten Jahrhunderts und heutigen. Zweifellos, wir sind etwas größer gewachsen, unsere Werte und Normen haben sich verändert, die gesellschaftlichen Rahmenbedingungen sind vom Allgemeinwissen bis zur Ernährung, der Medizin und der Hygiene und des täglichen Lebens völlig anders geworden. Aber unsere Gehirne sind dieselben geblieben, unsere Gefühle, unsere Sehnsüchte und unsere Ängste. Vielleicht ist unsere durchschnittliche Bildung, bestimmt aber nicht unsere Intelligenz größer geworden.

Menschen zu beschreiben, zwingt mich, sie, wenn auch in Gedanken, anfassen zu können, ihre Motive zu verstehen. Die Hagiographen, die Historiker, die Schulbücher halfen mir nicht weiter. Sie brachten Fakten, Behauptungen, Legenden, aber antworteten nicht auf die wichtigsten meiner Fragen – warum, wieso, weshalb? Bis ich einen Vergleich erfand, förmlich ein Motto, das zuerst schockierend war.

Auch Django war Dominikaner!

Manche Freunde reagierten darauf irritiert, mein verehrter Lektor runzelte die Stirn, aber dann nickte er verständnisvoll. Der Filmheld Django mit den schnellen Colts, der einen Sarg durch die mexikanische Steppe hinter sich herzieht und dessen Motto lautet: „Gott vergibt, Django nie!", ist natürlich eine erfundene Filmfigur des Italo-Western und hat scheinbar mit den Dominikanern nicht das Geringste gemein. Und doch waren wir uns bald einig, wo die tieferen Wurzeln des Mythos und der Geschichte lagen. Der Western ist im Ursprung, in seinen Elementen und Motiven, nicht amerikanisch, sondern spanisch. Die Dominikaner sind vom Gründer und vielen ihrer prominentesten Angehörigen her spanisch. Das bildliche Hauptmotiv jedes Western ist die Weite der Landschaft und der endlose Himmel über den Savannen und den Bergen. Der zentrale Glaubensinhalt der Predigermönche war auch ein unendlicher Himmel, in dem sich das ewige Leben befindet. Der Habit der Dominikaner ist weiß und schwarz. So war ihre Mentalität, es gab keine Zwischentöne, keine Halbheiten, keine Kompromisse. Die Lebenswege der ausgesuchten Exponenten des Ordens waren immer geradlinig, unerschrocken, unerbittlich. Im guten wie im schrecklichen Sinn. Ob wir sie nun als Heilige oder als Ketzer, als Kämpfer sehen.
Ich habe allen meinen Erzählungen versucht, ein Stück des Himmels beizufügen. Manchmal offen, manchmal versteckt. Spaniens Himmel ist in alten und neuen Texten, in politischen Kampfliedern, in Pop-Songs ein stets wiederkehrendes Motiv. Ob strahlender neapolitanischer Sonnenschein, ob deutscher

Regenhimmel, ob englische Wolken oder toskanischer Frühlingswind, ob Seesturm, karibischer Sternenhimmel oder das Gewitter über der Cordillere, es ist immer der Himmel Spaniens, der die Menschen und Geschichten in diesem Buch begleitet. Dieses Grundmotiv hat mir geholfen, sie alle näher kennen zu lernen, sie langsam zu verstehen und einige von ihnen lieb zu gewinnen.

Das Medium Buch bietet auch, anders als der Film, Zeiten und Situationen insofern echter darzustellen, als auch das wahre Lebensgefühl zumindest angedeutet werden kann. Der Mensch erinnert sich an Szenen nicht nur mit Auge und Ohr, sondern vor allem mit der Nase. Die Heiligen haben nicht nach Rosen und die Ketzer nicht nach Pech und Schwefel gerochen. Sie wanderten nicht auf gepflasterten Straßen, sie trugen keine sauberen Kleider, sie schliefen auf Strohsäcken voll Ungeziefer. Die Städte rochen nach Kloake, die Menschen wuschen sich oder badeten nur ganz selten, die Haare waren fettig. Mit dreißig Jahren waren die meisten zahnlos, ein Beinbruch oder eine Blinddarmentzündung bedeuteten so viel wie ein Todesurteil. Und der Brandgeruch der Scheiterhaufen verpestete die Luft vor den Stadttoren.

Ich habe Katharina von Siena, Giordano Bruno, Bartolomé de Las Casas und all die anderen in ihrer Art bewundern gelernt, mich manchmal auch vor ihnen erschrocken, aber ich habe mich bemüht, sie nie romantisch zu zeigen, sondern als Menschen mit all ihren Stärken und Schwächen. Es waren für mich schwierige, aber wichtige Begegnungen.

Franz S. Berger

Literaturnachweis

Jeanne Achterberg: Die Frau als Heilerin. Scherz Verlag:
  Bern–München–Wien 1990
Piero Camporesi: Das Brot der Träume. Campus Verlag:
  Frankfurt/Main 1990
M. D. Chenu, Wolfgang Müller: Thomas von Aquin.
  Rowohlt Verlag: Reinbek bei Hamburg 1960
James Cleugh: Die Medici. Deutscher Taschenbuch Verlag:
  München 1990
Luciano De Crescenzo: Geschichte der griechischen Philosophie.
  Diogenes Verlag: Zürich 1990
Eugen Drewermann: Giordano Bruno. Kösel Verlag: München 1992
Thomas Eggensperger: Bartolomé de Las Casas. Topos Taschenbücher.
  Matthias Grünewald Verlag: Mainz 1992
Thomas Eggensperger, Ulrich Engel: Frauen und Männer im Domini-
  kanerorden. Topos Taschenbücher. Matthias Grünewald Verlag:
  Mainz 1992
Josef A. Endres: Thomas von Aquin. Weltgeschichte in Charakterbildern.
  Verlag von Kirchheim & Co: Mainz 1910
Joachim Fernau: Die Genies der Deutschen. Goldmann Taschenbuch.
  Herbig Verlagsbuchhandlung: München 1979
Louise Gnädinger: Johannes Tauler. Lebenswelt und mystische Lehre.
  C. H. Beck Verlag: München 1993
Ernesto Grassi: Morus – Utopia, Campanella – Sonnenstaat, Bacon – Neu
  Atlantis. Rowohlt Taschenbuch Verlag: Reinbek bei Hamburg 1998
Heinrich Institoris, Jakob Sprenger: Malleus Maleficarum – Der Hexen-
  hammer. Reprint Verlag: Leipzig 1937
Jochen Kirchoff: Giordano Bruno. Rowohlt Verlag:
  Reinbek bei Hamburg 1980
Dieter Kühn: Ich Wolkenstein. Insel Verlag: Frankfurt/Main 1977
Johann Kvacala: Thomas Campanella. Scientia Verlag: Aalen 1973
Henry Charles Lea: Geschichte der Inquisition im Mittelalter. Band 1–3.
  Eichborn Verlag: Frankfurt/Main 1997
Johannes Lehmann: Die Kreuzfahrer. Verlag Bertelsmann: München 1976
Johannes Lehmann: Die Staufer. Verlag Bertelsmann: München 1978
Meinolf Lohrum: Albert der Große. Topos Taschenbücher: Matthias
  Grünewald Verlag: Mainz 1991
Meinolf Lohrum: Dominikus. St. Benno Buch- und Zeitschriftenverlag:
  Leipzig 1992

Meinolf Lohrum, Maria M. Dörtelmann: Katherina von Siena. Benno
     Bernward Morus mbH: Hildesheim 1994
Emil Lucka: Torquemada und die spanische Inquisition. Karl König
     Verlag: Wien und Leipzig 1926
Dietmar Mieth: Meister Eckhart. Walter Verlag: Olten und
     Freiburg/Breisgau 1979
Massimo Montanari: Der Hunger und der Überfluss. C. H. Beck'sche
     Verlagsbuchhandlung: München 1993
Walter Nigg: Das mystische Dreigestirn. Artemis Verlag: Zürich und
     München 1988
Walter Nigg: Heilige und Dichter. Diogenes Verlag: Zürch 1991
Siegfried Obermeier: Torquemada. Rowohlt Taschenbuch Verlag:
     Reinbek bei Hamburg 1994
Oelmüller, Dölle-Oelmüller, Geyer: Philosophische Arbeitsbücher 7.
     Diskurs: Mensch. Verlag Ferdinand Schöningh: Paderborn 1985
Josef Pieper: Thomas von Aquin. Kösel Verlag: München 1995
Ernst Piper: Savonarola. Pendo Pocket Verlag: Zürich–München 1998
Henri Pirenne: Sozial- und Wirtschaftsgeschichte Europas im Mittelalter.
     Francke Verlag: München 1982
Alan Posener: William Shakespeare. Rowohlt Verlag: Reinbek bei
     Hamburg 1995
Kurt Ruth: Meister Eckhart. C. H. Beck Verlag: München 1985
Carlo Schmid: Macchiavelli. Fischer Bücherei KG: Frankfurt/Main und
     Hamburg 1956
Hermann Schreiber: Geschichte der Päpste. Bechtermünz Verlag:
     Augsburg 1995
Hans Joachim Ulbrich, Michael Wolfram: Giordano Bruno.Verlag
     Königshausen & Neumann: Würzburg 1994
N.G.M. van Doornik: Katherina von Siena. Herder Verlag: Freiburg 1980
Gerhard Wehr: Meister Eckhart. Rowohlt Verlag:
     Reinbek bei Hamburg 1989